U0524431

南湖法学文库

2022年度湖北省教育厅哲学社会科学研究项目
"《民法典》时代行政规范性文件私法适用研究"（22G031）
中南财经政法大学中央高校基本科研业务费项目
"民事裁判应当适用的规范性法律文件研究"（2722024BY011）的阶段性成果

国家政策私法融入的实证视角
行政规范性文件之民事司法适用

汪君 著

法律出版社
LAW PRESS·CHINA

——北京——

图书在版编目（CIP）数据

国家政策私法融入的实证视角：行政规范性文件之民事司法适用／汪君著. －－北京：法律出版社，2025.
ISBN 978 － 7 － 5244 － 0482 － 8

Ⅰ. D923.04

中国国家版本馆 CIP 数据核字第 20252YM970 号

国家政策私法融入的实证视角： 行政规范性文件之民事司法适用 GUOJIA ZHENGCE SIFA RONGRU DE SHIZHENG SHIJIAO：XINGZHENG GUIFANXING WENJIAN ZHI MINSHI SIFA SHIYONG	汪 君 著	责任编辑 胡佳文 装帧设计 贾丹丹

出版发行 法律出版社	开本 A5
编辑统筹 法律教育出版分社	印张 7.75　　字数 207 千
责任校对 晁明慧	版本 2025 年 7 月第 1 版
责任印制 刘晓伟	印次 2025 年 7 月第 1 次印刷
经　　销 新华书店	印刷 北京建宏印刷有限公司

地址：北京市丰台区莲花池西里 7 号(100073)
网址：www.lawpress.com.cn　　　销售电话：010 － 83938349
投稿邮箱：info@lawpress.com.cn　　客服电话：010 － 83938350
举报盗版邮箱：jbwq@lawpress.com.cn　咨询电话：010 － 63939796
版权所有·侵权必究

书号：ISBN 978 － 7 － 5244 － 0482 － 8　　定价：36.00 元
凡购买本社图书，如有印装错误，我社负责退换。电话：010 － 83938349

南湖法学文库编辑委员会

主　　任　吴汉东

副 主 任　陈柏峰　张　宝

委　　员（按姓氏笔画排序）
　　　　　石晓波　向在胜　江　河
　　　　　张忠民　张德淼　胡开忠
　　　　　胡弘弘　黄美玲　黎江虹

总　序

　　历经几回寒暑，走过数载春秋，南湖畔的中南法学在不断精心酿造中步步成长。中南法学的影响与日俱增，这离不开长江边上这座历史悠久、通衢九州的名城武汉，更离不开中南法律人辛勤耕耘、励精图治的学术精神。中南学子源于各地聚集于此，又再遍布大江南北传播法学精神，砥砺品格、守望正义的同时也在法学和司法实践部门坚持创新、止于至善，作出了卓越的贡献。

　　纵观中南法学的成长史，从1949年12月成立中原大学政治学院，到1953年4月合并中山大学、广西大学、湖南大学的政法系科，成立中南政法学院，后至1958年成为湖北大学法律系，1977年演变为湖北财经学院法律系，转而于1984年恢复中南政法学院，又经2000年5月的中南财经大学与中南政法学院合并至今，中南财经政法大学法学院已然积淀了70余年的办学历史。2005年9月，学校进入国家"211工程"重点建设高校行列；2017年9月、2022年2月，法学学科相继入选首轮和第二轮国家"一流学科"建设名单。虽经几度分合，但"博学、韬奋、诚信、图治"的人文精神经过一代又一代中南学人的传承而日臻完善，笃志好学的研习氛围越发浓厚。中南法学经过几十年的积累，其学术成果屡见丰硕。"南湖法学文库"这套丛书的编辑出版，就是要逐步展示中南法学的学术积累，传播法学研究的中南学派之精神。

中南法学经过数十载耕耘，逐渐形成了自成一格的中南法学流派。中南法律人在"为学、为用、为效、为公"教育理念的引导下，历练出了自有特色的"创新、务实"的学术精神。在国际化与跨地区、跨领域交流日益频繁的今天，中南法学以多位中南法学大家为中心，秉承多元化的研究模式与多样性的学术理念，坚持善于批判的学术精神，勇于探讨、无惧成论。尤其是年轻的中南法学学子，更是敢于扎根基础理论的研习，甘于寂寞；同时也关注热点，忧心时事，活跃于网络论坛，驰骋于法学天地。

从历史上的政治学院到21世纪的法学院，前辈们的学术积淀影响深远，至今仍给中南法学学子甚至中国法学以启迪；师承他们的学术思想，沐浴其熠熠生辉的光泽，新一辈的中南法律人正在法学这片沃土上默默耕耘、坚忍不拔。中南财经政法大学法学院推出这套"南湖法学文库"，作为中南法学流派的窗口，就是要推出新人新作，推出名家精品，以求全面反映法学院的整体科研实力，并使更多的学者和学子得以深入了解中南法学。按照文库编委会的计划，每年文库将推出5~6本专著。相信在中南法律人的共同努力下，文库将成为法学领域学术传播与学术交流的媒介与平台，成为中南法律人在法学研习道路上的阶梯，成为传承中南法学精神的又一个载体，并为中国法学研究的理论与实践创新作出贡献。

晓南湖畔书声琅，希贤岭端佳话频。把握并坚守了中南法学的魂，中南法律人定当继续开拓进取，一如既往地迸发出中南法学的铿锵之声。

是为序。

吴汉东
2011年2月1日
2024年10月16日改定

目 录

导 论		001
第一节	主题的界定	001
第二节	问题的提出	012
第三节	目的的明确	039
第四节	主要内容、思路和方法	041

第一章	**行政规范性文件民事司法适用的应然定位**	**044**
第一节	行政规范性文件的公法定位考察	045
第二节	行政规范性文件的私法定位明确	056
第三节	本章小结	067

第二章	**行政规范性文件民事司法适用的法理基础**	**069**
第一节	行政规范性文件民法法源地位的多重解析	069
第二节	行政规范性文件私法适用的多元价值	095
第三节	本章小结	104

第三章	**行政规范性文件民事司法适用的裁判规则**	**107**
第一节	规范法源民事司法适用的一般规则	107
第二节	行政规范性文件司法适用规则的考察与借鉴	116

第三节　行政规范性文件民事司法适用的具体规则　　　133
第四节　本章小结　　　155

第四章　行政规范性文件民事司法适用的典型样态　　　158
第一节　行政规范性文件作为强制性规定　　　159
第二节　行政规范性文件作为"保护他人的法律"　　　185
第三节　行政规范性文件作为"物权法定"之"法"　　　206
第四节　本章小结　　　228

参考文献　　　232

导　论

第一节　主题的界定

本书主题的选定,源于判例研究中存在的一个现象,即相当数量的民事裁判文书会援引这样一类文件作为裁判说理依据,这类文件由行政主体制定和发布,不属于《立法法》中所明确之任何规范类型,[1]但是与行政主体行使管理职能密切相关,并且在特定范围和特定领域内会影响公民的权利义务。作为处理民事纠纷的裁判说理依据,则是此种影响的明证。同时,无论是学界还是司法裁判中,大家均将此类文件或其所载内容,视为国家政策或公共政策,从而强调该类文件民事司法适用的正当性。立法学及行政法学界将此类文件称为行政规范性文件,民法领域也在逐步采纳此种称呼。本部分将从行政规范性文件的概念出发,明确立法和行政法意义上的行政规范性文件,挖掘其作为民法学研究上独立主题的根据和可行性,并厘清部分关键概念和行政规范性文件间的联系和区别,以确保本书论证之统一与融贯。

一、行政规范性文件的概念

(一)行政规范性文件之定义已达成统一

对于行政规范性文件的定义,行政法学界在表述上偶有不同但

---

[1]　综合《立法法》第1条及第2条之规定,可明确《立法法》所调整的立法活动,在位阶上仅及至规章,并不包括行政规范性文件。

要点相近。一般认为,其是指行政主体为实施法律和执行政策,在法定权限内制定的除行政立法以外,涉及公民、法人和其他组织的权利义务,具有普遍约束力,在一定范围和时期内可以反复适用的文件的总称。[1] 国务院办公厅《关于加强行政规范性文件制定和监督管理工作的通知》(国办发〔2018〕37号)对行政规范性文件的定义是,"除国务院的行政法规、决定、命令以及部门规章和地方政府规章外,由行政机关或者经法律、法规授权的具有管理公共事务职能的组织(以下统称行政机关)依照法定权限、程序制定并公开发布,涉及公民、法人和其他组织权利义务,具有普遍约束力,在一定期限内反复适用的公文"。这与学界的观点较为一致。此外,全国各地的行政规范性文件的管理办法中,对于行政规范性文件的定义也大致如此。[2]《行政诉讼法》第53条中的"国务院部门和地方人民政府及其部门制定的规范性文件"就是指行政规范性文件。[3] 在名称上,自《立法法》出台后,该类文件不再被冠以"办法""条例"之名,而常以"通知""公告""意见""规定""细则"等词命名。在简称上,可以将其称为"规章以下的规范性文件"或"规章以外的规范性文件"。全国人民代表大会在2013年《关于〈中华人民共和国行政诉讼法修正案(草案)〉的说明》中,采用的就是"规章以下的规范性文件"的表述。[4] 因行政规范性文件多是为执行法律、法规和规章等的操作

---

[1] 参见孔繁华:《行政规范性文件法律监督机制探究》,载《法学杂志》2011年第7期;章剑生:《论行政诉讼中规范性文件的合法性审查》,载《福建行政学院学报》2016年第3期;关保英:《疫情应对中行政规范性文件审查研究》,载《东方法学》2020年第6期;袁勇:《行政规范性文件效力的废除困境及其化解》,载《行政法学研究》2021年第5期;王锴:《破解规范性文件备案审查的难题探究》,载《中国法治》2023年第5期;姜明安主编:《行政法与行政诉讼法》(第8版),北京大学出版社、高等教育出版社2024年版,第187页等。
[2] 参见《云南省行政规范性文件管理办法(草案)》(2024年)第2条、《安徽省行政规范性文件管理办法》(2023年)第2条、《甘肃省行政规范性文件管理办法》(2021年)第2条等。
[3] 参见李成:《行政规范性文件附带审查进路的司法建构》,载《法学家》2018年第2期。
[4] 参见《关于〈中华人民共和国行政诉讼法修正案(草案)〉的说明》,载中国人大网,http://www.npc.gov.cn/zgrdw/npc/lfzt/2014/2013-12/31/content_1822189.htm。

性规定,学者又将行政规范性文件称为由法律、法规、规章衍生之"子子孙孙"。[1]又因行政规范性文件在制式上的特殊性,不少学者称其为"红头文件",[2]着实准确形象。国务院及地方各级人民政府发布的"某某令"(如"楼市限购令""车辆限行令""商品限价令")等,均是以行政规范性文件的形式作出的。[3]

据此定义,上海市房地资源局《关于贯彻实施〈上海市房屋租赁条例〉的意见(二)》(沪房地资公〔2000〕98号)、吉林省《关于加强农村集体经济组织征地补偿费分配管理意见》(2009年)、国务院办公厅《关于进一步做好房地产市场调控工作有关问题的通知》(国办发〔2011〕1号)、上海市《城市环境(装饰)照明规范》(2012年)、中共中央办公厅、国务院办公厅《关于完善农村土地所有权承包权经营权分置办法的意见》(中办发〔2016〕67号)(以下简称《农地"三权分置"意见》)等,均是行政规范性文件。

(二)行政规范性文件是广义规范性文件的一种

规范性文件有广义与狭义之分。广义者,指上至宪法、法律下至规章等所有具有普遍约束力之抽象性文件;狭义者,则指有关主体在宪法、法律、行政法规、规章等文件外,发布的决定、决议、命令等具有普遍约束力的非立法性文件。狭义上之规范性文件或称"其他规范性文件"。学界指称规范性文件时多采狭义,对其定义基本一致,其要点在于:一是规章以下;二是公权主体发布,且多主张此类主体为

---

[1] 参见章剑生:《现代行政法总论》,法律出版社2014年版,第69页。
[2] 参见章剑生:《论行政诉讼中规范性文件的合法性审查》,载《福建行政学院学报》2016年第3期;姜明安主编:《行政法与行政诉讼法》(第8版),北京大学出版社、高等教育出版社2024年版,第187页等。
[3] 参见刘权:《论行政规范性文件的事前合法性审查》,载《江苏社会科学》2014年第2期。

国务院及其各部委、各级人民政府及其部门；三是具有普遍约束力。[1] 此种定义与行政规范性文件之定义相符。在很长一段时间，学界直接用"规范性文件"来代称"行政规范性文件"。但是，此种表述与我国规范性文件的体系和制定实际并不一致。因为除了行政主体需要在立法法范围之外制定规范性文件，立法机关、司法机关也有发布各种"通知""决定""规定"的需要。随着规范性文件逐步被学界关注并被立法监督主体纳入监督范围，规范性文件也有了更加详细的分类。学者考察后总结：以制定主体为标准，规范性文件可以进一步划分为权力机关规范性文件、司法机关规范性文件和行政规范性文件。[2] 权力机关规范性文件指各级人民代表大会及其常务委员会为贯彻、执行宪法、法律、法规和上级人民代表大会及其常务委员会的决议而发布的在本行政区域内具有普遍约束力之规范性文件。司法机关规范性文件是指，最高人民法院、最高人民检察院和地方各级人民法院、各级人民检察院为执行法律、法规和司法解释而制定的司法解释之外的具有普遍约束力的规范性文件。而行政规范性文件则仅指各级行政主体所制定的规范性文件。

由此可见，行政法学界在定义"规范性文件"时存在直接将其等同于行政规范性文件的误区。因此，为了和权力机关和司法机关所发布的规范性文件相区分，[3] 在"规范性文件"前加一定语，称其为

---

[1] 参见应松年主编：《行政行为法：中国行政法制建设的理论与实践》，人民出版社1993年版，第307页；王庆廷：《行政诉讼中其他规范性文件的异化及其矫正》，载《上海政法学院学报（法治论丛）》2011年第2期；温辉：《政府规范性文件备案审查制度研究》，载《法学杂志》2015年第1期；程骁：《新〈行政诉讼法〉中规范性文件附带审查制度研究》，载《法律适用》2015年第7期；王东伟：《法治理念下规范性文件的法院审查研究》，载《时代法学》2015年第3期等。

[2] 参见黄金荣：《"规范性文件"的法律界定及其效力》，载《法学》2014年第7期。

[3] 此外，根据2019年修订的《中国共产党党内法规和规范性文件备案审查规定》第2条第2款，中国共产党的党组织在履行职责过程中也可以发布规范性文件，并且同样具有普遍约束力、在一定时期内可以反复适用。可见，中国共产党发布的某些文件同样有被称为"规范性文件"的空间。这更说明，用"规范性文件"来统称行政主体发布的行政规范性文件，不甚妥当。

"行政规范性文件"更为规范严谨。

(三)行政规范性文件是行政立法之外的抽象行政行为

行政规范性文件由行政主体制定和发布,其在内容上会对公民、法人和其他组织的权利义务产生影响,在效力上又被认为具有普遍性,且在特定时期和特定范围内可以反复适用,因此其抽象行政行为之属性显而易见。行政法学教材亦将其与具体行政行为一并列于行政行为之下。[1] 此种抽象性决定了行政规范性文件与其他行政行为的明显区别。行政立法是典型的抽象行政行为。但是,根据《立法法》的规定,立法或准立法行为并不包括行政规范性文件,所以行政规范性文件并非行政立法。在美国,行政法学界将行政主体制定的具有实体意义的规则分为立法性规则和非立法性规则。立法性规则严格按照《美国联邦行政程序法》规定的告知与评论程序作出,并且具有与法律相同的约束力;非立法性规则则不需要严格按照《美国联邦行政程序法》制定,典型表现在不必适用告知与评论程序,系行政主体为发挥行政积极能动性而制定的各种通知、意见、指南、政策、声明等。[2] 可见,在比较法上,同样存在类似行政规范性文件的不属于行政立法,但是在一定领域或事项中具有普遍约束力的抽象法律行为。从中国行政法学者的相关文献可以发现,行政规范性文件和美国非立法性规则存在相似之处,[3] 这也为我们的比较法研究奠定了基础。

因此,行政规范性文件是行政主体于行政立法权之外,为行使行政职能而作出的抽象行政行为。行政规范性文件的此种抽象性,构成了其反复适用的前提,也是民事裁判援引行政规范性文件作为裁

---

[1] 参见姜明安主编:《行政法与行政诉讼法》(第8版),北京大学出版社、高等教育出版社2024年版,161页以下。

[2] 参见高秦伟:《美国行政法上的非立法性规则及其启示》,载《法商研究》2011年第2期。

[3] 行政法学者在给规范性文件或行政规范性文件下定义时,往往会主张其并非行政立法。而在讨论立法权分配和行政立法性质及其权限时,行政规范性文件亦当然被排除在行政立法之外。参见王贵松:《论法律的法规创造力》,载《中国法学》2017年第1期;黄宇骁:《也论法律的法规创造力原则》,载《中外法学》2017年第5期等。

判说理依据的直接原因。

(四)本书所采用的行政规范性文件的两种分类

为求主题的统一、方便本书的论述,参考行政法学界对行政规范性文件的分类,本书采用了两种行政规范性文件的分类方式。

第一种是以制定主体为标准,将行政规范性文件分为政府规范性文件和部门规范性文件。同时,政府规范性文件又在行政层级上可作进一步划分。此种分类多见于行政主体发布的以行政规范性文件为主题的有关文件中。例如,《广州市行政规范性文件管理规定》(2022年)第2条第2款即将行政规范性文件分为政府规范性文件和部门规范性文件两种,其中政府规范性文件又划分为市、区两级。发布主体既可以是人民政府,也可以是人民政府办公机构。而部门规范性文件又分为依法以自己名义履行行政管理职能的政府部门发布的规范性文件和根据授权的具有管理公共事务职能的组织发布的规范性文件。以制定主体为标准的分类,便于厘定不同层级行政规范性文件的效力等级和效力范围,对于民事裁判时,选择适用不同层级的行政规范性文件、判断行政规范性文件之间的效力等级,具有重要意义。

第二种是以行政规范性文件内容为标准所作的分类。综合行政法学界,较为推崇的是姜明安、马怀德两位教授的分类,即将行政规范性文件细分为行政创制性文件、行政解释性文件、行政指导性文件。[1] 行政创制性文件是指行政主体在未经过行政立法程序的情况下,且在已有行政立法范围之外,为相对人新设权利、新增义务而制定的行政规范性文件。以行政创制性文件的制定依据为标准,又可将行政创制性文件进一步分为依据授权而创设的行政规范性文件和依据职权创设的行政规范性文件。国务院于1986年发布的《国营

---

[1] 参见姜明安主编:《行政法与行政诉讼法》(第8版),北京大学出版社、高等教育出版社2024年版,第187-189页;马怀德主编:《行政法与行政诉讼法》(第5版),中国法制出版社2015年版,第157-162页。

企业实行劳动合同制暂行规定》,在《劳动法》和《失业保险条例》出台之前,曾是调整劳动法律关系之重要依据。[1] 该文件即是在上位法缺失、没有明确授权的情况下,国务院依据职权制定的行政创制性文件。行政解释性文件,是指在上位的法律、法规、规章等已有相关规定的情况下,由行政主体对其进行细化、解释的规范性文件。其目的,一是更好地促进法律、法规和规章的实施,二是统一行政主体对上述规范的理解和执行,以规范自由裁量权的行使。以制定行政解释性文件的行政主体是否有法定解释权为标准,又将其可分为有法定解释权的行政解释性文件和无法定解释权的行政解释性文件。从上海市房地资源局《关于贯彻实施〈上海市房屋租赁条例〉的意见(一)》(沪房地资市〔2000〕85号)、《关于贯彻〈福建省物业管理条例〉的实施意见》(闽建房函〔2019〕1号)等文件的名称上就可以看出,其是典型的行政解释性文件。行政指导性文件,是指行政主体以面向不特定的相对人发布的,以行政指导为内容和目的的行政规范性文件。该类规范性文件并不为相对人设定权利义务,亦不属于对法律规范的解释,仅对某事项给予书面形式的行政指导。典型者,如《农地"三权分置"意见》。以内容为标准对行政规范性文件进行分类,便于法官在民事裁判中结合个案事实判断行政规范性文件与案件的关联性,并决定是否遵从行政主体所作的安排。这种分类也便于本书针对不同类别的行政规范性文件的适用标准和适用路径,作出更有针对性的分析。

二、行政规范性文件作为本书研究主题的几个基础

作为一个颇具中国特色的主题,行政规范性文件并非我国《立法法》明确的"法",行政法学界也是近年来才较多地关注它。同时,

---

[1] 根据国务院《关于废止2000年底以前发布的部分行政法规的决定》(国务院令第319号),《国营企业实行劳动合同制暂行规定》已被1994年7月5日全国人大常委会通过并公布的《劳动法》、1999年1月22日国务院发布的《失业保险条例》、1997年7月16日国务院《关于建立统一的企业职工基本养老保险制度的决定》代替。

因为行政规范性文件属于公法范畴，有必要明确其在民事领域作为独立命题构成之主题的独立性和合理性。本书认为，将行政规范性文件作为独立主题，纳入民事裁判理论或者"民法渊源论"范畴进行研究，有以下时机和基础。

其一，行政规范性文件作为学术研究的独立主题，已然被法律共同体中的行政法学者、政府法制工作者、司法裁判者等接受。在2014年修改的《行政诉讼法》确立了针对行政规范性文件的司法审查制度后，行政法学界涌现了大量关于行政规范性文件的学术文献，并且在部分领域就不同事项已经达成初步共识。这些文献的作者中，不乏政府法制工作者[1]和法官[2]。其从专业角度考察了行政规范性文件的定义、地位、作用和司法审查等问题，为学界将行政规范性文件作为独立主题进行研究奠定了基础。

其二，行政规范性文件已经在文本上被我国法律体系接受。2014年修正的《行政诉讼法》第53条，建立了以行政规范性文件为对象的附带司法审查制度，使我国行政诉讼中长期存在的针对行政规范性文件的司法审查"从隐形走向显形"。[3] 在此之前，2009年《行政处罚法》第14条、《行政强制法》第10条、2003年《行政许可法》第17条等，也明确其他规范性文件不得设定行政处罚、行政强制措施和行政许可。条文中所用"其他规范性文件"一词，即规章以下的行政规范性文件。

其三，行政主体已经对行政规范性文件进行了自我规制，此种规制的层级也在不断提高。如湖南省在2004年就已经发布了《湖南省规章规范性文件备案审查办法》（已失效），是较早从实体和程序层

---

[1] 如李幸祥:《区域合作中的行政规范性文件协作制定机制研究——以长三角生态绿色一体化发展示范区为例》，载《行政法学研究》2021年第5期。作者当时任职于上海市人民政府办公厅法律事务处。
[2] 如程琥:《新〈行政诉讼法〉中规范性文件附带审查制度研究》，载《法律适用》2015年第7期。作者当时任职于北京市第四中级人民法院。
[3] 参见余凌云:《论行政诉讼法的修改》，载《清华法学》2014年第3期。

面对行政规范性文件进行自我规制的文件。大部分地方政府皆出台了类似文件。2018年国务院办公厅发布了《关于加强行政规范性文件制定和监督管理工作的通知》,是在各地实践基础上出台的全国性规制文件,体现了国家对行政规范性文件进行统一监督审查的决心。未来,还有可能通过行政立法的形式,制定专门的行政法规,对行政规范性文件进行更大强度的监督和规制。[1]

其四,行政规范性文件已经是民事裁判的重要依据,民法学者早已间接对其进行了大量研究。民事裁判中,经常可以看到援引名为"通知""规定""决定"等行政规范性文件的裁判文书,并且数量不在少数。原《民法通则》第6条将国家政策列为民法渊源,民法学者在研究国家政策时指出,国家政策的载体多为规章以下的"红头文件",这与我们关于行政规范性文件的内涵一致。可见,行政规范性文件有作为民法领域研究主题的实践和理论基础。

其五,比较法上,也可以找到与行政规范性文件相似的主题。有学者指出,我国的其他规范性文件在性质上和德国、日本的行政命令有相似之处。[2] 还有学者直接主张,美国行政法上的非立法性规则及其运作实践,对于科学认识我国的行政规范性文件具有重要的启示与意义。[3] 这为本书进行比较法研究奠定了基础。

三、行政规范性文件和相关概念辨析

因行政法上术语表达的规范性需求,往往看似相近的不同概念,内涵实则相差万里。为规范行文,且为统一不同规范性法律文件的内涵和表现形式,特将相关概念与行政规范性文件稍作辨析。

---

[1] 参见曹鎏:《管好"红头文件" 建设法治政府——对推进行政规范性文件法治化的思考》,载《紫光阁》2018年第11期。
[2] 参见杨士林:《试论行政诉讼中规范性文件合法性审查的限度》,载《法学论坛》2015年第5期。
[3] 参见高秦伟:《美国行政法上的非立法性规则及其启示》,载《法商研究》2011年第2期。

(一)行政立法

虽然行政规范性文件属于抽象行政行为,但学界关于行政立法和行政规范性文件的区分相当明晰,即行政立法仅指行政主体制定行政法规、地方性法规、规章的行为。[1] 但问题是,在形式上,当某行政规范性文件被冠以"办法""规定"等名称,且与地方性法规、规章均出自同一行政主体时,便会存在类别混淆的可能。尤其是在现实中,往往会出现本应通过行政立法发布的规则最后采取了行政规范性文件的形式的情况。[2] 司法实务中,同样会有关于某个规范性法律文件究竟是行政法规还是行政规范性文件的争议。鉴于此,学者主张,无论行政规范性文件所定内容如何,根据《立法法》所确认的立法体制,但凡未适用行政立法程序的行政规范性文件均不构成行政立法。[3] 无论是行政法规、地方性法规还是规章,都有较为明确的立法程序,并且相较行政规范性文件更加复杂、严谨。因此,进行程序上的区分是比较容易的。同时,以制定程序标准为基础,还可以衍生出其他区分方式,后文会有所涉及。

(二)行政规则

对于行政规则和行政规范性文件,行政法学者在论述时往往并不严格区分,如有的文献有"以规范性文件为代表的大部分行政规则"这样的表述。[4] 学者在译介比较法文献时,也会出现这种混用的情况,如有学者在介绍德国和日本行政法中的"行政规则"时,指出其是由行政机关制定的在其内部产生效力、对外界不生效力的公文。[5] 而在介绍美国的同类制度时,也将类似我国行政规范性文件

---

[1] 参见姜明安主编:《行政法与行政诉讼法》(第8版),北京大学出版社、高等教育出版社2024年版,第173-174页。

[2] 参见秦小建:《立法赋权、决策控制与地方治理的法治转型》,载《法学》2017年第6期。

[3] 参见王留一:《论行政立法与行政规范性文件的区分标准》,载《政治与法律》2018年第6期。

[4] 参见张婷:《行政诉讼附带审查的宪法命题及其展开》,载《法学论坛》2018年第3期。

[5] 参见沈岿:《解析行政规则对司法的约束力——以行政诉讼为论》,载《中外法学》2006年第2期。

（非立法性规则）的文件译作"行政规则"。[1]虽然行政规则和行政规范性文件同为抽象性文件，但二者关键区别在于，行政规则为内部规范性文件，并不对行政主体之外的行政相对人产生权利义务关系。[2]大陆法系国家，如日本，就是将行政规则限定为行政机关内部为规范机关秩序及运作流程，而制定的仅对机关内部有效的非立法性行政规范。[3]因此，将行政规则等同于行政规范性文件的做法并不科学。行政规则具有组织行政机关活动并维持秩序的效用，在指称对社会大众具有对外约束力的文件时，不宜使用"行政规则"一词。

（三）行政命令

不少学者在定义行政规范性文件时，指出其是行政主体发布的"命令"。[4]这与我国现有法律文本中的术语选择密切相关。如《宪法》第89、90、107条明确国务院及其各部委、县级以上人民政府的职权包括发布决定和命令；《立法法》第91条明确国务院各部委根据法律和行政法规、决定、命令制定部门规章；《地方各级人民代表大会和地方各级人民政府组织法》第76条第1项亦明确乡、民族乡、镇的人民政府为执行上级国家行政机关的决定和命令，也可以发布决定和命令。因此，在法律条文中将"命令"指称法律、行政法规、规章之外的规范性法律文件时，自然也可以将行政规范性文件作为"命令"的表现形式。

但严格来讲，行政命令与行政规范性文件并非完全等同。《党

---

[1] 参见沈开举、任佳艺：《行政规范性文件附带司法审查的实现机制研究——美国经验与中国探索》，载《湖北社会科学》2018年第9期。
[2] 参见沈亚萍：《行政规则制定中的公众参与考量：基于正反两面的双重分析视角》，载《河北法学》2014年第6期。
[3] 参见胡晓军：《行政命令研究——从行政行为形态的视角》，法律出版社2017年版，第25页。
[4] 参见孔繁华：《行政规范性文件法律监督机制探究》，载《法学杂志》2011年第7期；张浪：《行政规范性文件的司法审查问题研究——基于〈行政诉讼法〉修订的有关思考》，载《南京师大学报（社会科学版）》2015年第3期等。

政机关公文处理工作条例》第8条第3项将"命令(令)"的适用情况分为三种,一是用于公布行政法规和规章,二是宣布施行重大强制性措施,三是批准授予和晋升衔级、嘉奖有关单位和人员。也就是说,"命令(令)"既可适用于抽象行政行为,又可适用于具体行政行为。学界既有将行政命令定义为具体行政行为的,也有将其定义为抽象行政行为的。主张其为具体行为者,认为行政命令是行政主体依法要求行政相对人为或不为一定行为的单方强制[1]或强制性措施[2]。主张其为抽象行为者,认为行政命令是各级政府及其职能机构在本辖区范围内为贯彻和执行法律、法规、规章和上级行政命令向外发布的调整该区域行政关系,且具有普遍约束力的行为规范。[3] 因此,行政规范性文件是行政主体发布行政命令之手段,准确地说,行政规范性文件是抽象行政行为意义上的行政命令。

第二节 问题的提出

一、存在的问题

本书将行政规范性文件作为研究主题,并探讨其民事司法适用问题,动因于以下问题或背景。

(一)行政规范性文件已经在民事裁判中被大量适用

阅览民事裁判文书,可以发现民事裁判援引行政规范性文件作为裁判说理依据的情况已经屡见不鲜。在"中国裁判文书网"中以"规范性文件"[4]为关键词,在裁判文书中的"理由"部分进行检索,

---

[1] 参见姜明安主编:《行政执法研究》,北京大学出版社2004年版,第129页。
[2] 参见黎国智主编:《行政法词典》,山东大学出版社1989年版,第91页。
[3] 参见张建飞:《论行政命令》,载《法学研究》1998年第3期。
[4] 虽然"规范性文件"是"行政规范性文件"的上位概念,但实务中常常以前者代称后者。检索到的案例中,法院亦以"规章以外的规范性文件"或"政府发布的规范性文件"等代称"行政规范性文件"。

可得近25,400多件案由为民事的裁判文书。[1] 仅以国务院发布的行政规范性文件《关于坚决遏制部分城市房价过快上涨的通知》作为关键词进行检索,就可以获得350例民事裁判文书。此外,原《民法通则》第6条明确在法律阙如时民事活动亦应当遵守国家政策,从而肯认了国家政策的民法渊源地位。而国家政策往往以行政规范性文件形式颁布,民法学界围绕国家政策的民事司法适用问题,展开了多年研究。当前共识认为,以"红头文件"为载体的各项国家政策是重要的民法渊源,也是民事司法裁判的重要说理依据。在土地承包经营合同纠纷[2]和农地征收补偿纠纷[3]中,作为国家政策表现形式之一的土地政策也被大量适用。可以说,国家政策介入民事司法的过程,往往也是行政规范性文件介入民事司法的过程。

实际上,除了作为土地政策调整农地法律关系,行政规范性文件在其他类型的民事法律关系或民事纠纷中也经常被适用,甚至形成了特定的司法适用路径。

其一,对民事合同的影响。行政规范性文件除了是行政主体在其职能范围内所作的专业判断,往往还会体现公权者实现特定社会政策或管制的目的。司法机关为示尊重,经常在合同的效力认定、法定义务认定、合同履行、合同解除等方面参考适用行政规范性文件。例如,将行政规范性文件视为强制性规定,从而否定合同效力;[4] 或者将对行政规范性文件的违反视为损害社会公共利益,从而否定合同效力[5]。又如,在土地出让合同中,国务院发布的行政规范性文件明确了按时足额缴纳土地出让收入的义务及其相应后果,司法机关认定该类事项并非双方能够任意协商变更的条款,亦不宜依职权

---

[1] 本处案例检索日期为2024年8月3日。
[2] 参见汪君:《论土地政策的司法融入——以政策在土地承包合同纠纷中的介入机制为研究路径》,载耿卓主编:《土地法制科学》(第1卷),法律出版社2017年版。
[3] 参见陈小君、汪君:《农村集体土地征收补偿款分配纠纷民事司法困境及其进路》,载《学术研究》2018年第4期。
[4] 如内蒙古自治区库伦旗人民法院民事判决书,(2013)库商初字第5号。
[5] 如河北省高级人民法院民事裁定书,(2016)冀民申2433号。

作相应调整,从而以此为依据确认各方当事人的法定民事权利义务。[1] 再如,某省级行政规范性文件规定:"……国有土地出让支出一律通过地方政府基金预算予以安排,实行彻底的'收支两条线'管理,企业不得以任何方式参与土地出让收益分成,凡政府与企业签订的土地收益分成的相关协议、合同立即终止。"法院据此认定案涉合同已经终止。[2]

其二,对侵权责任认定的影响。司法实践中,行政规范性文件可通过侵权责任构成要件介入侵权责任认定过程。例如,行政规范性文件规定渣土运输必须具有相应资质,法院基于定作人未对承揽人(运输方)资质进行审核,认定定作人过错。[3] 又如,法院引用行政规范性文件中关于"障害光""光污染"的定义,判断被告在自己权益范围内安装的为自己照明的路灯是否属于环境污染。[4] 再如,关于重性精神疾病管理治疗的行政规范性文件中明确了相应残疾等级对应的生活能力,法院据此判定医院未履行相较一般公共场所的管理人及群众性活动的组织者更高的安全保障义务。[5]

其三,对物权关系的影响。土地政策会影响土地承包经营合同和土地征收,甚至还会创设新型物权。如《农地"三权分置"意见》中,明确了"土地经营权"这一新型权利。民事司法实践已经在引用该文件作为裁判说理的依据。[6] 我国物权立法中,甚至明确某类物权关系可适用"国家有关规定"。又如,《民法典》第363条规定,与宅基地得丧变更有关的事项,适用《土地管理法》等法律和"国家有

---

[1] 参见最高人民法院民事判决书,(2017)最高法民终561号。
[2] 参见最高人民法院民事判决书,(2016)最高法民申2548号。
[3] 参见福建省三明市中级人民法院民事判决书,(2016)闽04民终196号。
[4] 陆耀东诉永达公司环境污染损害赔偿纠纷案,载《最高人民法院公报》2005年第5期。
[5] 参见天津市第二中级人民法院民事判决书,(2018)津02民终4120号。
[6] 参见广东省河源市中级人民法院民事判决书,(2016)粤16民终1084号;湖北省孝感市中级人民法院民事判决书,(2018)鄂09民终446号;黑龙江省哈尔滨市中级人民法院民事判决书,(2017)黑01民终1715号;广东省惠来县人民法院民事判决书,(2017)粤5224民初222号等。

关规定"。因此与宅基地相关的、作为"国家有关规定"的规章和行政规范性文件，可以规定宅基地的得丧变更事项，并成为处理宅基地纠纷的参考。[1] 此外，相邻关系中，因行政规范性文件规定了建筑标准或设备安装标准，权利人可以将相关规定作为依据，主张相邻人侵犯了其通风、采光、通行等权利。[2]

可见，民事裁判文书援引行政规范性文件已成常态，数量众多的判决书体现出行政规范性文件对民事纠纷的重要影响。并且，行政规范性文件之民事司法适用在典型法律关系中的介入路径已然形成特定规律，具备了类型化和进一步提炼出统一规则的基础。学界和司法实务者应当重视这一现象并积极应对。

（二）民事裁判对行政规范性文件司法适用的态度不一

《民法典》第 10 条规定："处理民事纠纷，应当依照法律；法律没有规定的，可以适用习惯，但是不得违背公序良俗。"作为民法渊源条款，这条是民事裁判依据适用的一般规则。但是其内容过于笼统，"法律"的内涵也有待明确。同时，行政规范性文件的"法律"属性尚未明确，但其又有法律的抽象性和权威性，就必然会使法官对民事裁判能否适用行政规范性文件的问题无法达成统一。最高人民法院发布的《关于裁判文书引用法律、法规等规范性法律文件的规定》（法释〔2009〕14 号）（以下简称《裁判文书引用规定》）是我国目前唯一对如何引用规范性法律文件提供明确指引的权威文件。《裁判文书引用规定》规定了民事裁判文书中可以引用、作为裁判说理依据的

---

[1] 司法实践中，法官即是根据该条指引，援引《国务院办公厅关于严格执行有关农村集体建设用地法律和政策的通知》处理宅基地转让纠纷或农房买卖合同纠纷。参见新疆维吾尔自治区高级人民法院伊犁哈萨克自治州分院民事判决书，(2024)新 40 民终 3979 号；山东省泰安市中级人民法院民事判决书，(2022)鲁 09 民终 4767 号等。
[2] 参见浙江省舟山市中级人民法院民事判决书，(2016)浙 09 民终 307 号；四川省广安市中级人民法院民事裁定书，(2018)川 16 民终 29 号等。

规范性文件。其第6条指出,对于该规定第3、4[1]、5条[2]之外的"规范性文件",根据审理案件的需要,经审查认定为合法有效的,可以作为裁判说理依据。但"可以作为裁判说理依据"颇显暧昧,并不能为民事裁判者提供确定性操作方案,无法解决民事裁判者的疑虑。这种疑虑体现在具体的裁判中,则表现为以下两个方面。

1. 不同裁判对行政规范性文件的接受度不一

首先,在判决主文部分对行政规范性文件的引用方面。根据《裁判文书引用规定》,民事裁判者仅得引用法律、法律解释或者司法解释、行政法规、地方性法规或者自治条例和单行条例等作为裁判依据,而行政规章和行政规范性文件等仅可作为说理依据。2016年最高人民法院发布的《人民法院民事裁判文书制作规范》(法〔2016〕221号)(以下简称《民事裁判文书制作规范》)对民事裁判文书制作标准作了统一规定,在裁判文书"正文"部分,作了"理由"及"裁判依据"之分。该规范还指出,裁判依据可为法律及法律解释、行政法规、地方性法规、自治条例或者单行条例、司法解释,但不得为宪法及司法系统内部文件,不过,其所体现之原则及精神,可在说理部分予以阐述。也就是说,行政规范性文件绝对不得出现在裁判依据部分。司法实务中有判决在涉及行政规范性文件引用时明确指出,根据《裁判文书引用规定》,不得引用案涉文件作为裁判依据。[3] 但与之相反的是,实践中仍然存在直接引用行政规范性文件作为裁判依据

---

[1] "民事裁判文书应当引用法律、法律解释或者司法解释。对于应当适用的行政法规、地方性法规或者自治条例和单行条例,可以直接引用。"

[2] "行政裁判文书应当引用法律、法律解释、行政法规或者司法解释。对于应当适用的地方性法规、自治条例和单行条例、国务院或者国务院授权的部门公布的行政法规解释或者行政规章,可以直接引用。"

[3] 如江西省萍乡市中级人民法院民事判决书,(2017)赣03民终3号;安徽省马鞍山市中级人民法院民事判决书,(2017)皖05民终1061号;新疆维吾尔自治区高级人民法院民事判决书,(2015)新民二终字第144号;广东省中山市中级人民法院民事判决书,(2015)中中法民六终字第365号;广东省佛山市中级人民法院民事判决书,(2014)佛中法民一终字第465号等。

的做法，[1]其中不少是一审法院错误引用而二审法院发现并予以纠正。[2]

其次，在司法机关对行政规范性文件所欲实现政策的尊重程度方面。一般来说，基层法院对行政规范性文件的规范性认可度更高，前文所述二审法院纠正一审法院直接将行政规范性文件作为裁判依据的示例便是明证。在合同纠纷，尤其是争议焦点涉及合同效力认定时，不同法院会呈现不同的态度。一方面，行政规范性文件所明确的政策往往具有重大意义；另一方面，根据我国一贯以来的合同效力认定裁判规则，行政规范性文件不得作为否定合同效力的依据。大部分司法机关严格遵守该规定。但当行政规范性文件涉及的政策较为重要时，部分司法机关便会寻找路径否定相关合同效力。如为了落实原国家计委、财政部下发的《关于全面整顿住房建设收费取消部分收费项目的通知》（计价格〔2001〕585号）中关于禁止开发商乱收费的政策，司法机关认为开发商试图通过签订补充协议的形式规避相关规定，构成"以合法形式掩盖非法目的"，从而否定购房合同补充协议的效力。[3]有法院甚至直接将国务院发布的行政规范性文件认定为行政法规，从而宣告"非公有资本投资和经营有线电视传输骨干网"的合作协议无效。[4]

2. 行政规范性文件民事司法适用的正当性值得反思

实践中，法官面对不同类型的行政规范性文件，表现出了不尽一致的态度。

关于行政创制性文件。当法律阙如，而行政规范性文件又可提供确定性指引时，可否将其作为民事裁判说理依据？原《民法通则》

---

[1] 如上海市黄浦区人民法院民事判决书，(1993)黄民初字第447号。
[2] 如新疆维吾尔自治区高级人民法院民事判决书，(2015)新民二终字第144号；广东省中山市中级人民法院民事判决书，(2015)中中法民六终字第365号；安徽省马鞍山市中级人民法院民事判决书，(2017)皖05民终1061号等。
[3] 参见江西省萍乡市中级人民法院民事判决书，(2017)赣03民终3号。
[4] 参见内蒙古自治区库伦旗人民法院民事判决书，(2013)库商初字第5号。

第6条曾将国家政策作为在法律无明文规定时补充法律的渊源,从而为创制性行政规范性文件的民事司法适用提供了余地。研究及判例已经证明此点,部分民事裁判文书对此亦直言不讳。如对于国有企业改制引起的纠纷,最高人民法院曾于2001年发布《关于人民法院在审理企业破产和改制案件中切实防止债务人逃废债务的紧急通知》(法〔2001〕105号),其第7条明确,人民法院在审理企业改制有关的案件时,除应当适用法律外,还应当适用国家改制政策。最高人民法院在判决中就直接指出,"有关法律、行政法规无明文规定的,可适用改制行为发生时国务院有关主管部门的规范性文件进行认定与处理"。[1] 在审理企业改制中员工持股纠纷案件时,地方法院曾指出,"我国在企业体制改革过程中实行职工持股制度,而我国现有《公司法》等法律未对职工持股制度予以明确,主要由地方性法规、政策等行政规范性文件进行调整"。[2] 可见,对于行政创制性文件,司法机关往往持更加开放的态度。但是,行政规范性文件并非行政立法,更不是民事立法,在上位法付之阙如的情况下,其直接作出相关规定,是否合法?民事裁判对行政创制性文件采肯定态度并写入裁判文书,是否妥当?

关于行政解释性文件。法律不可能事无巨细,尤其是涉及专业事项时宜交由职能所系之行政机关处理。因此,行政解释性文件往往更能得到民事裁判者认可。例如,在光污染侵权纠纷中,1989年《环境保护法》第6条明确"一切单位和个人都有保护环境的义务,并有权对污染和破坏环境的单位和个人进行检举和控告",但对涉案照明路灯是否构成光污染,《环境保护法》并无明确规定。法院援引上海市人民政府颁布的行政规范性文件《城市环境(装饰)照明规范》中关于障害光的认定标准,判定涉案照明路灯构成光污染,从而

---

〔1〕 参见最高人民法院民事判决书,(2006)民二终字第70号。
〔2〕 参见四川省简阳市人民法院民事判决书,(2016)川2081民初564号。

判定侵权责任成立。[1] 该案中,地方人民政府颁布的行政规范性文件关于障害光的规定,就是对《环境保护法》有关内容的具体化和解释性规定。又如,在公租房租赁合同纠纷中,因公租房政策多由地方因地制宜,法官往往需结合地方规定进行裁判。在某案例中,涉及公租房权利人的认定。原《合同法》第234条明确:"承租人在房屋租赁期间死亡的,与其生前共同居住的人可以按照原租赁合同租赁该房屋。"但是该条无法为公租房的"共同居住人"提供明确指引。司法机关在检索后,发现上海市房地资源局《关于贯彻实施〈上海市房屋租赁条例〉的意见(二)》中有关于公租房"共同居住人"的详细认定标准。[2] 该行政规范性文件便是在"共同居住人"的问题上,对原《合同法》第234条作了解释和细化。可见,对于行政解释性文件的民事司法适用,裁判者似乎多持积极态度。

关于行政指导性文件。此类文件并不设定具体权利义务,往往以提倡、鼓励的方式推行某项政策。一般来说,若行政指导性文件并不要求相对人为或不为一定行为,相对人便有行为自由且不会因未遵从政策而承担不利后果。实际上,因为行政指导性文件与国家政策之间的密切联系,司法机关对行政指导性文件也很重视。其司法适用的合理性可能表现在:一是其所代表政策于国计民生或社会公共利益至关重要。如前文所述,关于落后产能设备淘汰的政策,法院会以侵害公共利益为由否定生产设备购买合同效力。二是行政指导性文件明确的政策系为保护特定群体利益,而被司法机关作为裁判过程中的利益衡量工具。例如,《农地"三权分置"意见》鼓励权利人创设土地经营权,以提高土地利用率。法官会以此来支持农地承包人以土地经营权转包合同对抗发包方的主张。但也有司法机关在民事裁判中对行政指导性文件持消极态度。这在与定价和收费指导相

---

[1] 参见陆耀东诉永达公司环境污染损害赔偿纠纷案,载《最高人民法院公报》2005年第5期。
[2] 参见上海市徐汇区人民法院民事判决书,(2013)徐民四(民)初字第1109号。

关的文件上体现得尤为明显。曾有司法机关在民事裁判文书中指出:"上诉人列举了很多的行政规范性文件,首先一点,行政性规范性文件主要调整的是行政机关和行政相对人之间的法律关系。第二点,上诉人所称的上述文件均是行政机关向开发商收取相关费用的规范性文件,而并不是行政机关规范房地产开发商和商品房购买人之间的民事主体的规范性文件。"[1]还有民事裁判文书写道:"《湖南省新建商品房交易价格行为规则》仅为职能部门对商品房价格的调控规定,在性质上,仅属抽象行政规范性文件,不是法律法规,不禁止合同当事人另行约定。"[2]因此,民事裁判应否适用行政指导性文件,对此类文件中提倡的政策应当给予多大程度的司法尊重,值得我们深思。

可见,对于不同内容的行政规范性文件,民事裁判的态度截然不同。尤其是行政创制性文件和行政指导性文件,法官应否适用,缺乏明确的指引。最重要的是,行政规范性文件是公法产物,为何可以作为民事裁判说理依据介入私法关系?这都需要我们提炼和分析民事裁判中适用行政规范性文件的法理基础和正当性基础,并且最好细化到不同类别的行政规范性文件。

(三)行政规范性文件民事司法适用路径混乱、规则不明

除了能否适用的问题,法官在适用行政规范性文件时,尤其是在不同的民事法律关系中具体适用行政规范性文件时,也缺乏统一标准。法官在适用行政规范性文件时往往依赖自由裁量,这种自由裁量表现出了如下问题。

1. 存在"同案不同判"现象

对于民事裁判如何适用行政规范性文件,仅有《裁判文书引用规定》中第6条的一句"根据审理案件的需要,经审查认定为合法有效的,可以作为裁判说理的依据"。除此之外,再无明确指引。于

---

[1] 河南省郑州市中级人民法院民事判决书,(2017)豫01民终17486号。
[2] 湖南省怀化市中级人民法院民事判决书,(2017)湘12民终1312号。

是，倘若民事裁判中涉及行政规范性文件，民事裁判者只能依靠自由裁量处理。而又因对行政规范性文件的定位、效力和适用规则等理解不一，时常出现同案不同判的情形。

这点在行政规范性文件对合同效力的影响问题中体现得尤其明显。根据最高人民法院颁布的相关司法解释以及《民法典》的规定，只有法律和行政法规能作为否定合同效力的依据。大多数民事裁判可以遵守该合同效力认定规则。如有地方法院指出，行政规范性文件不是全国人大及其常委会制定的法律，也不是国务院制定的行政法规，依法不应作为确认合同无效的依据。[1] 强制性规定的位阶限定，意在防止抽象行政行为过度介入私法。但是，部分民事裁判依然会判定违反行政规范性文件的合同无效。如国务院《关于非公有资本进入文化产业的若干决定》(国发〔2005〕10号)明确"非公有资本不得投资和经营……有线电视传输骨干网"，法院将该文件认定为行政法规，从而据原《合同法》第52条第5项否定有线电视网络经营合作协议效力。[2] 这种对行政规范性文件属性认定不清的案件，显然存在不妥。除了以违反强制性规定为由否定合同效力，还有法院将合同对行政规范性文件的违反视为对公共利益的违反，从而否定合同效力。如在"孙某怡与王某敏等房屋买卖合同纠纷"中，北京市发布的行政规范性文件明确，对于限价商品房，购房人取得房屋权属证书后5年内不得转让所购住房。在当事人违反这一规定订立房屋买卖合同时，法院以损害社会公共利益为由，确认合同无效。[3] 在农房买卖合同纠纷中，此种"同案不同判"现象则更为明显。现行法律、行政法规并未规定"禁止城镇居民在农村购买农房"，国务院以行政规范性文件形式三令五申禁止城镇居民下乡购买农房，地方人民政府也因势出台有关文件。因为对该项政策的理解和尊重程度

---

[1] 参见甘肃省庆阳市中级人民法院民事判决书，(2017)甘10民终421号。
[2] 参见内蒙古自治区库伦旗人民法院民事判决书，(2013)库商初字第5号。
[3] 参见北京市第一中级人民法院民事判决书，(2016)京01民终5668号。

不同,司法机关在判定城镇居民签订的农房买卖合同的效力时,有认定为有效的,也有认定为无效的。并且判决合同无效的理由多种多样,在买卖双方过错分配和损失认定、无效后合同处理和权利救济上也大相径庭。[1]

在同一案件中,虽然最终裁判结果一致,但行政规范性文件规定的政策介入民事法律关系的路径也可能不甚相同。如在"栖霞市臧家庄镇东寨村民委员会与柳某会确认合同无效纠纷"中,村委会以村小学正房代物清偿债务。一审援引国务院《关于加强农村集体资产管理工作的通知》(国发〔1995〕35号)中关于农村集体资产的转让必须经过资产评估,防止集体资产流失的相关规定,径行依据原《合同法》第52条第5项之规定判决代物清偿协议无效。当事人上诉主张行政规范性文件并非行政法规后,二审法院改引《村民委员会组织法》第24条关于以借贷、租赁或者其他方式处分村集体财产必须经村民会议讨论决定方可办理之规定,否定村委会代物清偿协议的效力。[2]

可见,对民事裁判者而言,能否在民事裁判中引用行政规范性文件,以及如何具体适用行政规范性文件,都是见仁见智。所以,除了进一步明确行政规范性文件民事司法适用的法理基础,还有必要构建行政规范性文件民事司法适用的具体规则,包括在部分典型的民事法律关系中的适用规则。

2.具有可操作性的统一规则欠缺

《裁判文书引用规定》以及最高人民法院发布的有关民事裁判文书撰写规则,未就行政规范性文件的民事司法适用问题作出详细规定。相对而言,《裁判文书引用规定》第6条是最直接的指引和依据。《裁判文书引用规定》对民事裁判依据和说理依据作了区分,即

---

[1] 参见高海:《农村宅基地上房屋买卖司法实证研究》,载《法律科学(西北政法大学学报)》2017年第4期。
[2] 参见山东省烟台市中级人民法院民事判决书,(2015)烟民四终字第464号。

行政规范性文件仅可作为说理依据而不得作为裁判依据。近年来，无论是当事人[1]还是审理民事案件的法官[2]，都越来越注重裁判文书中的规范引用问题，且基本达成不得在裁判文书的主文部分将行政规范性文件作为裁判依据引用的共识。除了引用位置，《裁判文书引用规定》第6条还明确，规章之外的规范性文件民事司法适用的条件是"根据审理案件的需要，经审查认定为合法有效的"，但是何为"审理案件的需要"？何又为"经审查认定为合法有效"？有学者指出，《裁判文书引用规定》所明确的"审理案件的需要"即指法律与行政规范性文件之间具有特定联系，而此种联系的确定是交由民事裁判者自由裁量的。[3] 正是此种可操作性基础欠缺的自由裁量，才会导致不同民事裁判者对行政规范性文件接受度不一，或肯认行政规范性文件之内容却在具体融入路径上大相径庭的局面的出现。对于"经审查认定为合法有效"，实践中显然并未得到落实，如有上诉人指出一审法院没有经过审查而将地方行政规范性文件直接作为依据，该文件在没有法律授权的情形下任意扩大社保支付主体，将本应属于劳动局支付的统筹基金与大病救助基金转嫁到用人单位身上，因而其不得作为说理依据。二审法院则以"该规定并未与其他更高效力层次的法律法规或社会保险政策相抵触，同时考虑到社会保险相关政策本身具有地方性较强的特点"为由主张一审法院适

---

[1] 诉讼案件的当事人会在诉讼活动中明确指出，行政规范性文件不能作为裁判依据。参见浙江省宁波市中级人民法院民事判决书，(2013)浙甬民一终字第193号；云南省昆明市中级人民法院民事判决书，(2015)昆民一终字第125号；广东省韶关市中级人民法院民事判决书，(2015)韶中法民一终字第163号等。
[2] 审理案件的法官也会援引《裁判文书引用规定》，指出行政规范性文件不得作为裁判依据。有时还是二审法院纠正一审法院将行政规范性文件作为裁判依据的错误做法。参见最高人民法院民事判决书，(2015)民申字第1778号；浙江省绍兴市中级人民法院民事判决书，(2017)浙06民终3054号；安徽省马鞍山市中级人民法院民事判决书，(2017)皖05民终1061号；吉林省通化县人民法院民事判决书，(2018)吉0521民初142号；吉林省大安市人民法院民事裁定书，(2018)吉0882民监1号等。
[3] 参见张红：《论国家政策作为民法法源》，载《中国社会科学》2015年第12期。

用行政规范性文件正确。[1] 还有上诉人援引国务院《关于加强法治政府建设的意见》中,地方各级行政机关和国务院各部门制定的各类规范性文件不得违法增加公民、法人和其他组织的义务的规定,指出地方政府制定的行政规范性文件创制企业义务,从而不得作为裁判说理依据。[2] 二审法院同样未回应此种上诉理由,而是维持原判。可见,《裁判文书引用规定》仅是提出了法院在民事裁判中对行政规范性文件进行审查的设想,但此种审查性质如何？谁来审查？如何审查？审查后如何处理、表述？都是需要明确的重要事项。因此,对于行政规范性文件的民事司法适用,必须在明确"根据审理案件的需要"和"经审查认定为合法有效"法理、内涵的基础上,探析更加详细、更有操作性的裁判规则。

(四)裁判文书说理改革下行政规范性文件之民事司法适用规则不完善

根据《裁判文书引用规定》,行政规范性文件只有在"根据审理案件的需要"的前提下,并"经审查认定为合法有效的",才"可以作为裁判说理的依据"。这表明了行政规范性文件民事司法适用的条件性。民事裁判文书在援引行政规范性文件时,必须论证并载明条件的符合性,这就需要法官进行释法说理。

加强裁判文书的释法说理,是我国司法改革中的重要内容。2013年11月12日,党的十八届三中全会通过《中共中央关于全面深化改革若干重大问题的决定》在"推进法治中国建设"之"健全司法权力运行机制"部分提出,要"增强法律文书说理性"。党的十八届四中全会通过的《中共中央关于全面推进依法治国若干重大问题的决定》再次明确要"加强法律文书释法说理"。人民法院第四个"五年改革纲要"[3]在"健全审判权力运行机制"部分单列"推动裁

---

[1] 参见浙江省宁波市中级人民法院民事判决书,(2013)浙甬民一终字第193号。
[2] 参见广东省韶关市中级人民法院民事判决书,(2015)韶中法民一终字第163号。
[3] 即最高人民法院于2015年2月4日修订的《关于全面深化人民法院改革的意见——人民法院第四个五年改革纲要(2014–2018)》。

判文书说理改革"一项,指出应对部分重要或疑难案件加强裁判文书说理性,完善裁判文书说理的刚性约束机制和激励机制,建立裁判文书说理的评价体系。在此背景下,最高人民法院于2018年6月印发《关于加强和规范裁判文书释法说理的指导意见》(法发〔2018〕10号)(以下简称《释法说理指导意见》),对如何进一步提高裁判文书释法说理质量提出了较为详细的指导意见,被认为是裁判文书改革征程中具有承上启下作用的关键举措。[1]《释法说理指导意见》表明司法机关对于司法裁判之性质已经有了新的认识,即通过运用法律推理和法律论证,在履行依法裁判义务的同时实现和个案正义的结合,最终多角度提高判决的可接受性。[2] 基于此,研究并完善行政规范性文件民事司法适用之有关理论及规则,是我国裁判文书说理改革之必然。而以加强民事裁判释法说理为导向的行政规范性文件民事司法适用规则的完善,应当涵盖以下两个方面。

其一,在现有司法裁判规则上进一步细化行政规范性文件民事司法适用说理规则并提高其可操作性。《裁判文书引用规定》明确了行政规范性文件可以作为民事裁判说理依据,同时明确其作为说理依据的条件是"根据审理案件的需要"和"经审查认定为合法有效"。两项条件因为其内容模糊不清,缺乏可操作性,从而使部分民事裁判者在是否可以适用行政规范性文件的问题上犹豫不决,在对行政规范性文件的审查时,部分案件中当事人和法官对应否适用民事裁判文书分歧较大,难以达到有理有据。因此,如何明确并细化"根据审理案件的需要"和"经审查认定为合法有效",是本书写作之重点。

其二,明晰行政规范性文件民事司法适用的法理基础,积极挖掘

---

[1] 参见胡仕浩、刘树德:《新时代裁判文书释法说理的制度构建与规范诠释(上)——〈关于加强和规范裁判文书释法说理的指导意见〉的理解与适用》,载《法律适用(司法案例)》2018年第16期。
[2] 参见雷磊:《从"看得见的正义"到"说得出的正义"——基于最高人民法院〈关于加强和规范裁判文书释法说理的指导意见〉的解读与反思》,载《法学》2019年第1期。

典型民事法律关系中的类型化适用路径。民事裁判者对行政规范性文件民事司法适用态度不一反映出裁判者本身对行政规范性文件私法适用之正当性存疑,而具体适用中出现的"同案不同判"问题又说明裁判者在适用路径上存在分歧。对于前者,需要在公法和私法相对区分的背景下,基于我国民法渊源的特征和种类,结合当前有关裁判文书撰写和释法说理的基本要求,明确行政规范性文件介入民事司法裁判的法理基础。对于后者,则需要在明晰行政规范性文件民事司法适用的一般性规则基础上,提炼行政规范性文件在典型民事法律关系中的具体介入路径和释法说理要点,以明晰行政规范性文件私法实现的法治之道。

二、研究的现状

(一)整体情况

综观现有研究成果,关于本书研究内容的直接参考文献并不丰富,但通过对关联成果的整理,可挖掘出一定数量的论点论据,亦构成本书进一步研究的基础。在现有学术成果中,与本书内容相关者主要集中在"行政规范性文件作为民法渊源""行政规范性文件私法适用的法理基础""行政规范性文件民事司法适用的规则""行政规范性文件在典型民事法律关系中的适用"几个方面。

关于行政规范性文件作为民法渊源。首先,有相当数量的民法学者持肯认"命令"作为法律或民法渊源的观点;其次,我国《民法典》立法史中,国家政策、国家计划、法令等行政规范性文件的特殊形态曾作为重要的民法渊源;最后,现有研究表明,成文法系国家或地区明确规定法律渊源条款的立法中,对"法律"的范围都不作狭义解释,且行政规范性文件均被纳入其中。因此,行政规范性文件有作为民法渊源的一系列基础。

关于行政规范性文件私法适用的法理基础。学界尚未关注到行政规范性文件的私法适用及其法理正当性问题,但在讨论行政法规等其他公法规范的私法介入问题时,已形成部分理论成果可资借鉴。

无论是在一般法理学中还是在民法学中，都有从公法规范在规范等级体系中的定位、公法对私法的干预及二者的融合、行政规范性文件的法政策意义等方面论述公法规范的私法适用问题。这些成果也表明，行政规范性文件的私法适用存在较为扎实的理论基础。

关于行政规范性文件民事司法适用的规则。此点同样尚未得到民法学者关注并且未曾作为独立研究的对象，但目前关于行政诉讼程序中行政规范性文件的司法适用，部分民法学者关于国家政策、行政命令等行政规范性文件特殊表现形态的司法适用的有关讨论，可以为明晰行政规范性文件民事司法适用规则提供重要基础。

关于行政规范性文件在典型民事法律关系中的适用。公法规范的私法化，在合同关系、物权关系以及侵权责任认定中已经被民法学者广泛讨论。虽然尚未涉及行政规范性文件在这些具体关系中的适用，但是当行政规范性文件作为管制规范、物权管理规范、保护性规范时，可以借由已有转介渠道影响民事司法。此外，行政规范性文件在不同民事法律关系中的影响，远比现有研究丰富，因此，本选题具有较大的研究空间，当然亦挑战颇大。

综上，虽然现有研究尚未直接关注并解答行政规范性文件民事司法适用的有关问题，但也有部分与民法渊源、国家政策、公私法融合等相关的成果为本选题的开展奠定了基础，并为本书写作的创新性和可行性提供了保障。

(二)关于行政规范性文件作为民法渊源

《民法典》第10条规定了我国民法渊源。该条明确了处理民事纠纷应当依照或适用的民法渊源类型和范围。行政规范性文件的民事司法适用问题，同样属于民法渊源范畴。

如前所述，行政规范性文件与"命令""决议""行政解释"等概念存在内涵上的交叉。民法学界有学者指出这些事项属于民法渊源。如史尚宽提出，作为制定法之民法法源可分为法律、命令、自治法、条约4种。命令是指不经立法机关决议,由执行机关所发布之法规。[1]杨仁寿也将民法渊源分为成文法与非成文法。成文法包括法律和条约。其中,"法律"即指制定法,包括法律、条例、通则及法律授权之法规命令等。申卫星指出,我国民法渊源包括宪法、民事基本法、民事单行法、民事特别法、国务院及其各部委制定发布的民事法规、决议和命令、地方性民事法规、最高人民法院对民法规范的有效解释、国际条约、特别行政区的民事规范、习惯、判例、法理。其中,决议和命令很明显属于行政规范性文件范畴。[2]杨与龄也将民法分为制定法和非制定法两大类,其主张制定法包括宪法、法律、命令、条约、自治法。[3]

在我国民法典立法史上,曾出现过特殊民法渊源。1963年4月的《民法(草稿)》第5条规定将国家政策、法令和规章制度作为市场主体经济活动的遵循;1963年6月8日的《民法(草稿)》第11条同样再次明确国家政策、法令的民法渊源地位;1963年7月9日的《民法(草稿)》第7条第1款在党的政策基础上又增加法令、财政金融制度等作为民法渊源。1981年4月10日的《民法草案(征求意见稿)》第2条、1981年7月31日的《民法草案(第三稿)》第3条、1982年5月1日的《民法草案(第四稿)》的第4条均规定需要遵守法律、法令和社会主义道德;1985年7月10日的《民法总则(讨论稿)》第5条则规定仅需遵守法律,尊重公共生活准则和优良的社会风尚。原《民法通则》第6条最终将法律和国家政策作为我国民法渊源。[4]

而学界在明确民法渊源条款中"法律"的范围时,向来都将其作扩大解释,即不限于狭义的法律。龙卫球指出,原《民法通则》第6条的"法律"应作制定法理解,包括国务院及其所属部门制定的涉及

---

[1] 参见史尚宽:《民法总论》,中国政法大学出版社2000年版,第8页。
[2] 参见申卫星:《民法学》,北京大学出版社2013年版,第15页。
[3] 参见杨与龄编著:《民法概要》,中国政法大学出版社2013年版,第5-6页。
[4] 参见何勤华、李秀清、陈颐编:《新中国民法典草案总览》(增订本),北京大学出版社2017年版。

民事关系的法令和地方根据宪法授权制定的法律和法规中的民法规范(地方性法规、决定、命令)。[1] 姚辉认为,我国原《民法通则》第6条规定的"法律",学说上一般称为制定法,此解释系从广义,即指一切有权创制法律规范的国家机关制定的法律规范的总称。[2] 汪洋指出,原《民法总则》第10条中的"法律"包括规章、其他政府规定、指导性案例、宪法规范、国家政策等。[3] 王泽鉴指出,作为民法渊源的"法律"应作广义理解,还包括行政规章、自治法规及条约。[4] 詹森林等认为,"法律"在解释上不但指民法与其他民事特别法等法律,还包括因执行此等法律而颁布或因法律授权而颁布之与民事有关的命令。[5] 李敏指出,《瑞士民法典》第1条所称制定法还包括兼属公法和私法双重性质的规范。[6] 苏永钦指出,关于《德国民法施行法》第2条中的"本法",在解释上所有有效的民事制定法当然都是首先考虑适用的规范,不以民法典为限。同时,经过联邦两院通过的具有一般效力的法规性命令等同于法律。国际条约经联邦两院通过者,也有法律的效力。[7] 这种解释思路,为行政规范性文件作为民法渊源中的"法律"提供了法理基础。

(三)关于行政规范性文件私法适用的法理基础

关于行政规范性文件私法适用的法理基础,学界并无与之直接相关的研究成果,但部分研究中会论及行政规范性文件的效力、司法适用的正当性,从这些研究成果中可以提炼出部分法理基础。法理基础主要集中在行政规范性文件的规范等级体系定位、公法对私法

---

[1] 参见龙卫球:《民法总论》(第2版),中国法制出版社2002年版,第34-35页。
[2] 参见姚辉、梁展欣:《民法总则中的法源及其类型》,载《法学论坛》2016年第7期。
[3] 参见汪洋:《私法多元法源的观念、历史与中国实践 〈民法总则〉第10条的理论构造及司法适用》,载《中外法学》2018年第1期。
[4] 参见王泽鉴:《民法概要》(第2版),北京大学出版社2011年版,第12页。
[5] 参见詹森林、冯震宇等:《民法概要》,台北,五南出版社2013年版,第19页。
[6] 参见李敏:《〈瑞士民法典〉"著名的"第一条——基于法思想、方法论和司法实务的研究》,载《比较法研究》2015年第4期。
[7] 参见苏永钦:《"民法"第一条的规范意义》,载苏永钦:《私法自治中的经济理性》,中国人民大学出版社2004年版,第5页。

的干预及二者融合、行政规范性文件的现实意义三方面。

关于行政规范性文件在规范等级体系中的定位。凯尔森的规范构造理论,为我们描述了"金字塔"结构的法律等级体系,同时通过规范彼此之间的具体与被具体化关系,构建了和谐的法律秩序统一体。其指出,法律创造的过程并不限于立法行为,还包括司法及行政行为。苏永钦引用了凯尔森的规范构造理论,对民法渊源条款中的"法律"范围作了多阶多层的分析。他指出,在多数情形下,授权命令的内容比较接近具体化关系,各种行政函释都是法律或法规性命令的具体化规范。[1] 杨士林指出,从行政管理实践来看,规范性文件是行政管理的重要依据,是实施法律、法规和规章不可缺少的重要补充。[2] 陈铭祥指出,国家之立法权主要当然是操之于立法机关,然而立法机关不是唯一有立法权之机关,行政机关在其特殊背景下有制定法律以下次级规范——命令(rules)——之权力,通称为委任立法(delegation of legislative power)。[3]

关于公法对私法的干预及二者的融合。于立深主张,行政权进入私域的理由有三个客观事实:市场失灵或者公共利益、政治体制的惯性、文化哲学。[4] 齐恩平从市民社会对公权力的必要接纳、民法社会化的增强两个角度论证了民事政策作为民法渊源的正当性。[5] 张力指出,公法进入特别民法的趋势因法源分析欠缺而处于为传统民法教义学难以辨识、衡量与控制的状态,无法体察"补充型特别民法"与"行政型特别民法"背离民法典的不同诱因与意义。[6] 苏永

---

[1] 参见苏永钦:《"民法"第一条的规范意义》,载苏永钦:《私法自治中的经济理性》,中国人民大学出版社2004年版,第15页。
[2] 参见杨士林:《试论行政诉讼中规范性文件合法性审查的限度》,载《法学论坛》2015年第5期。
[3] 参见陈铭祥:《法政策学》,台北,元照出版社2011年版,第97页。
[4] 参见于立深:《行政规章的民事法源地位及问题》,载《当代法学》2005年第4期。
[5] 参见齐恩平:《"民事政策"的困境与反思》,载《中国法学》2009年第2期。
[6] 参见张力:《民法转型的法源缺陷:形式化、制定法优位及其校正》,载《法学研究》2014年第2期。

钦教授指出,公私法融合是未来趋势,并就公私法转介多有论述。其先后撰写《民事立法与公私法的接轨》(2005年)、《以公法规范控制私法契约》(2010年)、《现代民法典的体系定位与建构规则》(2011年)等从公私法融合的趋势、典型民事关系中转介条款的设置与选择、民法典编纂中对公法的预留接口等方面,较为详细地论述私法对公法的接纳及适用规则。

关于行政规范性文件的现实意义。博登海默认为,委托立法与自主立法之必要在于,一是立法机关任务繁重,无法做到事无巨细;二是特殊领域和技术问题宜交由专业机构进行立法。因此,立法机关会将立法职能授予政府行政机构、专业委员会、国家最高行政长官甚至司法机关。[1] 伯恩·魏德士认为行政法规快速立法的特点,可使法律秩序灵活地适应变化的现实和价值观,故行政法规是灵活地执行和补充立法者的原则性决策的唯一工具。[2] 李友根通过对3800多份含有"政策"字样的裁判文书进行分析后指出,政策的大量使用具有特殊的背景,往往与司法习惯及社会转型相关:政策介入司法裁判的原因是多方面的,既有立法的缺失和立法质量的不足,也有我国经济社会转型时的政治风险和公共政策的非持续性,还有无时无刻不存在的法律制度和社会现实之间的各种冲突等。[3]

(四)关于行政规范性文件民事司法适用的规则

因为《裁判文书引用规定》第6条的内容同样适用规章,所以规章的民事司法适用,于本书具有重要参考意义。于立深指出,虽然我国法律并未明确行政规章的司法地位,在民事裁判中是"依据规章"还是"参照规章"亦不明确,但是实践中法院选择适用部分行政规章已是惯例。其通过考察1985年以来《最高人民法院公报》收录的民

---

[1] 参见[美]E.博登海默:《法理学:法律哲学与法律方法》,邓正来译,中国政法大学出版社2017年版,第438页。
[2] 参见[德]伯恩·魏德士:《法理学》,丁晓春、吴越译,法律出版社2013年版,第101页。
[3] 参见李友根:《司法裁判中政策运用的调查报告——基于含"政策"字样裁判文书的整理》,载《南京大学学报(哲学·人文科学·社会科学)》2011年第1期。

事案件,发现有相当比例的民事裁判适用了规章。于立深进一步指出,行政规章之民事司法适用表现在三个方面,一是规章可以构成民事法律关系之要件;二是行政行为本身可影响民事法律关系之变动;三是包含规章的行政规范可为民事规范之解释提供参考。[1] 王夏昊指出,《法官法》第 6 条、《刑事诉讼法》第 6 条、《民事诉讼法》第 7 条和《行政诉讼法》第 5 条等规定,法官审判案件必须以事实为根据,以法律为准绳。这些条款中所规定的"法律"一词绝对不是指狭义上的法律,即全国人大及其常委会所制定的规范性文件;而是指广义上的法律,即按照宪法和立法法的规定所有有权制定规范性文件的国家机关所制定的规范性文件。[2] 申卫星认为,行政法规、国务院及其部委颁布的规范性文件、命令、指示和规章,其中也有很多民事方面的规定。但是,这些内容在处理民事案件中仅具有参照的作用,而且其内容不得与法律和行政法规相抵触。[3]

作为国家政策的表现形式,现有关于国家政策私法适用规则对于行政规范性文件之民事司法适用具有重要参考意义。郭明瑞列举了国家政策成为民法渊源的三个条件,李由义亦持相同的主张。[4] 宋亚辉指出最高人民法院通过司法解释将公共政策转化为司法政策,并进一步内化到裁判过程中。[5] 王洪平指出,国家政策可经由司法的"创制政策""发现政策""释明政策"路径进入裁判。[6] 梁慧星认为,国家政策不能在法院裁判中引用、作为裁判依据。只有最高人民法院通过司法解释权之行使,将党的各项民事政策制定为具有某种规范性的司法解释规则,其才能作为法院裁判的依据,才能成为

---

[1] 参见于立深:《行政规章的民事法源地位及问题》,载《当代法学》2005 年第 4 期。
[2] 参见王夏昊:《法适用视角下的法的渊源》,载《法律适用》2011 年第 10 期。
[3] 参见申卫星:《民法学》,北京大学出版社 2013 年版,第 15 页。
[4] 参见齐恩平:《"民事政策"的困境与反思》,载《中国法学》2009 年第 2 期。
[5] 参见宋亚辉:《公共政策如何进入裁判过程——以最高人民法院的司法解释为例》,载《法商研究》2009 年第 6 期。
[6] 参见王洪平:《论"国家政策"之法源地位的民法典选择》,载《烟台大学学报(哲学社会科学)》2016 年第 4 期。

"法源"。[1] 在立法取消国家政策的民法渊源地位后,齐恩平仍认为,国家政策有作为民法渊源的价值,其民事司法适用的途径包括"显性途径"和"隐性途径"两种。显性途径即国家政策通过司法解释介入民事司法;隐性途径即民事政策通过其各种表现形式(通常是行政规章或其他规范性文件)被引入民事司法领域作为说理依据。[2] 其还指出,当前"政策"依然具有适应需要与心理、漏洞填补、法域拓展等多重功能,具有继续作为民法渊源的正当性。[3]

(五)关于行政规范性文件在典型民事法律关系中的适用

行政规范性文件在具体民事法律关系中,有着更为多样的适用路径。现有研究主要从合同关系、物权关系、侵权责任等方面,研究国家政策、"红头文件"等与行政规范性文件密切相关的特殊渊源类型的司法适用问题。

1. 合同关系

原《合同法》及司法解释将合同效力认定依据位阶限定在法律、行政法规。虽然法律如此规定,但朱庆育指出,原《合同法》施行以后,仍有部分判决将行政规章、部门规章直接作为合同无效的依据。[4] 王利明主张,并非地方性法规和规章不能用以否定合同效力,在特定情形下,如地方性法规和规章可以成为认定合同效力的参考时,仍有否定效力的空间。但是这些文件不得直接作为裁判依据以否定合同效力。应从"上位法存在""解释是否根据上位法授权""社会公共利益"三个方面综合考量,区别对待。[5] 因此,行政规范性文件作为否定合同效力的依据,有一定的探讨空间。

前文案例发现,行政规范性文件可以借由损害社会公共利益而

---

[1] 参见梁慧星:《民法总则绝对不能规定"政策"为"法源"》,载微信公众号"法律出版社"2017年1月22日。
[2] 参见齐恩平:《国家政策的民法法源论》,载《天津师范大学学报(社会科学版)》2018年第2期。
[3] 参见齐恩平:《私权自治的政策之维》,法律出版社2022年版。
[4] 参见朱庆育:《〈合同法〉第52条第4项评注》,载《法学家》2016年第3期。
[5] 参见王利明:《论无效合同的判断标准》,载《法律适用》2012年第7期。

否定合同效力。黄忠主张,在现代社会中,公共利益的最典型体现就是法律。因此,将违法合同作为违反公共政策合同的一种类型在理论上是可行的。而且这一模式更重要的实践价值在于,它可以避免"违法=无效(不得强制)"的简单推论,而将司法引向就个案进行利益衡量的正确道路。王家福指出,作为一个抽象概念,社会公共利益可以将我国社会生活的政治基础、社会秩序、道德准则和风俗习惯等都纳入进去。[1]

张红指出,国家政策对合同的规制除了通过合同效力认定规则使之无效,还可通过合同法的其他条款与制度,如合同履行过程中的解除与变更,公法中的审批与登记程序等实现。其列举了国务院和地方政府的"限购令"构成合同无法继续履行从而解除合同的例子。其同时指出,原《合同法》中有多重制度和规定可以使国家政策介入合同纠纷,如当事人可以事先约定国家政策构成合同解除之事由、特定情形下国家政策可构成"不可抗力"而可行使法定解除权、因国家政策而履行不能时合同的处理和责任承担等。[2] 刘颖也认为,国家的限购政策可以成为判定合同客观履行不能的依据。[3]

2. 物权关系

熊剑波指出,现代社会中公私法的渗透及由此产生的接轨问题日益复杂,尤其是在民法物权领域。物权制度要实现公私法接轨,可从内部重构物权类型,淡化纯私权的性质,从而通过行政特别法,形成所谓准物权制度。[4]

现有研究表明,一方面,原《物权法》中存在众多转介条款,指向行政规范的适用。如黄忠指出,原《物权法》第 30 条对建造行为合

---

[1] 参见王家福主编:《民法债权》,中国社会科学出版社 2015 年版,第 323 页。
[2] 参见张红:《论国家政策作为民法法源》,载《中国社会科学》2015 年第 12 期。
[3] 参见刘颖:《论民法中的国家政策——以〈民法通则〉第 6 条为中心》,载《华东政法大学学报》2014 年第 6 期。
[4] 参见熊剑波:《物权法领域公私法接轨的场域及实现路径——基于立法论的视域》,载《广东社会科学》2015 年第 3 期。

法性的强调应当是为了实现确定房屋权属的原《物权法》规范与包括《城乡规划法》《建筑法》《土地管理法》《城市房地产管理法》等在内的诸多建筑管制规范的衔接。上述关于原《物权法》第30条功能的认识无疑表明，就规范属性而言，原《物权法》第30条应当是一个转介条款。正如原《合同法》第52条第5项其实是将交易管制规范引入合同的效力判断中一样，原《物权法》第30条的意义就在于将与建筑行为相关的管制规范引入原《物权法》中的所有权确定上来。[1] 除此之外，原《物权法》第10条中的不动产登记制度、第38条中物权保护的行政责任、第149条中非住宅建设用地使用权的续期等，均为行政规范性文件之司法适用提供了空间。这些在原《物权法》中的条款均被《民法典》吸收、保留。因此，这些观点对于《民法典》时代行政规范性文件的民事司法适用依然具有重要参考价值。另一方面，众多政策性文件在实践中发挥的作用实际上和物权性法律不相上下。以行政规范性文件为形式的"国家有关规定"，规定了宅基地相关权利得丧变更的重要依据，实质上是物权法中关于宅基地制度的重要补充。学者也指出，虽然原《物权法》没有禁止宅基地流转，但正是各种行政规范性文件中的禁止性规定，构成了宅基地流转的障碍。比如，2004年10月21日国务院下发的《关于深化改革严格土地管理的决定》，2004年11月2日原国土资源部《关于加强农村宅基地管理的意见》，这些规定都强调"禁止农村集体经济组织非法出让、出租集体土地用于非农业建设。改革和完善宅基地审批制度，加强农村宅基地管理，禁止城镇居民在农村购置宅基地"。[2]

3. 侵权责任

《德国民法典》中规定了"违反保护他人的法律"的侵权责任。

---

[1] 参见黄忠：《违法建筑的私法地位之辨识——〈物权法〉第30条的解释论》，载《当代法学》2017年第5期。

[2] 实际二者并非行政规章，而是行政规范性文件。

虽然我国侵权责任立法没有明确规定"违反保护他人的法律"的侵权责任类型,但是学界始终认为在现有立法框架下依然可以借鉴该种侵权责任类型的认定规则。现有研究表明,行政规范性文件或行政命令可以成为"保护他人的法律",介入侵权责任的认定。如朱虎考察比较法后指出,德国通说观点和判例通常认为,对除法规命令之外的行政命令,包括职权命令和行政规则是否属于"保护性法律",存有争议。[1] 朱岩指出,从《法国民法典》第1382条的实践来看,在过错要件之下,除了违反《法国民法典》的规定,违反实质意义上的法律,如法令、条例、规章等,也可以直接被认定为具有过错。[2] 与此类似,朱虎、朱岩两位学者均主张,可以通过过错要件为"保护他人的法律"提供介入侵权责任认定的路径。宋亚辉也认为,解释论上可以将违反"保护他人的法律"的事实与过错责任构成要件相关联,借此将立法者预设在"保护他人的法律"中的价值判断纳入侵权法。[3]

行政规范性文件通过侵权责任构成要件介入侵权责任认定的路径则更为明显。首先是损害事实的认定。解亘列举了"陆耀东诉永达公司环境污染损害赔偿纠纷"案作为行政规范性文件介入损害事实认定的例子,该案中法院根据行政规范性文件《城市环境(装饰)照明规范》中关于照明光的标准,认定被告设置的路灯构成光污染,从而应当承担侵权责任。[4] 其次是过错的判定。张红指出,原《侵权责任法》第58条第1项规定医疗机构在违反法律、行政法规、规章以及其他有关诊疗规范的规定时的过错推定责任。同时根据《医疗事故处理条例》,倘若医疗人员违反了包括规章等在内的医疗管理规范中的诊疗规范,便有可能被认定为医疗事故,诊疗规范便是对医

---

[1] 参见朱虎:《规制性规范违反与过错判定》,载《中外法学》2011年第6期。
[2] 参见朱岩:《违反保护他人法律的过错责任》,载《法学研究》2011年第2期。
[3] 参见宋亚辉:《文化产品致害的归责基础与制度构造》,载《法律科学(西北政法大学学报)》2015年第6期。
[4] 参见解亘:《论管制规范在侵权行为法上的意义》,载《中国法学》2009年第2期。

疗侵权进行规制的手段。[1] 最后是因果关系的认定。张友连、陈信勇指出,司法机关在审理侵权纠纷案件时,会将公共政策作为认定侵权行为与损害之间因果关系存在的关键因素,尤其是在损害发生的经过已经明确的案件中,法官进行的判断实质上已经是借用公共政策进行"权衡",而不再是"证明"。[2]

三、完善的方向

总的来看,行政规范性文件的民事司法适用问题已经日益得到民法学者的重视。尤其是在民事立法取消国家政策的民法渊源地位后,行政规范性文件作为国家政策介入民事司法的替代路径的探讨则更有意义。整体来看,现有研究具有如下可资借鉴及有待完善之处。

1. 对已有成果的提炼和对实践的总结为本书研究的开展提供丰富论据。虽然与本书研究内容直接相关的文献几近阙如,但因"行政规范性文件之民事司法适用"本为"公法管制与私法自治协调"的下位选题,学界对这一内容兴趣渐浓且有逐步深化趋势。形成的部分成果中,如公法规范(或公法的特殊表现形式)的民法渊源地位、司法适用时的正当性和特殊性、在具体民事法律关系中的融入路径等,都在主题类型、方法论、基础理论等方面与本书内容密切相关,从而可以构成本研究进一步之基础。最为重要的是,在我国的司法实践中,大量行政规范性文件构成了法官裁判说理的依据,并在不同民事法律关系中呈现一定的特殊态势。因此,对这些文献和裁判的整理、提炼,构成了本研究顺利开展并有所突破的前提。

2. 应在现有研究基础上进一步提高聚焦度与深度。无论是作为民法渊源还是在民事裁判中的司法适用,抑或对民事法律关系的具

---

[1] 参见张红:《论国家政策作为民法法源》,载《中国社会科学》2015年第12期。
[2] 参见张友连、陈信勇:《论侵权案件裁判中的公共政策因素——以〈最高人民法院公报〉侵权案例为分析对象》,载《浙江大学学报(人文社会科学版)》2013年第1期。

体影响,行政规范性文件尚未被作为一类单独研究对象予以深度讨论。现有研究成果多聚焦于民事特别法、行政法规、行政规章等特殊制定法的私法适用问题,尚未下沉到行政规范性文件这一层级。在公法领域,对行政规范性文件的研究,随着《行政诉讼法》的修改日益增多,但仍主要集中于对行政规范性文件的事前审查和司法审查,在行政复议和行政纠纷中的司法适用问题仍待加强。在内容上,虽有部分文献会在论述其他问题(如民法渊源、合同效力、侵权责任认定等)时偶有提及,但其深度明显未达到解答"行政规范性文件之民事司法适用"一题的程度。因此,无论是对提高民法理论研究深度还是面向司法实践提供解决方案而言,本书均有一定意义。

3. 中国背景下的法理基础发掘和以民事裁判文书说理改革为导向的司法裁判规则完善应成为研究重点。虽然在民法渊源和民事裁判说理方面有不少比较法成果可资借鉴,学界的确也有些许宝贵尝试。但由于行政规范性文件在我国法律体系中的特殊地位,以及在国家治理中的特殊地位,决定了行政规范性文件的民事司法适用必须高度照应中国现实,并以解决中国问题为基本导向。同时,在党的十八届四中全会以来逐步深入的裁判文书说理改革背景下,准确把握改革的主题、原则、方向并用以指导民事裁判文书说理改革,也应成为确定行政规范性文件民事裁判规则的现实基础和基本遵循。此外,要探讨行政规范性文件的民事司法适用问题,必须厘清其中的法理基础和具体规则。如何在一般法理基础上兼顾我国特有实践,既是难点亦是突破之处。

4. 具体民事法律关系的典型适用样态是归纳总结的对象,也是司法适用中裁判说理类型化的基础。在合同关系、物权关系、侵权责任认定等领域,学者们已经就公法管制与私法自治作了较为深入、直接或间接的讨论。其中强制性规定对合同效力及合同履行的影响、公法规范的物权创设功能及对物权设立和物权变动的影响、违反公法义务之侵权责任认定等,都是典型代表。这些研究成果为行政规范性文件在具体民事法律关系中的私法适用提供了理论和实践基础，同时也为法官适用行政规范性文件进行裁判说理提供了类型化的路径。因此，对这些内容的总结和深化，也是本书的研究重点之一。

第三节 目的的明确

本书以行政规范性文件民事司法适用的突出问题解决为导向，拟实现以下目的。

一、明晰行政规范性文件在民事司法中的定位

虽然《裁判文书引用规定》明确行政规范性文件可以作为说理依据，但是因其公法属性，民事裁判者对其态度不一，使部分法官在案件事实涉及行政规范性文件时在是否适用问题上犹豫不决。与之相反，部分裁判者则过于看重行政规范性文件的地位，从而为了实现其所载政策而逾越规范等级。造成这些现象的根源之一，即民事司法裁判中对行政规范性文件的定位不明。因而，本书的首要目的即明确行政规范性文件在民事裁判中的定位。第一步是先行考察公法上行政规范性文件之定位，厘清其在我国法律体系中的规范位阶，以及立法、行政、行政司法对行政规范性文件的态度。第二步是依托与行政规范性文件民事司法适用直接相关的《民法典》第10条，即民法法源条款，厘清行政规范性文件在我国民法法源体系中的地位。可以说，第一步是基础亦是跨部门法研究的科学性和融贯性的保证，第二步则是面向民事司法实践的理念融合和实操预备。

二、奠定行政规范性文件民事司法适用的法理基础

一方面，具有强烈公法属性的行政规范性文件作为民事裁判说理依据应当有充足的理论基础；另一方面，司法实践中的疑惑也表明必须进一步挖掘行政规范性文件民事司法适用的正当性。立法和目

前理论成果表明，行政规范性文件在法律规范等级体系中是通过渐次授权和逻辑演绎的递归式法律创制过程形成的，属于法律秩序统一体的有机组成部分，民法规范体系亦是如此。在行政法学及司法实践中，可以梳理与上述观点相印证的等级脉络。因此，分析法学派的"规范构造理论"或许可以成为行政规范性文件司法适用的理论基础。而公私法转介背景下公法之私法适用的应然性，以及行政规范性文件对于社会治理和国家经济社会发展的有益之处，亦将为其私法适用提供理论支撑。本书将以上述线索为路径，试图奠定我国行政规范性文件司法适用的法理基础。

三、厘清行政规范性文件民事司法适用的裁判规则

司法实践中的行政规范性文件民事司法适用现状表明，必须明确统一的、具有可操作性的行政规范性文件民事司法适用规则。前文指出，我国学说及实践，已有不少关于行政规章的民事司法适用的成果可资借鉴。在行政诉讼中，行政规范性文件的附带审查制度已经逐渐成熟并且形成众多审查和适用规则，可以成为行政规范性文件民事司法适用的重要参考。而比较法上的类似概念之司法适用，亦可提供有益借鉴。此外，根据《裁判文书引用规定》，行政规范性文件民事司法适用的关键，是"根据审理案件的需要，经审查认定为合法有效的，可以作为裁判说理的依据"。如何明确"审理案件的需要"和"经审查认定为合法有效"，是本书必须回答的问题，也可能是行政规范性文件民事司法适用规则的全部。

四、探讨行政规范性文件民事司法适用的典型样态

从现有研究成果可以看出，行政规范性文件在民事司法中有着广泛的适用空间，且根据所关涉之具体法律关系不同，其表现形态、介入路径、私法效果亦多有不同。如在合同法律关系中，行政规范性文件会对合同效力，合同的成立、履行、变更、解除等方面产生影响。在物权法律关系中，行政规范性文件有作为"物权法定"之"法"继而

创设物权的可行性,也可能作为土地政策对我国物权体系产生特殊影响,并通过其他路径介入物权纠纷司法裁判。在侵权责任认定上,作为"保护他人法律"之行政规范性文件可以借由"过错"以认定"违反保护他人法律之侵权责任",同时,行政规范性文件实际上已经通过侵权责任构成要件对侵权责任的认定产生了深远影响。因此,本书还将在总结现有研究成果的基础上,就不同民事法律关系,深入挖掘行政规范性文件在这些民事法律关系中适用的不同路径。而本书由于篇幅所限及为保证研究之准确深入,暂且将典型样态的考察确定在合同关系、物权关系和侵权责任这三类主要民事财产法律关系上。

综上,本书的最终目的是,通过厘清行政规范性文件在我国民事司法中的定位及其民事司法适用的正当性,为民事裁判者提供行政规范性文件司法适用的一般裁判规则,并结合具体民事法律关系探讨其司法适用的典型样态。

第四节 主要内容、思路和方法

一、主要内容

本书以"行政规范性文件民事司法适用规则"和"在主要民事财产法律关系中司法适用的典型样态"为最终成果,共分为五个部分,分别是"导论""行政规范性文件民事司法适用的应然定位""行政规范性文件民事司法适用的法理基础""行政规范性文件民事司法适用的裁判规则""行政规范性文件民事司法适用的典型样态"。

"导论"部分,从本书主题"行政规范性文件"的概念出发,探讨其作为独立主题的基础,并为相关核心概念作辨析。通过对民事裁判文书的考察,总结出行政规范性文件在民事司法裁判中的主要问题。通过对现有研究成果的整理,明确需要进一步研究、讨论的内容。在上述内容基础上明确本书撰写目的、主要内容、写作思路和研究方法。

第一章"行政规范性文件民事司法适用的应然定位",主要包括公法上行政规范性文件之定位考察和民法渊源视角下行政规范性文件的法源地位探析两个部分。其中,关于公法中行政规范性文件的定位,主要考察行政规范性文件的规范属性、权威性和对行政及司法的约束力,以期形成符合我国立法、行政和行政司法实际的基础共识。而民法渊源视角下行政规范性文件的定位考察,则是回归到民事司法适用本身,从《民法典》第10条出发,探明行政规范性文件的民法渊源地位。

第二章"行政规范性文件民事司法适用的法理基础",分为行政规范性文件司法适用的合理性和正当性两个方面。关于行政规范性文件司法适用的合理性,本书主要基于民法渊源的一般理论和我国《民法典》法源条款教义,挖掘和解读相应的法理,为行政规范性文件民事司法适用寻找一般法理上的支持。关于行政规范性文件司法适用的正当性,则从公私法转介和我国社会治理实际出发,聚焦行政规范性文件对于公私法转介和实现社会治理目标的正当理由。

第三章"行政规范性文件民事司法适用的裁判规则",将从法律适用的本质和民事裁判的一般原理出发,结合我国民事司法裁判规则,确定行政规范性文件在民事司法裁判中的适用规则。该部分重点是对最高人民法院确定的民事裁判说理规则进行解释,核心是对"审理案件的需要"和"经审查认定为合法有效"的理解。

第四章"行政规范性文件民事司法适用的典型样态"。虽说是民事司法适用的典型样态,但受限于篇幅及研究能力,同时为提高本书之深度,本部分暂且将行政规范性文件在具体民事法律关系中的适用考察,限定于合同关系、侵权责任认定、物权关系三个民法最核心之财产法律关系。同时,为求研究之逻辑性,进一步提高研究之精度,以"民法渊源的特殊表现形式"和"公私法交叉的经典问题"为标准,选取"行政规范性文件作为强制性规定""行政规范性文件作为

'保护他人的法律'""行政规范性文件作为'物权法定'之'法'"三个主题,作为本章之论述内容。

二、写作思路及研究方法

本书拟遵循"先奠定法理基础后厘清裁判规则""从一般到具体"的写作原则,采取从"厘清私法定位"到"明确法理基础"再到"总结一般司法裁判规则"最后到"探讨主要民事财产法律关系中的具体适用路径"的写作思路。其中,厘清私法定位是基础,明确法理基础是关键,总结司法裁判规则是根本,探讨具体适用路径是必然。最终试图形成一本既能为司法裁判者提供原则性路径又有类型化指引的行政规范性文件私法适用研究的学术著作。

本书采用的研究方法,主要包括历史实证方法、规范实证方法、裁判实证方法、比较分析方法、社会实证方法。其中,历史实证法主要用以考察行政规范性文件及其特殊形态在我国立法和司法中的地位变迁、我国民法典立法史中民法渊源条款的选择等。规范实证方法与裁判实证方法主要用以探明行政规范性文件在我国法律体系中的定位、对民事裁判的影响及现存问题和规律。比较分析方法重点用来对大陆法系成文法国家和地区的类似概念、制度、规则进行比较借鉴。社会实证方法的利用则突出表现在对行政规范性文件私法适用的正负两方面效果的分析上。

第一章　行政规范性文件民事司法适用的应然定位

《民法典》第 10 条是民法渊源条款,其明确了处理民事纠纷应当依照的民法渊源范围,即规定:"处理民事纠纷,应当依照法律;法律没有规定的,可以适用习惯,但是不得违背公序良俗。"该条中的"法律",显然应作广义理解。《裁判文书引用规定》的意义在于,最高人民法院结合我国裁判文书实际,明确了不同诉讼程序中可以援引的规范性法律文件范围。根据该规定第 4 条,法官处理民事纠纷应当依照的"法律"包括法律及法律解释、司法解释、行政法规、地方性法规等。在此之外,《裁判文书引用规定》第 6 条还将行政规章和行政规范性文件作为例外,明确其"可以作为裁判说理依据"。最高人民法院对行政规范性文件的这种区别对待,体现了行政规范性文件在民事司法裁判中的特殊定位。但是,这种定位的缘由、内涵、意义为何,需要我们进一步明确。同时,需要注意的是,《裁判文书引用规定》第 6 条是对第 4 条和第 5 条的补充,既针对民事裁判,也针对行政裁判。行政裁判对行政规范性文件的司法适用也早已建立了较为成熟的规则体系,《行政诉讼法》甚至专门规定了以行政规范性文件为对象的附带性司法审查制度。因此,我们宜先于公法体系中考察行政规范性文件,再结合私法领域之特性,确定其于民事裁判说理中之实然与应然定位。如此,才既不脱离行政规范性文件的原本论域,又在贯彻其公法属性及定位基础上,将相关理论及实践顺畅地融入私法。

第一节 行政规范性文件的公法定位考察

一、行政规范性文件在公法中的多重价值

在位阶上,《立法法》仅规定到了规章这一级的立法事项。因此,从文义上看,行政规范性文件的制定不属于《立法法》调整的范围,不是《立法法》明确的广义上的"法"。但是行政主体发布行政规范性文件有着明确的法律依据,行政主体在行政执法时已然将行政规范性文件作为重要依据,而司法机关也对这一现实给予了充分尊重。这其中蕴含着行政规范性文件之于公法体系的重要意义。

(一)行政主体发布行政规范性文件是宪法和组织法赋予的职权

检索我国现有法律体系可以发现,发布行政规范性文件,是行政主体行使行政职能的重要方式。《宪法》第89条明确国务院职权之一是根据宪法和法律发布决定和命令。其第90条又赋予国务院各部委根据法律和国务院的行政法规、决定、命令,在本部门的权限内,发布命令、指示的职权。其第107条又将发布决定和命令的职权赋予了县级以上地方各级人民政府。因行政规范性文件本身即为各种决定和命令的表现形式,《宪法》中的有关条文被学界认为是行政主体制定行政规范性文件职权之来源。[1]《地方各级人民代表大会和地方各级人民政府组织法》则在此基础上,在第73、76条中分别赋予县级以上的地方各级人民政府和乡、民族乡、镇的人民政府为执行上级国家行政机关的决定和命令,而发布决定和命令之职权。

行政主体发布决定、命令的过程便是行政规范性文件产生的过程。英国公法学者指出,当前世界各国的公共行政都进入了文件爆

---

[1] 参见温辉:《政府规范性文件备案审查制度研究》,载《法学杂志》2015年第1期。

炸的时代。[1] 相比于口头传达,文件能够更加准确、高效地向下级行政机关传达意志。同时,由于行政规范性文件相较行政立法具有成本低、灵活性的优势,行政机关更倾向于通过行政规范性文件行使社会管理职能。单以重庆市为例,根据"重庆市法规规章规范性文件数据库"信息,截至2024年8月8日,重庆市制定的地方政府规章161件,而行政规范性文件为8086件。[2] 相较而言,截至2024年11月8日,我国现行有效的法律共305件。[3] 可见,行政规范性文件对于行政主体行使职能至关重要,而《宪法》和《地方各级人民代表大会和地方各级人民政府组织法》明确规定了国务院和地方各级人民政府发布决定和命令的职权,其构成了行政规范性文件得以存在的宪法和组织法基础。

(二)行政规范性文件可构成行政行为的依据和合法性基础

除了作为行政主体传达和发布决定、命令的重要载体,行政规范性文件还是行政主体实施行政行为的依据,甚至可以成为行政行为合法性的基础。

一方面,在事实上,"依法行政"中的"法"已然包括行政规范性文件。在地方政治体制的集中运行模式下,作为地方政治权威载体之"红头文件"之执行力度远远超过法律。[4] 有学者指出,事实上中国的政令发布的主要形式俨然已经成了"红头文件",统计行政主体所发布的文件中,有85%的文件是各级政府制定的行政规范性文件。[5] 受制于我国行政主体权力样态和行政权力行使过程中的种

---

[1] 参见[英]卡罗尔·哈洛、[英]理查德·罗林斯:《法律与行政》(上卷),杨伟东等译,商务印书馆2004年版,第300页。
[2] 参见重庆市法规规章规范性文件数据库,http://fggs.cqrd.gov.cn/,2024年8月8日访问。
[3] 《现行有效法律目录(305件)》,载中国人大网,http://www.npc.gov.cn/npc/c2/c30834/202411/t20241112_441035.html。
[4] 参见秦小建:《立法赋权、决策控制与地方治理的法治转型》,载《法学》2017年第6期。
[5] 参见吴兢、黄庆畅:《"红头文件"呼唤立法》,载《人民日报》2008年12月31日,第13版。

种痼疾,行政规范性文件难免被行政主体或行政权力行使者青睐。

另一方面,在行政诉讼中,行政规范性文件可以成为行政行为的合法性依据。1989年的《行政诉讼法》第32条及2014年修正后的《行政诉讼法》第34条均明确规定,在行政诉讼中,行政主体应当提供作出该行政行为的证据和所依据的规范性文件。此处之"规范性文件",即包括行政规范性文件。实践中,大量行政行为可以说是根据行政规范性文件的明确指引作出的,而司法机关也对此保持了相当程度的尊重与认可。[1] 2014年修改的《行政诉讼法》第53条规定,允许当事人在行政诉讼中就国务院部门和地方人民政府及其部门所制定的规章以外的规范性文件提出附带审查请求。行政法学界和司法实践普遍认为,这标志着我国建立了制度性的附带性司法审查制度。实际上,早在2004年,最高人民法院发布《关于审理行政案件适用法律规范问题的座谈会纪要》(法〔2004〕96号,以下简称《行政案件适用纪要》)就指出,"人民法院经审查认为被诉具体行政行为依据的具体应用解释和其他规范性文件合法、有效并合理、适当的,在认定被诉具体行政行为合法性时应承认其效力"。这表明,人民法院在审理行政案件时,对行政规范性文件适用与否有一定的选择空间。也就是说,人民法院可以对行政规范性文件进行审查,对于未通过审查的行政规范性文件,人民法院可以不予适用。但是,倘若行政规范性文件通过了审查,人民法院就"应承认其效力"。可以说,行政规范性文件已然成为行政机关作出行政行为的重要依据,并成为司法机关判断行政行为合法性与否的基础之一。

(三)行政规范性文件是行政诉讼的裁判说理依据

司法实践中,行政规范性文件一直是行政裁判的重要依据。针

---

[1] 在《行政诉讼法》确定行政规范性文件附带审查制度后,学者对该项制度的实证研究均表明,司法机关对行政规范性文件的审查往往持回避甚至是排斥态度,而法官面对该项审查制度的消极态度的后果,便是案涉行政行为被宣告为合法。参见余军、张文:《行政规范性文件司法审查权的实效性考察》,载《法学研究》2016年第2期;霍振宇:《规范性文件一并审查行政案件的调查研究——以新行政诉讼法实施后北京法院审理的案件为样本》,载《法律适用(司法案例)》2018年第20期;等等。

对行政规范性文件的特殊性,司法机关也在逐步探索的过程中形成了与之相适应的裁判规则。早在1993年,就有法官指出,行政诉讼文书主文中不能引用行政规范性文件,若行政规范性文件构成诉争事实问题的参考,可以在论理部分阐明;若争议涉及行政规范性文件合法性和合理性本身,人民法院可在论理部分就此阐明观点。[1] 在此之后,最高人民法院于2000年发布《关于执行〈中华人民共和国行政诉讼法〉若干问题的解释》(法释〔2000〕8号,已失效)(以下简称《执行行政诉讼法解释》),其第62条第2款明确,人民法院可以在审理行政案件时,在裁判文书中引用合法有效的规章及其他规范性文件。2004年的《行政案件适用纪要》明确指出,"……规范性文件不是正式的法律渊源,对人民法院不具有法律规范意义上的约束力"。但同时强调,"人民法院经审查认为被诉具体行政行为依据的具体应用解释和其他规范性文件合法、有效并合理、适当的,在认定被诉具体行政行为合法性时应承认其效力","人民法院可以在裁判理由中对具体应用解释和其他规范性文件是否合法、有效、合理或适当进行评述"。最高人民法院2018年发布《关于适用〈中华人民共和国行政诉讼法〉的解释》(法释〔2018〕1号)(以下简称《适用行政诉讼法解释(2018)》),其第100条第2款再次明确该原则,即人民法院在审理行政诉讼案件中,"可以在裁判文书中引用合法有效的规章及其他规范性文件"。可见,人民法院一方面认识到行政规范性文件并非我国立法法明确的规范性法律文件,另一方面又必须对行政规范性文件的现实地位给予一定程度的尊重。最终,人民法院创新性地提出了与行政规范性文件属性相适应的裁判规则:对于合法、有效并合理、适当的行政规范性文件,可以作为认定具体行政行为合法性的依据。

考察裁判文书也可以发现,行政规范性文件对法官妥善解决行

---

[1] 参见高若敏:《谈行政规章以下行政规范性文件的效力》,载《法学研究》1993年第3期。作者发文时任职于天津市高级人民法院。

政纠纷至关重要。

一方面，在法律阙如或不能提供确定性指引时，行政规范性文件可以成为法官填补漏洞或解释法律的依据。如在劳资双方未签订劳动合同的情况下，能否认定二者的劳动关系，进而在劳动法框架下为劳动者提供救济，是实践中的重要问题。对于这一情况，现行立法并无明确规定。但1995年原劳动部发布的行政规范性文件《关于贯彻执行〈中华人民共和国劳动法〉若干问题的意见》(劳部发〔1995〕309号)提出了"事实劳动关系"概念，并在第2条指出："中国境内的企业、个体经济组织与劳动者之间，只要形成劳动关系，即劳动者事实上已成为企业、个体经济组织的成员，并为其提供有偿劳动，适用劳动法。"最高人民法院接受并援引该行政规范性文件中的"事实劳动关系"，指出只要劳动者事实上成为用人单位成员并提供了劳动，就应适用劳动法这一理念，并在审判实践中结合《劳动合同法》进一步细化了认定事实劳动关系形成的四方面要点。[1]

另一方面，在一些行政法律、行政法规和规章中，经常会使用"行政主管部门/政府有关部门负责……"的表述，实践中，有关主体会发布行政规范性文件，指出具体的部门。司法机关在处理相关纠纷时，也是借用这些行政规范性文件来确定应当承担责任的履职主体。如在"益民公司诉河南周口市政府等行政行为违法案"中，人民法院根据国务院的政策精神和河南省人民政府办公厅发布的《关于加快推进西气东输利用工作通知》(豫政办〔2002〕35号)文件确定各级计委是原建设部《城市燃气管理办法》第4条中所指"县级以上地方人民政府城市建设行政主管部门"。[2] 可见，无论是提出"事实劳动关系"这样的行政创制性文件，还是明确履职主体的行政解释性文件，都经常会成为司法机关处理行政纠纷的重要依据。

---

〔1〕 参见上海珂帝纸品包装有限责任公司不服上海市人力资源和社会保障局责令补缴外来从业人员综合保险费案，载《最高人民法院公报》2013年第11期。

〔2〕 参见益民公司诉河南省周口市政府等行政行为违法案，载《最高人民法院公报》2005年第8期。

二、行政规范性文件在公法中的约束力反思

虽然行政规范性文件在行政立法、行政执法、行政司法中具有重要价值，但是其行政法渊源地位却始终受到质疑。一方面，行政法学者并不认为行政规范性文件是正式的法律渊源，[1]或者直言其为非正式法律渊源[2]。另一方面，最高人民法院《行政案件适用纪要》对行政规范性文件的法律渊源地位明确表态，指出其并非正式的法律渊源，"对人民法院不具有法律规范意义上的约束力"。因此，行政规范性文件似乎并非行政法渊源。但是，从行政法学界、国务院对行政规范性文件的定义来看，行政规范性文件可以对行政相对人的权利义务产生影响，且在一定区域和事项范围内反复适用，具有普遍约束力。很明显，行政法学界、国务院和最高人民法院对行政规范性文件的约束力持有不同观点。本书认为，可以从以下两个方面来理解行政规范性文件的约束力。

（一）行政规范性文件的重要性源于其权威性

结合我国行政和司法实际必须承认，行政机关制定的行政规范性文件可以成为行政行为的合法性基础，也会在司法裁判中得到法官的重视。这是行政规范性文件权威性的体现。所谓权威性，"是指某个主体或某项事物所具有的一种特性，此特性独立于该主体行为或事物的具体内容，可以替代受其影响的主体的自治状态，并起到协调后者行为或替代其作出更明智决定的功能"[3]。有学者指出，行政规范性文件所具有的权威，包括相对制度权威和理论权威。相对制度权威源于制度赋予行政机关的地位和功能，我国宪法和组织

---

[1] 参见李富莹：《加强行政规范性文件监督的几点建议》，载《行政法学研究》2015年第5期。
[2] 参见宣喆：《政策性规范文件司法适用的正当性探讨》，载《齐齐哈尔大学学报（哲学社会科学版）》2017年第4期。
[3] 俞祺：《规范性文件的权威性与司法审查的不同层次》，载《行政法学研究》2016年第6期。

法赋予行政机关为履行特定职能而发布决定和命令的制度上的权力，构成了集中制度权威的基础。由于规则形成过程的复杂性、规制领域的专业性，行政主体制定的行政规范性文件在内容上显著超越了普通人的知识水平，进而形成了一定权威性，此为理论性权威。基本法律中的立法授权、及时行政或试验行政的需要、基本宏观决策本身而承担的政治责任等，赋予了行政规范性文件的相对制度权威。规则形成过程的复杂性和规制领域的专业性，也为行政规范性文件提供了理论权威。[1]

在我国，行政规范性文件的相对制度权威性显而易见。在行政体系内，"依文件行政"的趋势不容小觑，而"红头文件"的重要性更是事实："'红头文件'作为地方政治权威的意志载体，在地方政治体制的集中式运作模式下，执行力度远远超过法律。"[2]行政主体在行使行政职能过程中的专业性也增强了行政规范性文件的理论权威。行政规范性文件的制定主体往往是从事特定领域内特定事项的公共管理者，在管理事项上的专业性不言而喻；行政规范性文件的内容亦是以促进公共事业和社会福利为目的所作的最优安排，此点亦构成行政主体贯彻执行的权威理由。而对司法机关而言，理论权威是其适用行政规范性文件进行裁判说理的关键所在。实践中，司法机关会认可那些规则形成过程复杂、规制领域较为专业的行政规范性文件的理论权威性，相应地降低对这些行政规范性文件的审查密度，并将其采纳为裁判说理的依据。[3]曾有最高人民法院法官在案件审理后回顾适用行政规范性文件进行司法裁判的理由，指出行政主体发布规范性文件，"是我国行政管理的基本手段，也是实现行政效率的基本要求"。其认为，以政令进行的行政管理，不仅可以弥补立法

---

[1] 参见俞祺：《规范性文件的权威性与司法审查的不同层次》，载《行政法学研究》2016年第6期。

[2] 秦小建：《立法赋权、决策控制与地方治理的法治转型》，载《法学》2017年第6期。

[3] 参见俞祺：《规范性文件的权威性与司法审查的不同层次》，载《行政法学研究》2016年第6期。

空白,还可以提高法律的可操作性,也可以为行政立法积累实践经验。[1] 此番论述,既体现了行政规范性文件的权威性,也反映出司法机关对该种权威性的尊重程度。但行政规范性文件权威性对司法适用的负面影响也应被承认,如学者指出,司法机关在强有力的政策准据面前,丧失了对行政规范性文件进行司法审查的动力和能力,其裁判过程体现出"以政策考量取代法律判断"的特征。[2] 无论如何,行政规范性文件的权威性,决定了行政主体、行政相对人应当受其约束,而司法机关也会因此种权威性在诉讼活动中给予行政规范性文件适度的尊重。

(二)行政规范性文件仅有适用对象上的普遍性而无效力上的普遍性

行政规范性文件的权威性仅是其司法适用的必要非充分条件,真正决定司法机关有采纳义务的,应当是其普遍约束力。实际上,近年来对行政规范性文件的反思,倾向于否定行政规范性文件的普遍约束力。有观点认为,行政规范性文件的规范性应源于其上位法律规范,其本身不具有外部效果,[3] 甚至认为行政规范性文件除不具有对外效力外,还可规定内部事务、程序规范和技术标准。[4] 本书也认为,行政规范性文件不具有普遍约束力,这主要体现在下述三个方面。

首先,应当区别行政规范性文件适用对象上的普遍性和其效力上的普遍性。所谓适用对象上的普遍性,是指行政规范性文件能够反复、普遍适用于特定适用对象,此点是其区别于行政主体发布的工作报告、决定书、任命书等文件的关键,也构成了行政规范性文件的

---

[1] 参见"桂冠公司与大化瑶族自治县水利局取水许可纠纷上诉案"。蔡小雪:《国务院下属部门规范性文件的法律效力判断与适用》,载《人民司法·案例》2008年第4期。
[2] 参见余军、张文:《行政规范性文件司法审查权的实效性考察》,载《法学研究》2016年第2期。
[3] 参见朱芒:《论行政规定的性质——从行政规范体系角度的定位》,载《中国法学》2003年第1期。
[4] 参见秦小建:《立法赋权、决策控制与地方治理的法治转型》,载《法学》2017年第6期。

"立法性文件"特征。[1] 所谓效力上的普遍性,是指行政规范性文件就特定事项对特定范围内的主体均具有约束力。适用对象上的普遍性构成效力上普遍性的前提,只有行政规范性文件不仅针对某个人而是针对一定范围内的不特定群体时,才可言其具有普遍约束力。[2] 理论上,不应将适用对象上的普遍性和效力上的普遍性混同。比如,有观点认为,规范性文件的普遍约束力体现在其可对被管理区域内的不特定主体产生强制拘束力,对于被管理区域内的不特定主体(包括公民、法人和其他组织等)具有服从之义务。但是该种观点进一步指出,这种为实行社会管理而发布的规范性文件须通过在上位法中规定保障性手段、重申上位法的相关规定来保障其强制约束性。[3] 此种观点一方面认为行政规范性文件本身具有普遍约束力,另一方面又指出此种约束力是通过上位法实现的,导致这种矛盾出现的根源,就是混淆了适用对象上的普遍性和效力上的普遍性。

其次,是否依据立法权限、根据立法程序制定,是抽象性文件有无普遍约束力的关键。行政规范性文件并不属于《立法法》所言之"法",但其具有抽象性、权威性和适用范围上的普遍性,学术界和实务界因此误认为其具有普遍约束力。实际上,仅非行政立法这一属性,便可排除行政规范性文件的普遍约束力。参考美国行政法上的非立法性规则,可以很好理解这一点。美国行政法将具有实体意义的规则分为立法性规则、解释性规则与政策声明,后两者又称为非立法性规则。立法性规则虽不同于法律,但因其是依据《美国联邦行政程序法》所规定的通告评论程序发布,所以与法律具有同等效力。而非立法性规则仅用以内部管理,既没有对私人权利与义务进行更

---

[1] 参见李克杰:《地方"立法性文件"的识别标准与防范机制》,载《政治与法律》2015 年第 5 期。
[2] 参见王磊:《行政规范性文件制发和管理将全面纳入法治化轨道》,载《中国司法》2018 年第 7 期。
[3] 参见尹静:《论规范性文件的认定标准》,载《中国民政》2014 年第 12 期。作者当时任职于民政部政策法规司。

改,也不能拘束法院,并且若该两类非立法性规则在实际运行中具有立法性规则的效果,法院便可因其未适用通告评论程序而宣告其无效。[1]可见,是否适用立法程序制定,对于行政主体发布的文件的效力范围至关重要。因此,作为未被《立法法》认可,且在制定程序上简化许多的行政规范性文件,显然不应当被承认具有普遍约束力。

最后,对司法机关有无约束力,是衡量抽象性文件是否具有普遍约束力的核心。宪法赋予行政机关管理社会的职能仅仅使行政规范性文件相对于普通公民而言具有约束性效果,并不代表行政规范性文件一定能够约束法院。虽然我国对什么是法律规范(广义法律)尚存疑问,但通行做法是将行政规范性文件纳入"非法"的范畴,不承认其属于法律规范。而学界之所以一开始就在概念界定中主张行政规范性文件具有普遍约束力,是因为学界所指的"普遍约束力"仅指对公民的约束力,并不包括法院。所谓普遍约束力,包括对公民和执行权的双重约束,而行政规范性文件中涉及不特定公众权利义务的规范是指其内容的普遍性,与效力上的普遍约束力并不能等同。在法院对行政规范性文件享有"选择适用权"的前提下,行政规范性文件便不具有普遍约束力。[2]综合《行政诉讼法》以及最高人民法院的相关司法解释,可以看出行政规范性文件对法院并没有法律规范意义上的约束力,相反法官还可以对其进行审查,并决定是否适用。因行政规范性文件无法对法院产生约束力,自然也不能称其具有普遍约束力。

综上,行政规范性文件虽然具有权威性,但并不具有普遍约束力,原因在于其对司法机关无效力上的约束力。恰如《行政案件适用纪要》指出,"对人民法院不具有法律规范意义上的约束力"。

---

[1] 参见王留一:《美国非立法性规则与立法性规则的区分标准及其启示》,载《河北法学》2018年第3期。
[2] 参见黄宇骁:《也论法律的法规创造力原则》,载《中外法学》2017年第5期。

三、行政规范性文件在公法中的定位疑惑

综上,我们大致可以勾勒出行政规范性文件在公法中的定位:

首先,从规范属性来看,行政规范性文件并非《立法法》所明确之"法",行政法学者倾向于否认其法律规范属性。一般认为,我国的法律体系以宪法为统帅,以多个部门法为主干,以法律、行政法规和地方性法规为构成,[1]其中并不包括行政规范性文件。但行政规范性文件又具有法律规范的抽象性和适用对象上的普遍性,尤其是在行政实践和行政诉讼中,既可构成行政行为之依据、合法性基础,又可作为行政裁判说理依据。从这个角度来看,行政规范性文件又与法律规范存在一定相似之处。本书认为,行政规范性文件之所以和法律规范相似,是因为其除在制定程序上符合立法的一般形式外,关键是在内容上也符合法律规范的形式。这体现在行政规范性文件具有"假定、处理、制裁"这样的规则构造,也因此使其有和法律规范一样作为"三段论"大前提、成为裁判说理依据的可能。

其次,从效力范围来看,概念界定中关于行政规范性文件"具有普遍约束力"的观点并不正确,其原因在于将行政规范性文件内容和适用范围上的普遍性与效力上的普遍性等同。准确地说,该观点混淆了行政规范性文件的权威性和规范性。行政规范性文件之所以在我国地位"显赫",源于其相对的制度权威和理论权威。作为行政主体行使行政管理职能的产物,行政规范性文件在一定范围内对不特定人普遍适用,具有应然性。但行政规范性文件仅具有适用范围上的普遍性,并不具有效力上的普遍性,于法院而言,其可以因行政主体的权威性而给予行政规范性文件适当尊重,但其并没有在裁判中受其约束的义务。

最后,从法律渊源地位来看,行政法学界多数认为其不是行政法

---

[1] 参见江必新:《怎样建设中国特色社会主义法治体系》,载《光明日报》2014 年 11 月 1 日,第 1 版。

渊源,最高人民法院文件《行政案件适用纪要》直接否定其法律渊源地位。但行政裁判中援引行政规范性文件作为裁判说理依据已是常态,《裁判文书引用规定》对此也予以认可。但是,根据法理学上的一般观点,所谓法律渊源,是指法律规范的来源,或者说能够作为法官裁判说理依据的规范的集合。我们否认了行政规范性文件的法律规范属性,自然也将否认其法律渊源属性。但问题是,在裁判方法论和裁判规则中,法官为何可以援引行政规范性文件,行政规范性文件又以何种身份被法官援引?同时,法官在裁判中除援引规范性法律文件外,还可以援引习惯、司法解释、指导性案例、类案等,行政规范性文件和这些规范性法律文件之外的裁判说理依据的区别和共同之处何在?最重要的是,《民法典》第10条是公认的民法渊源条款,其规定:"处理民事纠纷,应当依照法律;法律没有规定的,可以适用习惯,但是不得违背公序良俗。"由此观之,假如某抽象性文件能够"处理民事纠纷",即应当属于民法渊源。可见,虽然在行政法上,行政规范性文件并不属于法律渊源,但是在民法上,似乎有认可行政规范性文件民法渊源属性的空间。这也提示我们,行政法和民法对于法律渊源的内涵和外延的界定可能有所出入。相应地,要确定行政规范性文件民事司法适用的应然定位,首先也应当界定民法渊源的内涵及外延。

第二节 行政规范性文件的私法定位明确

《民法典》第10条延续了原《民法通则》第6条的立法体例,规定了我国的民法渊源类型。该条前段规定:"处理民事纠纷,应当依照法律。"所谓"处理民事纠纷",当然包括民事司法裁判,也能涵盖本书题目中"民事司法适用"一事。因此,行政规范性文件的私法定位,实际上等同于:行政规范性文件是否为民法渊源?或者说,其是否为处理民事纠纷应当依照的"法律"。

一、民法渊源的实质和范畴选择

民法学研究中,特别注重民法渊源条款的体系价值和司法价值。在世界范围内的民事立法史中,《瑞士民法典》是第一部明确规定民法渊源条款的民法典。该法第 1 条规定:"(1)凡依本法文字或释义有相应规定的任何法律问题,一律适用本法。(2)无法从本法得出相应规定时,法官应依据习惯法裁判;如无习惯法时,依据自己如作为立法者应提出的规则裁判。(3)在前款的情况下,法官应参酌公认的学理和实务惯例。"[1]该立法例影响了世界范围内诸多民事立法。而行政立法中却无类似的法律渊源条款,行政法学研究也不像民法学研究这样强调法律渊源条款的重要性。如前所述,在行政法领域,行政规范性文件的法律渊源属性并不被认可,而依据《民法典》第 10 条,假如行政规范性文件能够作为处理纠纷的依据,当然属于法律渊源。可见,行政法学和民法学之间,对于法律渊源的认识可能存在出入。这也提示我们有必要先行厘清法律渊源的内涵。

(一)不同学理视角下法律渊源的内涵考察

经典法理学著作中,对于法律渊源的内涵尚未达成一致观点。美国学者约翰·奇普曼·格雷严格区分"法律"(the law)和"法律渊源"(the sources of the law),认为法律是由法院以权威性的方式在其判决中加以确定的规则组成的,法律渊源则应当从法官在制定那些构成法律的规则时通常所诉诸的某些法律资料与非法律资料中去寻找。[2]德国学者魏德士指出,法律渊源有广义和狭义之分,广义的法律渊源指对客观法产生决定性影响的所有因素,包括法学家法、行政实践、法院实践和国民观念。在法理学中,多数学者使用的是狭

---

[1] 本书所采翻译源于李敏:《〈瑞士民法典〉"著名的"第一条——基于法思想、方法论和司法实务的研究》,载《比较法研究》2015 年第 4 期。各译文与此大同小异,偶有不同,下文将会涉及。

[2] 参见[美]E. 博登海默:《法理学:法律哲学与法律方法》,邓正来译,中国政法大学出版社 2017 年版,第 429 页。

义的法律渊源,即根据《德国基本法》第 20 条第 3 款和第 97 条第 1 款之规定,可以约束司法裁判者的法律规范方可作为法律渊源。[1] 卡尔·拉伦茨指出,可以从两方面理解法律渊源,一是指法律原则的产生原因,二是在一国法律制度管辖范围内可以适用于全体人的法律的表现形式,而二者之间的关系则是法的表现形式通过其产生原因体现出来的。[2] 近年,德国学者默勒斯总结指出,"法源"是一个很难被解释清楚的概念。广义上的"法源"包括了所有有于"法"而言事关重要的影响因素,如法学学说、行政或司法实践。而权威性的见解均从更为狭义的角度解释"法源",即主张"法源"仅是对法律适用者而言具有约束力的法规范。[3]

行政法学界中,主流观点认为,行政法法源是指行政法的表现形式。[4] 不同于主流观点,应松年将法律渊源定义为叙述法律或争辩法律时所使用的论据。[5] 章剑生主张应从效力角度而非形式角度考察行政法渊源。[6] 何海波也在反思"法律渊源作为法律规范的表现形式"和"法律渊源作为'依据'"的观点后,指出所谓法律渊源,应当是指所有具有说服力的"论据"。[7] 而在内容上,一般认为,行政法法源主要包括成文法和不成文法两类。成文法指宪法和法律、行

---

[1] 参见[德]伯恩·魏德士:《法理学》,丁晓春、吴越译,法律出版社 2013 年版,第 99 页。
[2] 参见[德]卡尔·拉伦茨:《德国民法通论》,王晓晔等译,法律出版社 2003 年版,第 10 页。
[3] 参见[德]托马斯·M. J. 默勒斯:《法学方法论》(第 4 版),杜志浩译,北京大学出版社 2022 年版,第 64 页。
[4] 参见叶必丰主编:《行政法与行政诉讼法》(第 3 版),中国人民大学出版社 2011 年版,第 5 页;邢鸿飞等:《行政法专论》,法律出版社 2016 年版,第 54 页;应松年主编:《行政法与行政诉讼法》(第 3 版),中国政法大学出版社 2017 年版,第 17 页;周佑勇:《行政法原论》(第 3 版),北京大学出版社 2018 年版,第 10 页;章志远:《行政法学总论》(第 2 版),北京大学出版社 2022 年版,第 82 页;姜明安主编:《行政法与行政诉讼法》(第 8 版),北京大学出版社、高等教育出版社 2024 年版,第 44 - 45 页等。
[5] 参见应松年、何海波:《我国行政法的渊源:反思与重述》,载浙江大学公法与比较法研究所编:《公法研究》第 2 辑,商务印书馆 2004 年版。
[6] 参见章剑生:《现代行政法总论》,法律出版社 2014 年版,第 58 页。
[7] 参见何海波:《实质法治——寻求行政判决的合法性》,法律出版社 2020 年版,第 179 - 192 页。

政立法、条约和协定等,不成文法包括判例、习惯和法理。日本行政法学界对于行政法渊源的内涵和外延的界定较为统一,均指行政法的存在形式,且将行政法渊源分为成文法与不成文法,成文法包括宪法、法律、命令、条约、条例(规则),不成文法包括习惯法、判例法和法的一般原则(条理法)。[1] 其中"命令"又称"法规命令",是指国会以外的国家机关制定的法的总称,一般包括内阁制定的政令、各省大臣制定的省令、外局长和委员会制定的规则。[2]

民法学界对法律渊源或民法渊源的概念内涵则更是见仁见智。王泽鉴认为,法源指法律的存在形式。[3] 史尚宽提出,民法之法源者,构成民法法规之一切法则也。[4] 杨与龄则主张民法之法源,指构成民法之一切法则,亦即指民法存在之形式而言。[5] 黄茂荣[6]则从司法和法官裁判角度理解法源,认为法源系指"一切得为裁判之大前提的规范的总称"。朱庆育[7]、李永军[8]、杨代雄[9]等也主张民法渊源系法官裁判的依据或来源,同时梁慧星[10]、龙卫球[11]、王利明[12]则主张民法渊源是民法或民事法律的表现形式。在日本民法学界中,20世纪的学者和21世纪之后学者的观点略有不同。前者如於保不二雄,主张法源是法的形式。[13] 又如,我妻荣、良永和

---

[1] 村上武则『基本行政法』(第3版)(有信堂,2006年)8頁、高橋信隆『行政法講義』(信山社,2006年)44頁、大浜啓吉:『行政法握論』(第3版)(岩波書店,2012年)23頁、岩本章吾:『行政法講義』(第2版)(成文堂,2017年)19頁参照。
[2] 高橋信隆『行政法講義』(信山社,2006年)46頁参照。
[3] 参见王泽鉴:《民法概要》(第2版),北京大学出版社2011年版,第12页。
[4] 参见史尚宽:《民法总论》,中国政法大学出版社2000年版,第8页。
[5] 参见杨与龄编著:《民法概要》,中国政法大学出版社2013年版,第5-6页。
[6] 参见黄茂荣:《法学方法论与现代民法》,中国政法大学出版社2001年版,第371页。
[7] 参见朱庆育:《民法总论》(第2版),北京大学出版社2016年版,第36页。
[8] 参见李永军主编:《中国民法典总则编草案建议稿及理由》,中国政法大学出版社2016年版,第5页。
[9] 参见杨代雄:《民法总论》,北京大学出版社2022年版,第55页。
[10] 参见梁慧星:《民法总论》(第6版),法律出版社2021年版,第25页。
[11] 参见龙卫球:《民法总论》(第2版),中国法制出版社2002年版,第28页。
[12] 参见王利明:《民法总则新论》,法律出版社2023年版,第71页。
[13] 於保不二雄『民法総則講義』(平文社,1996年)6-9頁参照。

隆认为,民法法源是指"民法在哪里以何种形式被规定"。[1] 但后者对民法渊源则采更为多元的观点。对民法渊源的理解体现为两个层次:第一层次是指法的存在形式,即其字面含义;第二层次是指作为法院解决纠纷的裁判标准。[2] 两个层次紧密关联,前者作为社会成员的行为规范,后者则对法官寻找纠纷解决适用规范具有重要意义。[3] 但格外统一的是,不同时代的民法学者均认为日本的民法渊源包括制定法(民法典及相关法)、习惯法、判例法和条理。

考察上述学理观点,可以发现:首先,法律渊源的概念内涵经历了从抽象到逐渐具体的过程。经典法理学著作中强调对抽象的"法"的抽象认识,因而会使用一些"对客观法产生决定性影响的所有因素""法律原则的产生原因""成立原因"等较为抽象的表述。而在近现代尤其是具体到部门法中,无论是行政法学界还是民法学界,对于法律渊源的内涵的表述主要集中在"表现形式"或"裁判依据"两方面。其次,现代部门法更多地吸收了经典法理学者关于法律渊源与司法裁判密切联系的观点,无论是作为裁判依据还是指引法官寻找裁判标准,都更加凸显法律渊源理论的实用价值。最后,行政法学界和民法学界关于法律渊源的定义和范围偶有不同。行政法学界以法的形式为主要观点,而民法学界在主张法的形式外还多从民事裁判角度考察,同时行政法法源中还有"条约和协议"此类特殊形式法源。因此,理解民法渊源,应在准确把握法律渊源理论历史变迁尤其是当下最新发展的基础上,充分照应民法渊源的特殊性。

(二)近现代法律渊源理论的偏差与发展

现代法学界对法律渊源的理解,主要呈现"法的形式"和"裁判依据"两种不同观点。这实际上对应法律渊源理论研究的两种典型流派,即立法立场的法律渊源理论和司法立场的法律渊源理论。古

---

[1] 我妻栄 = 良永和隆『民法』(第10版)(勁草書房,2018年)4-6頁参照。
[2] 藤井俊二『民法総則』(成文堂,2011年)3-8頁、斎藤修『現代民法総論』(信山社,2013年)5-6頁、近江幸治『民法講義Ⅰ』(第7版)(成文堂,2018年)6-12頁参照。
[3] 斎藤修『現代民法総論』(信山社,2013年)5頁参照。

罗马法中,以"fons juris"表示法律渊源。该词源包含了两层含义:一是古罗马的法官在司法裁判过程中可以适用哪些规范作为裁判依据和裁判理由的来源;二是对国家制定法的法律效力的肯定,但同时仍存有对制定法之外规范司法价值的认可。[1] 此时的法律渊源概念和立法联系并不紧密,反而是着眼于司法视角寻找那些具有约束力的要素。但经过中世纪实践,到了近代,"法律就是法律渊源"和"法律渊源就是法律形式"开始成为西方法学界主流观点。[2] 各流派提出了不同的法律渊源学说,共同参与了一场对法律渊源的解构与重组。自然法学派将"法"分为自然法和实在法;历史法学派主张法律渊源"不仅包括法律制度的产生根据,也包括根据法律制度通过抽象而形成的具体法规则产生的根据";分析法学派由凯尔森沉淀出法律规范和成为法律规范的"材料";社会法学派则将法律渊源分为权威性表达(文本)和来源(内容、约束力和权威性)两个部分。[3] 近代法学家站在立法者的立场审视所有法律概念,而当他们把法律渊源与法律形式不分、法律与法律渊源不分时,立法立场的阴霾就笼罩在了法律渊源概念的上空。[4]

将法律渊源等同于法的形式即立法立场的法律渊源观的体现。但法律渊源和法的形式其实是截然不同的概念。法律渊源是抽象意义上法律得以形成的路径或原因,但法律形式则是具体意义上法律通过一定方式所表现出来的形式。前者乃未然、可能、多元,后者乃已然、现实和统一。[5] 西方法学者早已注意到二者之间的区别,并形成了法律渊源和法律形式界分的理论,但此种理论并未引起国内的足够重视。既是因为持这些观点的学者的著作尚未在中国广泛传播,也是因为国内法理学研究尚不发达。法律渊源和法律形式的区

---

[1] 参见彭中礼:《法律渊源论》,方志出版社2014年版,第41页。
[2] 参见彭中礼:《法律渊源论》,方志出版社2014年版,第50页。
[3] 参见彭中礼:《法律渊源论》,方志出版社2014年版,第8—10页。
[4] 参见彭中礼:《法律渊源论》,方志出版社2014年版,第55页。
[5] 参见周旺生:《法的渊源与法的形式界分》,载《法制与社会发展》2005年第4期。

别,乃是司法角度和立法角度的区别:从法律实践的不同领域来看,法律渊源以司法为依托和归宿,法律形式则与立法紧密相连;从内容的开放性来看,法律渊源具有高度的开放性,而法律形式则是一国法律规范体系,具有明显的封闭性;从形成路径来看,法律渊源以司法适用为生成路径,而法律形式则是通过立法活动形成的。[1]

立法立场的法律渊源观构成了法律渊源理论的重要内容,是近代法律渊源理论发展和实践的基础,而司法立场的法律渊源观则是对立法立场的法律渊源观的扬弃。司法立场的法律渊源观作为一种法律方法应用于法律适用过程,其作为裁判依据的集合,为法官适用裁判依据提供了权威出处。[2] 经典法理学流派中已有学者从司法裁判角度考量法律渊源之内涵,而大陆法系民法学者主张民法渊源乃民事裁判基准者众多,从前文所述可发现,近年来,越来越多学者倾向于司法立场的民法渊源观。因此,虽然不能说司法立场的法律渊源观已然战胜立法立场的法律渊源观,但至少应重视从司法裁判角度探讨法律渊源内涵及外延的重要性。并且,也应认识到,在不同部门法中,法律渊源的内涵也会有一定的偏差。在公法中,秉承着"法无明文规定不可为"的一般教义,公法渊源强调形式上的法律,主张应通过立法机关明确行政机关的权限范围和职责内容,其必然倾向于立法立场的法律渊源观。而在私法中,"法无明文规定即自由",强调在立法强制、禁止之外,私权主体当为一切基于自私自治的行为,这自然偏离立法立场的法律渊源观,而采裁量空间更大的司法立场的法律渊源观。

(三)以民事裁判为导向的民法渊源内涵确定

不同于德国、日本、法国等国家的民法典,我国《民法典》第10条设置了明文的民法渊源条款。这种立法例具有明显的法律移植特征。1907年,清廷开始了大清民律的修订工作,并于1911年公布了

---

[1] 参见彭中礼:《法律渊源论》,方志出版社2014年版,第72-79页。
[2] 参见彭中礼:《法律渊源论》,方志出版社2014年版,第69-72页。

《大清民律草案》,其第 1 条"法例"规定:"民事,本律所未规定者,依习惯法;无习惯法者,依法理。"相关法制史研究表明,《大清民律草案》第 1 条乃仿《瑞士民法典》第 1 条。[1] 民国初,立法者尚未虑及民法的制定,而是直接将《大清民律草案》命名为《中华民国暂行民律草案》颁布。1929 年,《中华民国民法》出台,其第 1 条规定:"民事,法律所未规定者,依习惯,无习惯者,依法理。"史尚宽先生是该法的主要执笔人,其在介绍该法第 1 条的源流时指出,该例系"参酌最新之苏俄民法、暹罗民法",且"盖从瑞士等国之例也"。[2] 中华人民共和国成立后,在我国的多次民法编纂过程中,均有类似的民法渊源条款,其最终形成了 1986 年原《民法通则》第 6 条的体例,并被原《民法总则》和《民法典》延续。可以说,《民法典》第 10 条的民法渊源条款,一定程度上参酌了《瑞士民法典》第 1 条,并根据中国法治实践塑造了特有的民法渊源类型。

从表述上看,《瑞士民法典》第 1 条第 2、3 款直接以法官为约束对象,指明其若无法依据"本法"完成民事裁判,"应"以习惯为裁判依据;若习惯仍无,则由法官以其为立法者的角色完成民事裁判。主体是"法官",事项是"裁判"。《民法典》第 10 条中"处理民事纠纷"的表述,同样是指向民事司法裁判活动。可以说,承认《民法典》第 10 条的法源条款地位,自然也应认可我国对于民法渊源采取了司法立场的法律渊源观。因此,我国的民法渊源,是指"为裁判之大前提"者,乃法官裁判之依据或来源。民法渊源的内涵不同于其他部门法,这种不同是由民法所调整的社会关系的特殊性决定的:作为市民法,市民生活是民事裁判中法律渊源的来源;而作为贯彻"意思自治"的私法,所有能够被民事主体或社会共同体接受的事项均可能成为民法渊源;又因民法是权利法,法官对民事权利的救济不应局限

---

[1] 参见俞江:《〈大清民律(草案)〉考析》,载《南京大学法律评论》1998 年第 1 期;黄源盛:《民初法律变迁与裁判(1912—1928)》,台湾政治大学法学丛书第 47 卷,2000 年刊行;张生:《清末民事习惯调查与〈大清民律草案〉的编纂》,载《法学研究》2007 年第 1 期。
[2] 参见史尚宽:《民法总则释义》,上海法学编译出版社 1946 年版,第 50 页。

于制定法,尚应涉及其他法律渊源中蕴含的权利需求。[1] 这也是为什么《民法典》第 10 条在法律之外,又规定习惯可以作为民法渊源。

司法立场的法律渊源观中,民法渊源是指能够作为民事裁判说理依据的事项集合。原《民法通则》第 6 条和《民法典》第 10 条,明确"法律"是首要的民法渊源。这里的"法律",是指成文法。《裁判文书引用规定》对"法律"的范围作了更加具体的规定,其第 4 条明确了人民法院的民事裁判文书中,可以援引的规范性法律文件的范围,包括法律、法律解释或者司法解释等。其后,2016 年最高人民法院发布《民事裁判文书制作规范》,对民事裁判文书制作标准作了统一规定。该规范明确了民事裁判文书可以援引的裁判理由和裁判依据,除了《裁判文书引用规定》第 4 条的规范性法律文件,还包括宪法原则和精神、最高人民法院颁布的指导性案例、司法指导性文件体现的原则和精神等。2018 年的《释法说理指导意见》第 13 条,更是明确公理、情理、经验法则、交易惯例、民间规约、职业伦理、立法说明等立法材料、法理及通行学术观点等,都可以作为法官释法说理的论据。可见,除了《民法典》,最高人民法院也将各类规范性法律文件、指导性案例、民间规约、法理及通行学术观点等典型民法渊源,与民事裁判文书的释法说理联系起来。也就是说,在民法中,所谓法律渊源,是指法官在处理民事纠纷、撰写民事裁判文书中,可以援引的全部抽象性文件或素材。

二、行政规范性文件民法渊源地位厘清

《民法典》第 10 条对我国民法渊源采取了法律和习惯的二分法。行政规范性文件具有规范性法律文件的抽象性,和立法法规定的"法"在制定程序和内容上具有高度相似性。因此,行政规范性文件有可能构成《民法典》第 10 条中的"法律"。

---

[1] 参见谭启平、李琳:《民法的属性与民法渊源的司法定位》,载《河北法学》2016 年第 7 期。

首先，从内涵和外延上看，《民法典》第10条中的"法律"应采广义理解，并不局限于狭义的法律，即不限于由全国人大及其常委会制定的法律。观察《瑞士民法典》的民法渊源条款可以发现，其对"法律"的范围作了扩大理解和适用。《瑞士民法典》第1条采"本法"（das Gesetz）一说，"Gesetz"即制定法，解释上所有有效之民事制定法当为应考虑适用之规范。[1]《瑞士联邦宪法》第89条第1项明确指出，经联邦两院通过之具有一般效力之法规性命令，等同于法律。[2]《德国民法典》虽然未对民法法源作出明确规定，但《德国民法施行法》第2条规定，"民法典及本施行法所称之'法律（Gesetz）指所有法律规范（Rechtsnorm）'"。依德国通说及实务，此处所谓"法律规范"既包括狭义法律，又包括法规性命令、条约、自治规章、习惯法、宪法法院裁判、欧洲共同体法规等。[3] 可见，在比较法上，"民法典"中法源意义上的"法律"应作广义理解。

其次，我国民法学界，也多认同超出立法法范围的行政命令、决议等是重要的民法渊源。前文指出，行政规范性文件是行政命令的表现形式。马俊驹、余延满等指出，国务院发布的决议和命令中包含的民法规范，地方各级人大及自治机关发布的决议、命令和地方性法规，国务院各部委及地方政府发布的命令、指示和规章，均属于制定法范畴，是民法法源之一。[4] 龙卫球也认为，作为民法法源的制定法，包括国务院及其所属部门制定的涉及民事关系的法令（条例、决定、规定）。[5] 施启扬主张，各行政机关依其法定职权或基于法律授

---

[1] 参见李敏：《〈瑞士民法典〉"著名的"第一条——基于法思想、方法论和司法实务的研究》，载《比较法研究》2015年第4期；苏永钦：《"民法"第一条的规范意义》，载苏永钦：《私法自治中的经济理性》，中国人民大学出版社2004年版，第5页。

[2] 参见苏永钦：《"民法"第一条的规范意义》，载苏永钦：《私法自治中的经济理性》，中国人民大学出版社2004年版，第5页。

[3] 参见苏永钦：《"民法"第一条的规范意义》，载苏永钦：《私法自治中的经济理性》，中国人民大学出版社2004年版，第5页。

[4] 参见马俊驹、余延满：《民法原论》（第4版），法律出版社2010年版，第29页。

[5] 参见龙卫球：《民法总论》（第2版），中国法制出版社2002年版，第34-35页。

权订立的法规命令,属于广义上的"法律"。[1] 詹森林等人编写的《民法概要》也认为,"法律"还包括因执行此等法律而颁布或因法律授权而颁布的命令。[2] 再者,行政规范性文件作为"红头文件",是国家政策的载体。如前所述,即便《民法典》第 10 条已经取消国家政策的民法渊源地位,但是依然有学者主张国家政策之于民事司法的重要意义。并且,行政规范性文件还可以成为国家政策的替代形式,为国家政策实现其民法渊源地位提供重要依托。可见,将行政规范性文件列为民法渊源,并无理论障碍。

最后,行政规范性文件的民法法源地位应当有别于其他法律规范。法律制度的阶梯结构表明了法律渊源的等级性,在法源体系内部,尚可对法源作进一步区分。魏德士主张,法源有广义与狭义之分,广义者,指对客观法产生决定性影响之所有因素,包括司法裁判及国民法律意识;狭义者,指依《德国基本法》第 20 条第 3 款和第 97 条第 1 款规定,仅对法律适用者有约束力之法律规范。[3] 博登海默也认为法源应分为正式法源与非正式法源,正式法源以各种权威性法律文本为载体,包括宪法和法规、行政命令等;非正式法源则为正义标准、公共政策、习惯法等。[4] 同样,最高人民法院也将民法规范法源划分为作为裁判依据的法源和作为裁判理由的法源。[5] 结合《民事裁判文书制作规范》中的我国民事裁判文书样式,所谓裁判依据,是指可以在民事裁判文书"裁判依据"部分援引的规范性法律文件;所谓说理依据,是指不能在"裁判依据"部分援引,但可以在裁判文书"理由"部分援引的规范或规范性文件。根据《裁判文书引用规定》第 6 条的规定,虽然行政规范性文件不能作为裁判依据,但是可

---

[1] 参见施启扬:《民法总则》(修订第 8 版),中国法制出版社 2010 年版,第 52 页。
[2] 参见詹森林、冯震宇等:《民法概要》,台北,五南出版社 2013 年版,第 19 页。
[3] 参见[德]伯恩·魏德士:《法理学》,丁晓春、吴越译,法律出版社 2013 年版,第 98 - 99 页。
[4] 参见[美]E. 博登海默:《法理学:法律哲学与法律方法》,邓正来译,中国政法大学出版社 2017 年版,第 428 - 431 页。
[5] 参见朱庆育:《民法总论》(第 2 版),北京大学出版社 2016 年版,第 36 页。

以作为裁判说理依据被引用。可见,行政规范性文件的民法渊源位阶低于法律、行政法规、司法解释等规范性法律文件,并且与这些规范法源在形式和效力上具有明显的区别。

综上,《民法典》第10条采取了司法立场的法律渊源观,最高人民法院的司法解释及司法实践扩大了民法成文法源或规范性法源的范围,将行政规范性文件也纳入其中。但是,行政规范性文件并非《立法法》明确的"法",相较于规范性法律文件,其法理规范属性存疑。行政规范性文件具有成文法的结构和形式,但又不属于严格意义上的成文法。这也是为何在行政法领域,其虽然可以作为裁判说理依据,但又不被承认为行政法律渊源。最高人民法院也意识到了行政规范性文件的特殊民法渊源地位,结合民事裁判文书的样式,明确行政规范性文件只能作为说理依据,不能作为裁判依据。因此,可以认为,在我国现有司法实践中,行政规范性文件是民法渊源,确切地说,是只能作为说理依据的民法成文法源。

第三节 本章小结

通过本章分析,可以发现,民事裁判文书之所以经常引用行政规范性文件,是因其特殊的规范属性,以及特殊的民法渊源地位。

首先,对于行政主体,制定行政规范性文件于法有据,这是其行使宪法及有关组织法所赋职权的形式和结果。具体而言,行政规范性文件是行政主体行使行政管理职责的依据,在实践中,"依法行政"之"法"已然包括行政规范性文件。在行政诉讼中,行政规范性文件可以成为行政行为的合法性依据。最为重要的是,即便行政法学界和最高人民法院已经否定行政规范性文件的行政法源地位,但其仍然是行政司法裁判中的裁判说理依据。

其次,行政规范性文件虽然不具有普遍约束力,但并不妨碍其作为法官裁判的重要参考和依据。行政规范性文件具有明显的制度权威性和理论权威性,对行政主体和行政相对人具有必然的约束力。但因其不像法律、行政法规那样,法官并非必须适用,而是可以选择适用与否,从而其并不具有效力上的普遍约束力。此点亦决定了行政规范性文件司法适用的特殊性,即其不得作为裁判依据,而仅得成为说理依据。

最后,在民事司法领域,行政规范性文件是可以作为说理依据的民法成文法渊源。通过对法律渊源的内涵梳理和立法及司法实践考察,可以发现我国民法渊源采取的是司法立场的法律渊源观,即民法渊源指可以作为司法机关裁判说理依据的事项。《民法典》第10条中的"法律"是指民法成文法源,不局限于全国人大及其常委会的法律,也不限于《立法法》明确的"法"。《裁判文书引用规定》将成文法渊源(规范法源)分为裁判法源和说理法源,行政规范性文件不能作为裁判依据(裁判法源),但可以作为说理依据(说理法源)。根据《裁判文书引用规定》第6条的规定,行政规范性文件也是民法成文法源,并且是只能作为说理依据的成文法源。

第二章　行政规范性文件民事司法适用的法理基础

　　从实然层面看,行政规范性文件是我国司法机关认可的、可以作为民事裁判说理依据的抽象性文件,也是《民法典》民法渊源条款(第10条)中的"法律"。但是,行政规范性文件并非《立法法》所定之"法",也不是具有普遍约束力的规范性法律文件。在行政法领域,对于行政规范性文件的司法适用一直是学界关注的热点。其中不乏对现有司法裁判规则的反思。可以说,《行政诉讼法》针对行政规范性文件确定的制度性司法审查制度,正表明了司法机关对于行政规范性文件的特殊对待和有意规制。相应地,民法学界和民事诉讼法学界对于行政规范性文件民事司法适用的合理性、正当性并无直接关注。但是,作为国家政策的载体,行政规范性文件的民事司法适用机理实际上被间接探讨。本章将结合行政规范性文件在我国法律体系和司法适用中的特殊之处,解析其作为民法特殊法律渊源的逻辑机理,并从公私法融合的视角出发,探寻其作为公法性规范性文件介入民事司法的多元价值。

第一节　行政规范性文件民法法源地位的多重解析

　　对行政规范性文件民法渊源地位的解析,应包括以下三个方面。

一是作为成文法法源,行政规范性文件在我国法律体系中的定位及其特殊意义;二是作为行政行为合法性基础、行政和民事裁判说理依据,行政规范性文件的一般性法律渊源属性或裁判价值;三是作为民法特殊成文法渊源,行政规范性文件在民事司法裁判视角下的适用正当性和适用逻辑。

一、法律秩序统一性下行政规范性文件的准规范属性

(一) 行政规范性文件的法律规范属性

2011年3月10日,时任全国人民代表大会常务委员会委员长吴邦国同志在十一届全国人大四次会议上郑重宣布:"一个立足中国国情和实际、适应改革开放和社会主义现代化建设需要、集中体现党和人民意志的,以宪法为统帅,以宪法相关法、民法商法等多个法律部门的法律为主干,由法律、行政法规、地方性法规等多个层次的法律规范构成的中国特色社会主义法律体系已经形成……"[1]可见,在层级上,中国特色社会主义法律体系仅包括宪法、法律、行政法规、地方性法规等。对于规章的规范属性,学界一直存在争议。在2000年《立法法》的起草过程中,有观点认为规章不是"法",不应由立法法调整;[2]也有观点认为,从实证角度说规章是法律,从价值层面看规章不属于法律。[3] 立法法最终将规章纳入了调整范围,但在表述调整范围条款时,有意对法律、行政法规等规范性法律文件,同国务院部门规章和地方政府规章进行了区别对待。这表现在《立法法》第2条,该条规定:"法律、行政法规、地方性法规、自治条例和单行条例的制定、修改和废止,适用本法。国务院部门规章和地方政府规章的制定、修改和废止,依照本法的有关规定执行。"可见,法律、行政法规等的立改废是"适用本法",而规章的立改废则仅是"依照

---

[1] 参见《吴邦国在十一届全国人大四次会议上作的常委会工作报告(摘登)》,载《人民日报》2011年3月11日,第2版。
[2] 参见乔晓阳主编:《立法法讲话》,中国民主法制出版社2000年版,第27页。
[3] 参见笑侠:《论新一代行政法治》,载《外国法译评》1996年第2期。

本法"。在中国特色社会主义法律体系形成之后,全国人大常委会曾对中国特色社会主义法律体系的组成作过讨论,最后基本达成了共识:中国特色社会主义法律体系并不包括规章等规范性文件。[1]这或许也是行政规范性文件并非正式的法律规范的重要原因。

但是,行政规范性文件依然在我国法律体系中有迹可循。《行政处罚法》《行政强制法》《行政许可法》《行政诉讼法》等法律会在条文或具体制度中提及行政规范性文件。行政法学者也会援引《宪法》和组织法中关于行政主体发布行政规范性文件的有关规定,用分析规范性法律文件的结构、范式来分析行政规范性文件的设定权限、[2]规范属性、[3]规范效力[4]等。并且,从行政规范性文件的制定依据来看,其往往是对规章等上位规范的细化。由此观之,这种从宪法到法律到行政法规到规章再到行政规范性文件的层级演绎,似乎符合凯尔森的"金字塔"结构的规范等级体系。根据凯尔森的法律秩序统一性理论,当行政规范性文件系对上位法的细化,便有将其纳入规范秩序等级体系的可能。由此,在学理上,似乎又有认可行政规范性文件是我国法律体系有机组成的空间。

(二)凯尔森的规范等级体系和现代法律体系概念辨析

根据凯尔森的法律秩序理论,规范秩序具有统一性和等级性,宪法是一国的基础规范,是最高级别的规范,其他规范以宪法为基础制定,通过渐次授权和逻辑演绎的形式被一级一级地创设出来,最终构成法律规范等级体系的"金字塔"。该种等级体系建立在基础规范即宪法之上,既包括一般规范又包括个别规范,其中个别规范包括

---

[1] 参见陈斯喜:《如何区分法律规范与非法律规范》,载《中国人大》2012年第20期。作者时任全国人大常委会委员、全国人大内司委副主任委员。
[2] 参见柳砚涛:《我国行政规范性文件设定权之检讨》,载《政治与法律》2014年第4期;温辉:《政府规范性文件备案审查制度研究》,载《法学杂志》2015年第1期等。
[3] 参见金国坤:《论行政规范性文件的法律规范》,载《国家行政学院学报》2003年第6期。
[4] 参见高若敏:《谈行政规章以下行政规范性文件的效力》,载《法学研究》1993年第3期;俞祺:《规范性文件的权威性与司法审查的不同层次》,载《行政法学研究》2016年第6期等。

司法行为和行政行为或法律行为创立的裁判结果、行政决定和契约。[1]

凯尔森的规范等级体系理论受到了批判,其中一部分原因源自其在"规范"这一概念使用上的错误。博登海默指出,凯尔森将"法律"分为一般规范和具体规范的做法,尤其是将行政机关在某个导致产生某种行政命令或其他具体处理办法的案件中确立的个别规范也认为是"法律"的观点,源于其把"规范"这一术语作扩大化适用,此种扩大不仅与词源学而且与日常语言使用方法相背离。[2] 博登海默利用法律的普遍性要素对凯尔森的观点作了纠正,其认为,不以一般性规则或一般性标准为基础的特定的审判制度不是一个法律制度。同时,凯尔森在关于规范形成途径上也有表述上的矛盾。如其一方面指出"一般规范创立通过习惯或立法,个别规范创立则通过司法行为和行政行为或法律行为";另一方面又主张契约和司法判决均可能创造出一般规范。[3] 因此,凯尔森所指的一般规范超出了制定法的范畴,但可以肯定的是,基于立法权限、根据立法程序制定的法律一定是一般规范的组成部分。《牛津法律指南》在综合了约翰·奥斯丁和凯尔森的法律体系概念后这样解释法律体系:"从理论上说,这个词组是适用于主权者,或者是根据基本规范直接和间接授权,为该社会制定的所有法的法律。也就是一个国家或者一个共同体的全部法律。"[4] 法理学上关于法律体系的通说认为,法律体系是一个国家或地区之内现有法律(制定法)所组成的系统、逻辑的整体,是该国或地区之内的法律体系按照某种逻辑所组织起来的全部

---

[1] 参见[奥]凯尔森:《法与国家的一般理论》,沈宗灵译,商务印书馆2013年版,第173-243页。
[2] 参见[美]E.博登海默:《法理学:法律哲学与法律方法》,邓正来译,中国政法大学出版社2017年版,第252页。
[3] 参见[奥]凯尔森:《法与国家的一般理论》,沈宗灵译,商务印书馆2013年版,第179、216、226页。
[4] 参见沈宗灵主编:《法理学》(第2版),北京大学出版社2000年版,第288页。

法律。[1] 因此,现代意义上的法律体系,或者说立法法意义上的法律体系,与凯尔森的规范等级体系不同,前者仅为后者的组成部分,仅指通过立法权或立法授权形成的一般规范中的制定法集合。而规范等级体系,既包括立法法意义上的规范集合,也包括在实然效力层面对法律体系内容所作的补充和延续。

(三)渐次授权是法律体系"金字塔"成立的基础

凯尔森描述了一国法律体系的形成过程。如果某一规范是根据作为某一法律秩序基础的宪法所规定的程序而创立,那么该规范便属于这一法律秩序。同时,凯尔森指出法律既可以通过立法行为创造,也可以通过行政行为创造。从形式上看,一个国家的宪法可能授权行政机关在法律的基础上制定下位规范,此种规范虽然不是由立法机关制定的但却是在一般规范的基础上制定的。此种规范便可被称为条例或命令。[2] 此点与一直主张法律乃主权者命令的奥斯丁的观点一致,即成为法律之命令并非均由国家立法机关直接颁布,亦可通过得到主权者授权之官方机构颁布。[3] 如此,低级规范的创造由高级规范决定,高级规范又由另一更为高级的规范决定,最终构成法律秩序的统一体。凯尔森的这种由高级规范向低级规范层层演绎的过程暗含法律效力的传递:若以有效宪法为依据制定其他一般规范,那么此种一般规范亦当有效。而通过渐次授权制定的一般规范对司法机关在程序和实体(个别规范)上均具有约束力,且司法判决的内容在很大程度上是由一般规范预先决定的。[4]

《宪法》、《地方各级人民代表大会和地方各级人民政府组织法》和《立法法》关于我国法律体系的层级结构、不同层级行政规范性文

---

[1] 参见彭中礼:《法律渊源论》,方志出版社2014年版,第102页。
[2] 参见[奥]凯尔森:《法与国家的一般理论》,沈宗灵译,商务印书馆2013年版,第173-243页。
[3] 参见[美]E.博登海默:《法理学:法律哲学与法律方法》,邓正来译,中国政法大学出版社2004年版,第134页。
[4] 参见[奥]凯尔森:《法与国家的一般理论》,沈宗灵译,商务印书馆2013年版,第190-201页。

件的制定依据都有明确的规定。

在形式上,《宪法》和《地方各级人民代表大会和地方各级人民政府组织法》明确了行政规范性文件的多级制定主体和制定权限;在内容上,行政规范性文件是在宪法、法律、行政法规、规章的基础上制定的。行政规范性文件似乎可以被视为我国法律体系的组成部分。但是,即便其在形式上符合规范等级体系的"金字塔"结构,也并非当然属于凯尔森所指的法律秩序统一性下的规范等级体系。因为,"基础规范仅建立一定的权威,这个权威可以依次把创造规范的权力授予某些其他权威"。"创造规范的权力从一个权威被委托给另一个权威;前者是较高的权威,后者是较低的权威。"[1]法律规范等级体系是在渐次授权的基础上逐渐展开的,最终构成具有普遍约束力的"金字塔"。因此,若想将行政规范性文件纳入我国法律体系,必须考察其是否有明确的授权依据。同时,还应确保这种授权依据有着从宪法、法律、行政法规、规章、行政规范性文件始的延续性。

(四)行政规范性文件并未被授予创造一般规范的权力

行政规范性文件是行政主体依据《宪法》第89、90、107条和《地方各级人民代表大会和地方各级人民政府组织法》第73、76条在权限范围内发布决定和命令的结果。凯尔森将行政机关在立法机关发布的一般规范基础上制定的其他一般规范称为"条例或命令",同样使用了"命令"一词。同时,本书"导论"部分对行政规范性文件与行政命令进行辨析时,已经指出行政规范性文件实际上即作为抽象性的行政命令。如此,可否认为《宪法》和组织法赋予了不同级别行政主体创造具体规范的权力?

首先,从语境来看,凯尔森所言之"命令",应当作狭义的行政立法理解,而不得扩大至行政主体所发布的任何行政命令。凯尔森是在指出"有些宪法给予某些行政机关,例如国家元首或内阁部长以制定详细法律条款的一般规范"之后,对"命令"进行的论述,意在描

---

[1] [奥]凯尔森:《法与国家的一般理论》,沈宗灵译,商务印书馆2013年版,第177页。

绘立法机关"委托立法"的现象。在其著作《法与国家的一般理论》第二编"国家论"第三章"分权"部分有对应观点：立法机关具有优先地位，但宪法可授予行政部门首长以立法职能，行政机关可被授予创造称为命令或法规的一般规范，该一般规范系在授权基础上作出的因此和立法机关立法有同样性质。[1] 因此，凯尔森所言之命令，乃行政主体行使委托立法权的体现，是行政立法的一种。并且，《宪法》和组织法中关于行政主体发布的"命令"，也并非局限于抽象行政行为，学说上既有观点将其理解为具有普遍效力的非立法性规范（与行政规范性文件相似），也有观点认为其是具体的行政行为。[2] 比较法上，对于命令或行政命令的内涵或使用场景则更为多样，但主要是将其放置于行政立法的背景下讨论。如英国法律体系中的命令属委任立法范畴，[3] 美国行政法上的行政命令，指行政机关根据国会授权所制定，涉及行政机关和个人之关系的规范性文件。[4] 日本行政法意义上的命令，指由行政权制定的法，分为法规命令和行政规则。其中，法规命令是指由行政主体制定的，涉及行政相对人权利义务的一般性规范；行政规则指行政机关制定的，与国民权利、义务不直接发生关系之规范。[5] 德国将行政命令分为法规命令和一般命令。法规命令指具有法规效力但不以法律形式发布的国家意志表达，[6] 一般命令则是具体行为的一种，是行政机关针对特定事件采取的对外产生法律效果的主权措施。[7] 因此，凯尔森所指的"命令"

---

[1] 参见[奥]凯尔森：《法与国家的一般理论》，沈宗灵译，商务印书馆2013年版，第386－388页。
[2] 参见姜明安主编：《行政法与行政诉讼法》（第8版），北京大学出版社、高等教育出版社2024年版，第269页。
[3] 参见张越编著：《英国行政法》，中国政法大学出版社2004年版，第556－558页。
[4] 参见江国华编著：《中国行政法（总论）》，武汉大学出版社2012年版，第29页。
[5] 参见胡晓军：《行政命令研究——从行政行为形态的视角》，法律出版社2017年版，第25页。
[6] 参见[德]奥托·迈耶：《德国行政法》，刘飞译，商务印书馆2002年版，第86页。
[7] 参见[德]哈特穆特·毛雷尔：《行政法学总论》，高佳伟译，法律出版社2000年版，第196页。

和《宪法》《地方各级人民代表大会和地方各级人民政府组织法》不是同一概念，前者局限于基于宪法和立法机关授权的行政立法。在《立法法》并未明确规定行政规范性文件这一"法"形式的前提下，是无法将行政规范性文件视为行政立法的。

其次，授予行政管理职权并不等同于授予立法权。行政主体可以在职权范围内制定行政规范性文件，而在众多法律或行政法规中会有由某某部门负责某某事项的表述，此类表述，往往会被误认为行政主体可据此进行立法。但合法有效的立法授权，应当有典型的表述要求。比较法上，德国对于授权立法采取了严格主义的授权模式，要求法律在授权时必须规定授权的内容、目的和范围。[1] 而在判断一项法律授权是否合格时，便要考察该种授权是否提供了基本方向，且该种方向应当为行政相对人预测可能规则提供充足信息。美国则采取了概括主义的授权模式，虽然授权时需要附加"可理解的原则"的要求，法院也认可概括性授权可以赋予规范性文件以权威，但是规定立法性规则需要经过《美国联邦行政程序法》所规定的通告评论程序，从而保证了授权立法的权威性。[2] 遍布于我国法律中的所谓"授权立法"中的"授权"只是授予事权，而非授予立法权。如《种子法》第3条规定"县级以上地方人民政府农业农村、林业草原主管部门分别主管本行政区域内农作物种子和林木种子工作"，该种规定只是在组织法意义上明确了行政主体的职权范围，并不能视为法律授予行政主体制定具体种子管理规范的依据。[3] 相反，《水法》第48条第2款规定"实施取水许可制度和征收管理水资源费的具体办法，由国务院规定"，则是明确授予了国务院制定有关规范的权利。

---

[1]《德国基本法》第80(1)条规定："联邦政府、联邦部长或州政府可经法律授权颁布行政法规。对此，法律须规定授权内容、目的和范围。"
[2] 参见俞祺：《规范性文件的权威性与司法审查的不同层次》，载《行政法学研究》2016年第6期。
[3] 参见俞祺：《上位法规定不明确之规范性文件的效力判断》，载《华东政法大学学报》2016年第2期。

需要注意的是，有学者主张该种授权仅指定了主体，对于应当如何操作却没有任何说明，不能产生立法授权的权威性。[1] 本书认为，此种表述相对于仅规定职权的表述，更明确地表达了授予有关行政主体制定某一事项的管理规范，应当认可为立法上的授权。

最后，严格限制行政立法的权限和形式是近现代国家权力配置的共识。一方面，立法权应当由立法机关行使；另一方面，出于各种考虑，行政主体又会被赋予部分行政立法权。如何协调立法机关和行政机关的立法权限并有效限制行政立法是近现代立法学和行政法学关注的焦点。从保罗·拉班德的"双重法律概念理论"到德国行政法学之父奥托·迈耶和安许茨关于"法律的法规创造力"原则和"法律保留"原则的争论，再到"二战"后日本行政法学者对上述经典观点的反思和发展，最终形成了"否定自主行政立法""施行更为严格的授权原则"的现状。其中，"双重法律概念理论"认为，应当从实质和形式两个层面去理解狭义上的法律概念。实质意义上的法律概念以国家意志的内容为核心，而形式意义上的法律概念则是该种国家意志的表现形式。实质意义上的法律实质包含"法规"内容的法律规范，而形式意义上的法律则是立法机关经过立法程序所形成的法律规范。该原则的意义在于：若行政机关想发布实质上的法律，必须获得形式意义上的法律的个别授权，而不属于法规的事项，议会立法和行政立法都可以规定。"法律的法规创造力"原则认为，只有法律才拥有对国家和个人的普遍约束力，一切法规均应由法律来创造。该原则明确了立法权行使的两项方式，即由立法机关亲自行使或委托行政机关进行行政立法，同时，行政机关非经授权，不得创制一般规范。"法律保留"原则认为，行政机关若实施侵害公民自由和财产的行为，就必须获得法律（议会）的授权。[2] 在英美法系国家，美国

---

[1] 参见俞祺：《规范性文件的权威性与司法审查的不同层次》，载《行政法学研究》2016年第6期。

[2] 关于各项学说的演变及不同主张，详见黄宇骁：《也论法律的法规创造力原则》，载《中外法学》2017年第5期。

同样严格区分立法性规则和非立法性规则,并经过一系列案例形成了识别非立法性规则中含有立法性内容的裁判规则,意在杜绝行政机关利用非立法性规则行立法之实。[1] 在我国,《立法法》第11条详细列举了只能制定法律的11类事项,第72、93条同样明确了国务院或地方人民政府在法律的基础上可以制定行政法规、规章的事项,对规章的立法权限规定得极为详细,且明确"没有法律、行政法规、地方性法规的依据,地方政府规章不得设定减损公民、法人和其他组织权利或者增加其义务的规范"。因此,基于立法权限分配的法治逻辑,可以认为,《立法法》事实上起到了明晰我国立法权限,严格限制行政立法的作用,实际上其也否定了行政规范性文件作为我国法律体系的组成部分的地位。

(五)结论

行政法学界对于行政规范性文件法律渊源地位的疑惑,源于对其规范属性的认识。首先,如上一章指出,行政规范性文件的权威性和普遍约束力不得等同,行政规范性文件之于司法机关仅是参照适用,而无约束力。因此,行政规范性文件并不具有普遍约束力,这也体现了其非规范属性。其次,正如本章前文的论述,即便行政规范性文件有《宪法》及组织法上的明确规定,看似符合从宪法到法律到行政法规再到行政规范性文件的规范等级体系,但规范等级体系成立的基础,是须有明确的层层授权。《宪法》和组织法上的明文规定,仅是对行政主体相关管理职权的授予,其将行政规范性文件作为行政职权行使的方式,并非授予了行政主体立法权。行政规范性文件不属于行政立法的范畴,我国立法机关关于法律体系的范围的认定也早已将其排除在外。因此,行政规范性文件不应属于我国法律体系的组成部分,这也是其不应具有普遍约束力的根源。最后,行政规范性文件的抽象性和权威性、适用对象上的普遍性,使其与法律规范具有高度的相似性。突出表现在其"假定、处理、制裁"的规范结构

---

[1] 参见高秦伟:《美国行政法上的非立法性规则及其启示》,载《法商研究》2011年第2期。

可以成为行政诉讼、民事诉讼裁判说理的大前提。综上,本书认为,行政规范性文件虽然不是我国法律体系的组成部分,但鉴于其在形式上和法律规范高度相似,在功能上和法律规范的高度契合,亦可将其视为"准规范"。

二、体系视角下行政规范性文件的一般性法律渊源地位

如前所述,不同部门法,乃至不同部门法内部,对于行政规范性文件的法律渊源属性均存在争议。其根本原因,是对法律渊源内涵的理解不同。若采立法立场的法律渊源观,因行政规范性文件并非我国法律体系组成部分,自然不应承认其为法律渊源;若采司法立场的法律渊源观,因行政规范性文件是我国司法实践中重要的裁判说理依据,当然应认可其为法律渊源。作为我国比较特殊的一类抽象性文件,行政规范性文件虽然不属于法律体系的组成范围,但是并不意味着其被完全排除在法律体系之外。或者说,无论是从立法还是从司法层面,行政规范性文件与法律体系内的各级规范性文件之间,均可实现动态联系以及功能上的互补。在此,本书将超越法律体系,考察行政规范性文件的法律渊源价值。

(一)体系应当是动态的、开放的且有包含行政规范性文件之余地

凯尔森构建了规范等级体系的内部秩序与动态过程,同时阐述了法律体系即通过立法授权形成的一般规范的形成机制。他认为,"法律秩序是一个规范体系"[1],构成法律秩序的法律规范具有多元性和等级性,共同构成一个统一的规范等级体系。这种体系化的思维,为我们重新认识一国的规范体系提供了新的视角。但是由于凯尔森关于法律体系的观点过分强调其内部统一性和封闭性,从而忽略了实践视角下超乎法律体系之外的内容考察。与此相反,哈特则强调法律体系的开放性。他指出,法律体系的开放性不仅来自自然

---

[1] [奥]凯尔森:《法与国家的一般理论》,沈宗灵译,商务印书馆2013年版,第173页。

语言的开放结构及由此带来的法律规则的开放结构,更由于意义自身与日常生活的不可分割。从日常生活中生成出来的意义,通过初级规则和次级规则的结合,被转制进入法律体系,成为法律规范。[1]借助哈特关于法律体系开放性的观点弥补凯尔森的规范等级体系的不足,学者指出,法律体系是开放的,法律规范作为意义以及法律体系的生成意义结构,必须由人民的生活形式、生存状态、实践决定,实现法律体系的良好运作在根本上就是要将人民在实践中形成的标准作为连接法律体系内外的桥梁。[2]

卡尔·拉伦茨在《法学方法论》一书中则更加强调体系在法学理论研究和规范实证中的作用。他将法学上的"体系"分为外部体系和内部体系两种,外部体系是由规范构成、依形式逻辑规则构建之抽象、一般概念的体系,其是法学具有"学术性"的证据。[3] 而内部体系则是由法律原则("秩序观点")组成,为司法裁判提供具体化的价值判断或价值标准的体系,是"在从事法律规范时指示方向的标准,依凭其固有的信服力,其可以正当化法律性的决定"。[4] 外部体系意在在法律规范的基础上通过概念涵摄完成法律适用的过程,内部体系的意义则体现在目的论的解释标准以及"在有借鉴于彼而从事法的续造"。[5] 虽然拉伦茨并未明确指出外部体系和法律规范、内部体系和法律原则之间的关系,但是他指出,"与本书及卡纳利斯所采用的术语不同,帕夫洛夫斯基将此种仅由'秩序观点'构成的体系称为'外部'体系,而将规范所构成的观点体系称为'内部'体系,

---

[1] 参见叶一舟:《意义的悬置与复归——建构历史包容的法律体系理论》,载《政法论坛》2019年第1期。
[2] 参见叶一舟:《意义的悬置与复归——建构历史包容的法律体系理论》,载《政法论坛》2019年第1期。
[3] 参见[德]卡尔·拉伦茨:《法学方法论》,陈爱娥译,商务印书馆2003年版,第316-317页。
[4] 参见[德]卡尔·拉伦茨:《法学方法论》,陈爱娥译,商务印书馆2003年版,第348-349页。
[5] [德]卡尔·拉伦茨:《法学方法论》,陈爱娥译,商务印书馆2003年版,第348页。

因为后者使三段论的推论变得可行"。[1] 由此可见,在拉伦茨的体系观点里,外部体系是规范体系或者法律体系的上位概念,而法律原则又包含于内部体系之中。[2] 同时,外部体系是对内部体系的具体化,内部体系是构建外部体系的基础,"诸多规范之各种价值决定得借此法律思想得以正当化、一体化,并因此避免其彼此间的矛盾"。[3] 同时,拉伦茨指出内部体系是开放的,因为法律原则会在协同上产生变化,也会有新的原则被发现,更为重要的是,"一如法秩序,体系亦非静态,而系动态的,换言之,其亦具有历史性的结构"。[4] 拉伦茨强调内部体系的开放性而并未明确外部体系的开放性,但是,外部体系的动态开放可以轻松推理出来:一方面,正如拉伦茨援引卡纳利斯关于法秩序的可变性的观点,作为法秩序载体与表现形式的体系本身会随着秩序变化,作为体系组成部分的外部体系同样会随之变化。另一方面,内部体系通过立法或司法不断具体化,外部体系是内部体系的体现,作为外部体系的基石的内部体系发生变动,势必会影响外部体系的表达形式和组成结构。简单地说,作为法律原则具体化的法律规范,会随着法律原则的变化而变化。

对凯尔森规范等级体系的批判与改良,以及拉伦茨关于法律内外体系的动态结构的阐述,均表明了体系的开放性。无论是作为体系生成主体的人民的实践,还是法律原则的变动和调整,均会导致体系的动态变化。法律体系作为一国法律规范的集合,既具有一定程度的封闭性和稳定性,也具有外部结构的开放性和特定的规范生成

---

[1] 参见[德]卡尔·拉伦茨:《法学方法论》,陈爱娥译,商务印书馆2003年版,第48页。
[2] 魏德士关于体系的内外部划分与之一致,其认为,外部的、形式的秩序体系是指对法律材料进行形式上的划分(如拥有各自部分领域的民法、公法、刑法);内部体系是按照人们追求的、协调的价值结构所形成的法律规范内部秩序,是实质性的序位秩序、价值体系。参见[德]伯恩·魏德士:《法理学》,丁晓春、吴越译,法律出版社2013年版,第321页。
[3] [德]卡尔·拉伦茨:《法学方法论》,陈爱娥译,商务印书馆2003年版,第316页。
[4] 参见[奥]凯尔森:《法与国家的一般理论》,沈宗灵译,商务印书馆2013年版,第359页。

路径。也正因如此,行政规范性文件虽然不属于法律体系的有机组成,但因体系的动态开放,使其有了在法律内部体系指引下融入外部体系的可能,而该种可能的塑造路径和机理,则是法律渊源理论的价值所在。

(二)法律渊源作为内部体系的具体化方式和外部体系形成路径

无论是立法还是司法,二者均是对内部体系不断具体化的过程。内外体系的开放性,以及体系和法律渊源间的动态关系,对于我们验证和重新认识法律渊源及其司法适用具有重要意义。

首先,内部体系具体化路径的多元性决定了法律渊源的多元性。凯尔森指出,法律渊源是指"它被用来不仅指上面提到过的创造法律的方法,即习惯和立法("立法"一词是就广义上理解,也包括了通过司法和行政的行为以及法律行为的创造法律),而且也被用来说明法律效力的理由尤其是最终理由"。[1] 凯尔森认为,习惯、司法和法律行为,同立法一样,均可创立一般规范。因其对"规范"这一概念有扩大使用的倾向。本处所使用的"一般规范",显然应当作法律渊源理解,而非制定法理解。如此则肯认了习惯法、先前判例、契约同制定法一样均是法律渊源。在拉伦茨看来,立法和司法均是内部体系具体化的过程,其中司法是尤为重要的路径。在将法律解释的目标定义为"在历史上立法者的规定意向及其具体的规范想法基础上探寻今日法秩序的标准意义"的前提下,尤其是在允许法官偏离先前解释、超越法律计划进行"法的续造"时,[2] 以制定法为基础的多元法律渊源便是应有之义。外部体系的开放性,决定了法官在裁判时即在对内部体系进行具体化时不必拘泥于制定法提供的规则,而可以超越制定法寻找裁判规则。正如奥斯丁指出,"在实在法不

---

[1] 参见[奥]凯尔森:《法与国家的一般理论》,沈宗灵译,商务印书馆2013年版,第203页。
[2] 参见[德]卡尔·拉伦茨:《法学方法论》,陈爱娥译,商务印书馆2003年版,第199、246-305页。

能提供任何指导意见和参考意见的情形下,法官所能做的一切就是像立法者一样行事,并创制能完满地处理这个问题的新的规则"。根据奥斯丁的观点,制定这种新规则时,法官可以诉诸"各种渊源",这些渊源包括"不具法律效力但却得到整个社会或社会某个阶层公认的习惯、国际法准则,以及他本人关于法律应当是什么的观点"[1]。

其次,内外部体系的不同分工决定了司法适用中法律渊源的位阶性。因为外部体系通过抽象概念为法律适用提供了涵摄的可能,而内部体系既为外部体系的形成和法律涵摄提供了抽象逻辑,又通过其内在的法律思想和评价标准使超越个别规整成为可能。司法机关在司法裁判时应当首先适用制定法。"法官对于法律用语不可任意附加意义,毋宁须以受法律及立法者拘束的方式,来发现法律的语义内容。"科赫和吕斯曼将这种以逻辑涵摄的方式(将案件事实的描述归属于该法规范之下)来适用法律的模式称为"演绎的说理模式",而这种模式的好处在于,"借此比较容易控制必要的推论环节是否并无漏洞"。[2] 为实现平等处理并维护先前决定,法官必须接受法律之法的拘束。[3] 而当外部体系无法提供有效的裁判解决方案或者所提供的裁判方案与内部体系矛盾时,法官便有权依据内部体系所确立之法律原则进行法律的漏洞填补或超越法律的续造。《民法典》第 10 条、《瑞士民法典》第 1 条关于民法渊源适用先后顺位的表述,则是内外部体系分工不同的结果。关于超越外部体系时进行法律创造所选用的素材以及适用的先后顺序,不同学者有不同的主张。但是"制定法优先"无疑是一项共识性原则,[4] 而其他法源

---

[1] [美]E.博登海默:《法理学:法律哲学与法律方法》,邓正来译,中国政法大学出版社 2017 年版,第 458 页。
[2] 参见[德]卡尔·拉伦茨:《法学方法论》,陈爱娥译,商务印书馆 2003 年版,第 34 - 35 页。
[3] 参见[德]卡尔·拉伦茨:《法学方法论》,陈爱娥译,商务印书馆 2003 年版,第 41 页。
[4] 彭中礼在《法律渊源论》一书中详细考察了"制定法优先"原则,并论证了其民众动因、利益动因、目的动因、根本动因和司法表征。参见彭中礼:《法律渊源论》,方志出版社 2014 年版,第 220 - 212 页。

的顺位选择则基于不同法系、不同部门法、不同立法及司法实践而较为多元。

最后,内部体系的开放性和历史性,决定了法律渊源的动态性,该种动态与一个法律秩序特定的历史实践有关。法学上关于内部体系所作的全部陈述均有双重限制保留:一方面,如同任何科学,其受将来更优认识的限制;另一方面,受到基本评价标准之稳定性的限制,这些标准在法律文化的历史发展中逐渐显现、演变。[1] 在不同法系、不同时代、不同文化和政治背景的法律秩序统一体中,法律渊源的种类和位阶均有不同且处于变动之中。如在西方中世纪时期,法律和宗教间的关系千丝万缕,哈罗德·J.伯尔曼甚至称罗马法是"教会法的一个侍女"。[2] 同样,原《民法通则》第6条将国家政策列入民法渊源,比较法上显然迥异。而《民法典》第10条却仅列法律和习惯为民法渊源,排除了法理,与《瑞士民法典》的做法又不同,显然体现了我国立法时对中国情况的考察。鉴于此,虽然行政规范性文件不属于我国法律体系的组成部分,但是因其权威性及在实现我国法律秩序中的积极作用,不妨碍其在特定条件下成为民法特殊法源。

综上,在内外部体系的开放性和动态性下,法律渊源具有多元性、位阶性和动态性的特征。在借由外部体系无法完成涵摄或法律规范付之阙如时,需要借助内部体系的其他具体化过程实现司法裁判。从这个意义上讲,法律渊源既是内部体系的具体化过程,又是制定法之外的法律的生成路径。因此,虽然行政规范性文件并非我国法律体系的组成部分,但在因外部体系存在漏洞而需求助其他内部体系具体化路径时,需要借助制定法之外的法律渊源完成涵摄过程。作为我国特殊法律渊源的行政规范性文件,便因此有了司法适用的

---

[1] 参见[德]卡尔·拉伦茨:《法学方法论》,陈爱娥译,商务印书馆2003年版,第359页。
[2] 参见[美]哈罗德·J.伯尔曼:《法律与革命——西方法律传统的形成》,高鸿钧等译,中国大百科全书出版社1993年版,第253页。

空间。所以,虽然不同部门法对行政规范性文件的法律渊源属性有争议,但是着眼于行政规范性文件的体系价值,在现代法律渊源观向司法立场不断发展的背景下,我们应当肯定行政规范性文件的一般性法律渊源地位。

三、"找法"视角下行政规范性文件的特殊民法渊源地位

通过对《民法典》第10条的法教义分析,可以得出行政规范性文件是民法渊源的结论。而行政规范性文件的民法渊源地位,正是由《民法典》第10条的功能价值决定的。《民法典》第10条参考了《瑞士民法典》第1条的体例。实际上,《瑞士民法典》第1条在拟定之时,便融合、体现了丰富的民事裁判方法论意义。民法渊源条款的裁判方法论意义,也是我们理解《民法典》第10条蕴含的我国民事司法裁判规则,厘清行政规范性文件的民法渊源地位的关键。

(一)"法官不得拒绝裁判"的义务约束和对制定法体系突破的权利赋予

《法国民法典》第4条规定:"法官借口法律没有规定或者规定不明确、不完备而拒绝审判者,得以拒绝审判罪追诉之。"[1]该条明确了"法官不得拒绝裁判"原则,并且成为成文法系的共识。但问题随之而来:该条中的"法律"的范围如何?是否仅限于民法典?在位阶上是否仅限于法律?假如"法律"没有明确规定,法官又应当根据哪些事项来裁判,从而避免构成拒绝裁判罪?

民法渊源条款的重要价值,在于明确了民事裁判应当依据的事项(民法渊源),确定了"法律"的范围。《法国民法典》和《德国民法典》未规定法源条款,根本原因是立法者在制定两部法典时,仍信奉"概念法学面目"笼罩下的制定法实证主义,盲目相信制定法能够成为构建的"封闭完美的私法体系"。[2] 即便是《瑞士民法典》,其立

---

[1] 参见罗结珍译:《法国民法典》,北京大学出版社2010年版,第1页。
[2] 参见姚辉:《民法典的实质理性》,载《中国政法大学学报》2013年第1期。

法者仍然受到德国概念法学的影响,深信瑞士民法制度已经形成了完备的概念体系,因此在该法第1条中明确制定法的绝对地位。[1]但与顽固的制定法实证主义不同的是,《瑞士民法典》第1条第3款最终在多次审议中得以完整保留,明确了制定法之外的其他民法渊源。这种体系也成为诸多成文法国家民法典立法时的参考。

《瑞士民法典》第1条的重要意义,一是解决了《法国民法典》和《德国民法典》等众多民法典未解决的制定法不完备性问题,二是使民法渊源突破了制定法的限制,拓展至习惯法、法官创设规则、学理和实务惯例等。[2]可以说,《瑞士民法典》摆脱了《法国民法典》制定时理想主义的影响,不再主张人类认识能力的绝对性,承认了制定法的局限性即法律漏洞的存在。[3]但基于"法官不得拒绝裁判"这一基本原则,法官不得以成文法的漏洞存在而不作为,而是应当积极寻找破解之道。瑞士学者对《瑞士民法典》第1条这样评议道:"法典和法律体系是一定不可混为一谈的,在我们看来所谓无漏洞指的是法律体系,法官不能以法律体系有漏洞而拒绝审判。"[4]此处的"法律体系",与前文所述一国的成文规范体系不同,乃是外部体系和内部体系之总和。因此,法官得突破成文法的限制,积极在体系内外寻找裁判依据。将制定法作为大前提的"三段论"式裁判,由于对外部体系概念涵摄的过分依赖,会因立法时的遗漏和随着社会发展新的法律概念的出现以及原有概念内涵的变迁,出现制定法无法提供大前提的困境。因此,在《瑞士民法典》将习惯、法理等内部体系引入裁判规则后,可以为民事裁判提供更加灵活丰富的大前提,也能保证裁判说理结果的可接受性。因而,相较《法国民法典》和《德国

---

[1] 参见李敏:《〈瑞士民法典〉"著名的"第一条——基于法思想、方法论和司法实务的研究》,载《比较法研究》2015年第4期。
[2] 参见李敏:《〈瑞士民法典〉"著名的"第一条——基于法思想、方法论和司法实务的研究》,载《比较法研究》2015年第4期。
[3] 参见徐国栋:《论民法的渊源》,载《法商研究(中南政法学院学报)》1994年第6期。
[4] 参见苏永钦:《"民法"第一条的规范意义》,载苏永钦:《私法自治中的经济理性》,中国人民大学出版社2004年版,第12页。

民法典》,《瑞士民法典》第 1 条的法源条款更加契合认识论和社会经济发展实际。因此,《瑞士民法典》堪称"19 世纪德语世界法典形式最成熟的果实"。[1]

(二)"找法"还是"造法":法源作为私法规范的发现和形成路径

民法渊源条款为法官的民事司法裁判活动提供了指引,授予了法官在制定法之外寻求裁判依据的权利。但是,对于法官在制定法之外寻求裁判依据的权利和过程,学界形成了"找法"(law - finding)和"造法"(law - making)两种不同的解读。

持"找法"观点的学者认为,民法法源条款并未授予法官在制定法之外创造裁判依据的权利。民法渊源条款对"法"的范围作了扩大,不仅包括制定法,法官还应在广义的"法"中寻找裁判依据。有学者指出,《瑞士民法典》第 1 条的另一重要意义,是在罗马法中传统的"找法"三层模式(法内、法外和反法三个方面的"找法")基础上进一步发展从而形成了现代意义上的"找法"体系:第 1 条第 1 款明确法官应先以法律解释方法对制定法进行解释;第 1 款后半部和第 2 款则明确了三种漏洞填补方法,即类推适用、习惯法和法官作为立法者对制定法进行补充。此种"找法"在内容上表现为依照制定法(secundum legem)、补充制定法(praeter legem)、背离制定法(contra legem)。而在顺序上则依次是制定法的解释、制定法的类推、习惯法的发现和法官以其作为立法者补充制定的规则。[2] 前文指出,《瑞士民法典》第 1 条中的"本法"应作广义理解。更进一步来讲,"本法"和"法律"系指在外部体系中通过各种法解释方法确定并最终构成的规范集合。"找法"的观点认为,民事裁判应当以制定法为中心,法官在寻求外部体系无果的情况下可以求助于内部体系(如

---

[1] 参见[德]罗尔夫·克尼佩尔:《法律与历史——论〈德国民法典〉的形成与变迁》,朱岩译,法律出版社 2003 年版,第 19 页。
[2] 参见李敏:《〈瑞士民法典〉"著名的"第一条——基于法思想、方法论和司法实务的研究》,载《比较法研究》2015 年第 4 期。

习惯、法理)进行裁判。"找法"的关键在于:遵循制定法及其解释、通过其他民法渊源填补或纠正制定法。在"找法"的体系下,法官的职责是发现与案件事实相近的规范,除受制定法约束外,还受其他类型的民法渊源约束。相应地,法官并无擅自创造新法的权利,仍应受到已有的民法渊源约束。

持"造法"观点的学者,则严格区分制定法和其他民法渊源,将制定法尚未规定的事项均视为法律漏洞,认为法官在现有法律体系之外寻找裁判说理依据的行为均是"造法"。该类观点认为,如果将法理、团体协约、习惯通通视为"法",则存在解释上的困难。[1] 上述事项之所以能够作为裁判说理依据,并不是因为它们本身是"法",而是因为法官在制定法之外,通过法律续造的权力行使,将之认可为"法"。主张民法渊源条款是以"造法"为中心的观点,认为法律授予了法官在制定法基础上进行法律续造的权利,法源条款指引了法官进行法律续造的方式和素材。在"造法"的观念下,民法渊源条款实际上赋予法官"造法"的权利,使法官在民事裁判中有了积极能动的地位。

"找法"和"造法"观点的差异,会影响法官在民事司法裁判中的地位。"找法"在明确法官依法裁判义务的基础上,肯认了法律渊源("法")的开放性和多样性,强调法官在制定法之外的民法渊源中寻求裁判说理依据的义务。"造法"则将制定法未规定的事项视为法律漏洞,赋予法官在立法者之外的法律续造的权利。相较"找法","造法"视角下的法官享有更大的司法裁判权限,相应地,对法官"造法"的规制也成为难题和重点。

本书认为,民法渊源条款兼具"找法"和"造法"两方面意义,既强调法官需要在多样的民法渊源中"找法",又赋予法官在制定法有缺陷时识别漏洞并填补漏洞、通过找到的民法渊源对制定法进行续

---

[1] 参见苏永钦:《"民法"第一条的规范意义》,载苏永钦:《私法自治中的经济理性》,中国人民大学出版社2004年版,第9页。

造("造法")的权利,兼具方法论与认识论的重要性。法官在进行民事司法裁判时,应当先检索法律体系(制定法),在现有法律体系中寻找明确的"大前提"。这也对应着《民法典》第10条前半段:"处理民事纠纷,应当依照法律。"这里的"法律",即指制定法。法官只有在用尽制定法后,方可"造法"。从民法渊源条款产生的背景及目的来看,其是为了弥补成文法的缺陷,即在成文法无规定时进行漏洞填补。但漏洞填补不得因噎废食,必须建立在优先适用制定法的基础上。瑞士学者指出,《瑞士民法典》第1条同时明确了法官需受法律约束和漏洞填补的权利。[1] 因此,民法渊源条款实际上具有"制定法适用+法律漏洞填补"两个层面的意义。第一个层面便是对制定法的遵循,即法官的依法裁判义务,该义务的实现首先乃是对制定法的穷尽。《瑞士民法典》第1条虽然在表述上使用"本法",但依瑞士学者通说,该"本法"应作制定法解释,并且包括兼属公法和私法双重性质的规范,如保险合同法、国际私法、道路交通法、产品责任法等。[2] 因此,依法裁判的过程,便是利用外部体系的概念要素,在整个法律体系内部寻找规范完成法律涵摄的过程。第二个层面,即便穷尽制定法,并不代表着法官必然可以直接诉求其他民法渊源进行"造法"。对于已为立法者预见而有意留白的法内漏洞,法官应当像立法者一样利用法律的原有资料和立法者的政策评价填补,且应当尽量避免与现行法的不一致。司法实践中,这主要体现在法官通过类推、目的性限缩等解释方法填补法律漏洞。法律解释方法的重要性,体现了制定法的基础性,因此,拉伦茨才将法官所为之法的续造称为"解释的赓续"。[3] 可见,《瑞士民法典》第1条通过简洁的条

---

[1] 参见[瑞士]艾姆尼格:《〈瑞士民法典〉之法官与法律的关系》,姜龙、沈建峰译,《法律科学(西北政法大学学报)》2013年第3期。
[2] 参见李敏:《〈瑞士民法典〉"著名的"第一条——基于法思想、方法论和司法实务的研究》,载《比较法研究》2015年第4期。
[3] 参见[德]卡尔·拉伦茨:《德国民法通论》,王晓晔等译,法律出版社2003年版,第246页。

文规定了法律解释、类推、适用习惯法、法官创设规则四种法律适用方法及其位序,区分了法律解释和漏洞填补两大范畴,并通过实务惯例将这两大范畴连通,形成一个有机整体。这也表明,民法渊源条款同时具有"找法"和"造法"两种功能,但若法官能够通过解释方法完成制定法的适用,便不得径直"造法"、通过制定法之外的其他民法渊源进行民事司法裁判。

"找法"和"造法"的不同观点,以及两种观点的融合,体现了对民法渊源认识论的发展。《瑞士民法典》第1条除明确法官超越制定法的权限外,最为重要的是,认识到了制定法的不足和民法规范来源的多样性。民法渊源条款使民法典成为一个开放性的体系,如果没有该种条款,将使民法典因无法从学说和生活中获得发展而陷入孤立无援之境地。[1] 苏永钦也指出,民法渊源条款的规范目的在于维持民法体系的开放性,使"民法"在社会不断的变迁中,除修法外,还可以经由法官审理个案去发现法律的漏洞并加以填补。[2] 在《民法典》编纂完成、我国进入民法典时代后,《民法典》第10条的重要意义则更加凸显。该条前段明确了制定法优先原则,这意味着法官必须首先在《民法典》内"找法",通过法律解释、充分利用法律原则条款和一般条款的方法得到法律适用的"大前提"。同时,该条前段中的"法律"除了《民法典》,还包括民事单行法、其他法律、行政法规、地方性法规等规范性法律文件。该条后段授权法官在制定法阙如的背景下,可以适用不违反公序良俗的习惯。如此,从处理民事纠纷的视角来看,法官可以通过"找法"和"造法"在更为宏大的民法内外体系中获得司法裁判方案。

因此,包括《民法典》第10条在内的民法渊源条款,在坚持制定法优先原则的基础上,肯认了现行法律体系随社会经济发展而呈现

---

[1] 参见张生:《民国初期民法的近代化——以固有法与继受法的整合为中心》,中国政法大学出版社2002年版,第185-186页。
[2] 参见苏永钦:《"民法"第一条的规范意义》,载苏永钦:《私法自治中的经济理性》,中国人民大学出版社2004年版,第8页。

不圆满性现实,授予了法官在"找法"基础上"造法"的权利,构建了开放的民法法源体系。

(三)民法渊源体系多元性与开放性下行政规范性文件的体系融入

民法渊源条款在赋予法官"找法"义务的同时,授予了法官"造法"的权利。一方面,法官"找法"需穷尽制定法且应积极利用法律解释方法,尽量在外部体系内完成裁判。另一方面,得益于民法渊源的开放性和多样性,法官"造法"时可采取多种渊源形式并享有自由裁量权。

民法渊源条款明确了法官的"找法"义务、赋予了法官"造法"的权利,并且强调法官应当优先通过解释方法辅助完成制定法的适用,这为行政规范性文件的民事司法适用提供了空间和可能。

首先,民法渊源的开放体系建立在制定法的基础上,而制定法的司法适用又包括法律解释方法的充分利用。《瑞士民法典》、我国《民法典》的民法渊源条款均明确,在无法律或法律没有规定的情况下,可以适用其他法源。此处的"法律没有规定",除了指依据概念涵摄无法搜寻到具体的法律条文,还包括通过运用法律解释方法仍然无法得到可以适用的规范性法律文件的情形。换言之,法律有规定而其含义不明时,应以解释方式阐明其意义,而不能径行适用其他民法渊源。[1] 而当行政规范性文件可以为法律解释提供解释路径或参考时,其当然有被民事裁判者接受的空间。司法实践中,往往会出现现行法律法规适用规则不明而行政规范性文件可提供确定性结论的情形。如原劳动部于 1995 年发布的部门规章《关于违反〈劳动法〉有关劳动合同规定的赔偿办法》(以下简称《赔偿办法》),是处理劳动纠纷的重要依据。该办法第 3 条明确,用人单位因违法给劳动者造成损失的,应当按劳动者本人应得工资收入赔偿其工资收入损失。但是实务中对于如何理解"劳动者本人应得工资收入"存在

---

[1] 参见施启扬:《民法总则》,台北,三民书局 2011 年版,第 80–81 页。

争议,该规章也未有明确规定。于是,原劳动部办公厅又于2001年出台行政规范性文件《关于用人单位违反劳动合同规定有关赔偿问题的复函》(劳社厅函〔2001〕238号)专门明确"劳动者本人应得工资收入"的含义。人民法院在相关司法裁判中指出,该复函是对《赔偿办法》的进一步解释,其与依据劳动法作出的《赔偿办法》等上位法并无冲突,且符合劳动法保护劳动者合法权益的立法宗旨,因此可作为裁判的参考。[1] 可见,在以特定事项尤其是事项构成法律条文中的概念时,贴近行政管理实务与生活实际的行政规范性文件往往可以提供更加确定的指引。法官在上位法不甚明确的时候,当然可以选择适用可以有效填补上位法漏洞、辅助上位法适用的行政规范性文件。

其次,制定法优先还包括法律原则条款和一般条款优先,行政规范性文件可以作为内部体系的具体化形式,借由法律原则条款和一般条款融入外部体系。法律自创生理论提倡者贡塔·托依布纳认为,法律系统在规范运行上是封闭的,其具有自我生产的能力而无须借助外部的力量。与此同时,法律系统在认知上又是开放的,此种开放主要通过法律原则和一般条款来实现,法律外的信息只有通过转变为法律自身的基因密码才能在法律系统中运行。[2] 原则的列举一方面可以为法律内的法的续造提供证立基础,另一方面可以最大限度地避免法律外的法的续造,从而使民法典具有更强的稳定性和适应性。[3] 一般条款的真正意义体现在立法技术领域,由于其具有很大的普适性,一般条款可能使一大组事实无漏洞地、有适应能力地承受一个法律后果。[4] 立法过程中法律原则条款和一般条款的设

---

〔1〕 参见广东省高级人民法院民事判决书,(2007)粤高法审监民再字第27号。
〔2〕 参见[德]贡塔·托依布纳:《法律:一个自创生系统》,张骐译,北京大学出版社2004年版,第111页以下。
〔3〕 参见方新军:《内在体系外显与民法典体系融贯性的实现——对〈民法总则〉基本原则规定的评论》,载《中外法学》2017年第3期。
〔4〕 参见[德]卡尔·恩吉施:《法律思维导论》,郑永流译,法律出版社2004年版,第153页。

置技术,可以加强成文规范对社会变迁所生之诉的应对能力。即便行政规范性文件在达成概念涵摄的情形下不能直接作为裁判依据处理民事纠纷,但因《裁判文书引用规定》肯定了其说理依据地位,行政规范性文件自然也可以借助制定法中的法律原则条款和一般条款融入民事司法。考察我国司法实践,行政规范性文件在实践中已然通过此种路径实现其民法渊源地位:以往关于国家政策民法渊源的研究成果表明,在《裁判文书引用规定》的约束下,行政规范性文件可以通过原《民法通则》的第4条(自愿、公平、等价有偿、诚实信用原则)、第6条(遵守法律和国家政策原则)、第7条(禁止权利滥用原则),以及原《侵权责任法》第2条(保护范围)等法律原则条款,融入民事司法裁判。[1] 以《农地"三权分置"意见》为例,在2018年的《农村土地承包法》修订之前,有关农地"三权分置"政策,正是依靠《农村土地承包法》第4条第1款"国家依法保护农村土地承包关系的长期稳定"[2]和第10条"国家保护承包方依法、自愿、有偿地进行土地承包经营权流转"[3]这样的一般条款成为民事裁判说理依据,从而实现国家政策在民事司法层面的落实。

最后,制定法之外民法渊源的多元性和开放性,使行政规范性文件的体系融入路径更加丰富。《民法典》第10条只规定了"法律"和习惯两种民法渊源。很显然,这种二分结构的民法渊源无法满足处理民事纠纷或者民事司法裁判的需要。根据《释法说理意见》第13条的规定,法官还可以运用公理、情理、民间规约、职业论证、立法材料、法理及通行学术观点等论证裁判理由,以提高裁判结论的正当性和可接受性。这表明,在制定法和习惯之外,依然有众多其他类型的

---

[1] 参见刘颖:《论民法中的国家政策——以〈民法通则〉第6条为中心》,载《华东政法大学学报》2014年第6期;张红:《论国家政策作为民法法源》,载《中国社会科学》2015年第12期等。

[2] 参见广东省惠来县人民法院民事判决书,(2017)粤5224民初222号;广东省揭阳市中级人民法院民事判决书,(2018)粤52民终5号等。

[3] 参见辽宁省沈阳市中级人民法院民事判决书,(2016)辽01民终13303号;湖北省利川市人民法院民事判决书,(2017)鄂2802民初3951号等。

民法渊源,也更加凸显了民法渊源体系的多样性和开放性。一方面,在《民法典》出台之后,民法研究势必将从立法论转向解释论,第 10 条民法渊源条款亦将成为解释对象,此点并不排除习惯以外的要素通过解释成为民法渊源。另一方面,最高人民法院的司法解释、指导性案例等,一直是我国民事裁判的重要参考,倘若采取司法立场的法律渊源观,上述事项自然有成为民法渊源的空间。因此,民法渊源的多元性和开放性,奠定了《民法典》第 10 条的丰富解释空间。同时,行政规范性文件与习惯、法理、法律原则、国家政策、司法解释等具有千丝万缕的联系,其间的转换渠道更是畅通无阻。行政规范性文件是国家政策的重要载体,共识认为,行政规范性文件所彰显的国家政策可以通过司法解释这一"显性"路径介入民事司法。[1] 此外,经由行政规范性文件确认的规则,一旦经社会遵守,便有成为习惯的可能。总之,在司法机关以制定法之外的民法渊源进行"造法"时,行政规范性文件可以通过融入该项民法渊源,成为裁判说理依据。上述内容均体现了行政规范性文件在民法渊源作为法律生成路径下的多样司法融入路径。

综上,行政规范性文件虽然不是我国法律体系的组成部分,但是从法律秩序统一性的角度出发,其依然具有明显的准规范属性,可以在一定程度上促进和辅助我国法律体系的功能发挥。从体系的视角考察,行政规范性文件是内部体系具体化的途径之一,可以借助法律渊源的多元性、动态性特征融入司法裁判的过程。虽然不同部门法学对于行政规范性文件的法律渊源地位存有争议,但是在司法立场的法律渊源观下,必须承认其一般性法律渊源属性。从放置民法语境下的法律渊源来看,行政规范性文件既可以构成法律适用过程中对成文法进行解释的重要依据,也可以构成习惯、指导性案例、类案等民法渊源的表征或内涵,从而介入民事司法。鉴于此,本书认为,

---

[1] 参见刘思萱:《论政策回应型司法解释》,载《法学评论》2013 年第 1 期;齐恩平:《国家政策的民法法源论》,载《天津师范大学学报(社会科学版)》2018 年第 2 期等。

行政规范性文件的民法渊源属于特殊的民法成文法源，准确地说，是民法准规范法源。

第二节　行政规范性文件私法适用的多元价值

行政规范性文件是公法性抽象性文件，是行政主体履行行政职责、行使行政职权的产物，具有强烈的公法属性。由此，公法与私法的学理区分也对行政规范性文件的民事司法适用提出了疑问。实际上，在我国立法和司法实践中，公法和私法的融合已经是不争的事实。一方面，《民法典》中有大量"接口"，将宅基地管理、法人登记、提存等事项引致至公法，也有不少转介条款为各种层级公法的私法适用提供了路径。另一方面，实践中，司法机关早已认可公法规范对于民事司法裁判的重要意义。可以说，脱离公法规范，民事司法裁判释法说理的效果也会受到影响。行政规范性文件是特殊的公法类成文法，其私法适用符合公私法融合的一般规律和价值，也有其作为民法准规范法源私法适用的特殊价值。

一、有利于促进公私法融合和公法私法化

虽然多数观点认同公法和私法的划分，但法理学界反对公私法划分者大有人在。分析法学派坚决反对公私法的划分，如奥斯丁主张公私法皆为主权者命令；凯尔森认为，国家与人民之间亦为权利义务平等之关系，无区分公法与私法之必要。社会法学派代表人狄骥也认为，一切法都是规定人与人之间的社会连带义务关系，既无权力服从关系，亦无权利义务关系。此外，无政府主义者也反对公法和私法的划分。[1]

近年来，关于公私法融合的主张愈来愈多。本书认为，对于公法

---

[1]　参见谢怀栻：《外国民商法精要》（第3版），法律出版社2014年版，第47页。

和私法的融合,可以参考日本学者美浓部达吉的论述。[1] 其主张公私法在权利义务关系及其种类,法律原因,关于人、物及事业等方面均具有共通性,这也构成了公私法转换的法理基础。部分法律关系如公共服务、公共交通等兼具公法与私法特性;部分权利如准物权之渔业权、矿业权,尤其是宪法所规定的人身自由、住宅权等公民基本权利,经由私法转化后,便同时受公私法保护、节制。公法行为可以成为私法关系形成的依据,私法行为也可以成为公法关系的要素,私法规律同样能够被公法关系参照适用。其主张,私法的公法化,已经成为现代民法发展之趋势,如所有权的公法限制、企业公共经营的公法限制、契约自由的公法限制,均是例证。结合我国民事立法及司法实践,所有权的公法限制如《民法典》关于不动产登记、征收、征用、物业管理等事项,规定私权主体行使所有权时应当受公权限制;企业公共经营的公法限制如国家关于环保节能的政策规定,可以决定企业经营设备的选用;契约自由的公法限制,如合同不得违反行政法规的强制性效力性规定、不得违背规章明确的公序良俗等。

行政规范介入私法以及民事司法,具有更为深刻的法治意义。首先,民事法律活动可能具有一定公法效果,从而应当纳入行政法的规制范围。所谓民事法律活动的公法效果,是指部分民事活动可能引起行政法律关系的变动。例如,订立买卖合同属于民事法律活动范畴,但是假如买卖的标的物属于枪支、弹药等管制物品或者管制类药物,将对公共秩序或公共安全产生影响,则必须在行政法框架内进行。又如,安保公司、靶场可以依法购买枪支、弹药,医院可以采购管制类药物,但普通民众若不符合行政管制订立相关买卖合同,将会因违反行政管制而被取缔。再如,机动车驾驶人未遵守交通法规导致交通事故,其行为既构成民法上的侵权行为,也可能属于《道路交通安全法》上的违法行为应受到行政处罚。

其次,民事交易活动的交易安全需要行政权保障。这种保障体

---

[1] 参见[日]美浓部达吉:《公法与私法》,黄冯明译,中国政法大学出版社2003年版。

现在三个方面和途径。一是设置行政许可,即行政机关通过许可的方式设置市场准入限制,通过市场准入门槛的方式从源头上保障交易安全。二是不动产统一登记。因为不动产价值较高,不动产交易标的额较大,为了维护不动产交易的安全,国家通过不动产统一登记制度,明确不动产权变动的方式和公示规则,以实现不动产交易的目的。三是特殊合同签订、变更的批准或登记制度。原则上,民事合同的签订遵循自愿原则,但是特殊民事合同,如技术进出口合同、专利转让合同、国家重大建设工程合同等,关涉公共利益,为减少此类合同签订和履行的风险,行政法也明确了相应的批准或登记制度。

最后,公有制经济也需要行政法实现。公有制的实现需要国务院的落实。根据《民法典》第246条的规定,国务院代表国家行使国有财产所有权。因国务院统一领导各部委以及全国地方各级国家行政机关工作,其对公有制经济也具有一定的监督职权。鉴于此,国务院作为国有资产代管人参与民事活动,也必须遵守行政法的规定。比如《民法典》第256条规定,国家举办的事业单位对其直接支配的不动产和动产,依照法律和国务院的有关规定享有收益、处分的权利。《民法典》第257条也规定,国家出资的企业由国务院、地方人民政府依照法律、行政法规规定履行出资人职责。

"人是生而自由的,但却无往不在枷锁之中",[1]私法关系亦得受限于公法关系。德国学者拉德布鲁赫指出,"行政法是社会的法律,在将来社会主义的福利国家中,如我们所料,民法可能会完全融合在行政法之中"[2]。虽然拉德布鲁赫所言未必可得实现,但于现时者而言,诚应正视公法对私法所作的限制,积极考虑其融合之道。这种公私法融合体现在民事司法层面,便是大量公法规范必然会成为裁判说理依据融入民事司法。在位阶上,依据《裁判文书引用规定》,公法性法律、行政法规、地方性法规等,当然是民事裁判依据;

---

〔1〕 [法]卢梭:《社会契约论》,何兆武译,商务印书馆1980年版,第8页。
〔2〕 [德]古斯塔夫·拉德布鲁赫:《法哲学》,王朴译,法律出版社2013年版,第191页。

规章和行政规范性文件同样可以作为说理依据成为释法说理的法律渊源。如前文所述，行政规范性文件对于公法体系具有重要的补充和促进作用。在借助公法规范进行裁判说理时，倘若公法性的裁判依据无法提供明确、有效的大前提，而行政规范性文件可以辅助裁判依据完成释法说理，当然不宜一概拒绝适用。由此观之，在公私法融合和公法私法化的背景下，必须坦然接受并肯认行政规范性文件民事司法适用的价值。

二、有利于更好发挥民法渊源的裁判依据形成功能

从司法裁判角度考察公私法融合或者公法私法化、行政规范性文件民事司法适用的过程，也是公法成为民事裁判说理依据的过程。民法渊源的多样性，决定了民事裁判不应局限于民法典或民事规范。当私法规范无法为民事司法裁判提供裁判方案时，基于制定法优先原则，当然应从公法成文规范中寻求可行、有效的裁判说理依据。如此，在民事司法裁判中，公法规范被借由民法渊源的多样性和开放性，被司法体系纳入、吸收。在此过程中，私法规范也相应地得到了延展、扩充。这样的过程，便是民法渊源生成私法裁判依据的过程。行政规范性文件通过对公法规范的辅助、促进作用，实现公法规范向私法规范的转化。

一方面，公法规范可以成为私法体系发展的基础及现实动力，从而引起私法体系的调整，并为其提供裁判说理依据。在此，本书将引入日本民法学界的"公私法协动论"。该学说在一系列公法私法适用的案例实践中形成，其中标志性、影响最大的案例当属"国立景观诉讼案"：在东京都国立市"大学路"一侧有正在施工的建筑，建筑的另一侧，有一条由樱花树、银杏树和低层街路树组成的景观道路"大学路"。该建筑计划高度43.65米，但因周边建筑均不超过20米，若该建筑建成，将遮挡住"大学路"的景观。包括一所学校和多个不动产所有权人在内的原告将建筑方诉至法院，请求停止施工、若施工完成则应拆除超过20米部分，并自建筑完成至拆除超过20米部分期

间按月支付景观破坏和日照侵害的抚慰金。原告提出的请求,除日照损害可以物权法中的相邻权作为依据外,基于景观破坏而提出的民事赔偿请求,则是依据《日本景观法》和《东京都景观条例》、《国立市都市景观形成条例》等公法规范提出的。面对该项基于公法提出的民事请求,此案历经东京地方裁判所、东京高等裁判所、日本最高裁判所,各级裁判均认可此种"景观利益",并指出"享受美好景观的惠泽的利益受法律的保护"。此案的重要意义体现在:一是强调违法性标准中的"行政法规第一次主义",指出景观利益的民法保护是违反行政法的附随效果,将是否违反行政法作为违法性判断的决定性因素。二是明确了行政法中可以包含民事裁判基准,行政法规的违反构成民法的违法性基础,就是此种典型。[1] 可见,"公私法协动论"肯认公法作为民事裁判依据的可能,并且将公法成为民事裁判依据的过程称为民事裁判依据的形成过程。这种过程的本质,则是民事规范从公法中汲取要素,以完成民事裁判说理。考察我国公私法互动的现实,可以发现这样的例子。比如,关于自然人姓名的变更规则,是由包括公安部行政规范性文件[2]在内的一系列公法规范明确的。在我国民法规定姓名权、明确相关变更规则之前,民事裁判正是借由这些公法规范和行政规范性文件来完成对相关民事纠纷的裁判的。[3] 2014年,全国人大常委会出台《关于〈中华人民共和国民法通则〉第99条第1款、〈中华人民共和国婚姻法〉第22条的解释》,其中包括姓名权在内的权利行使规则,无疑是在借鉴前述规范以及行政部门的多年实践经验的基础上形成的。该例也生动体现了公法规范在司法和立法层面对私法规范形成的积极作用。

---

[1] 中村哲也『民法理論研究』(信山社,2016年)342-347頁。
[2] 如公安部《关于父母离婚后子女姓名变更有关问题的批复》(公治〔2002〕74号)、公安部《关于父母一方亡故另一方再婚未成年子女姓名变更有关问题处理意见的通知》(公治〔2006〕304号)、公安部《关于对居民身份证姓名登记项目能否使用规范汉字以外文字和符号填写问题的批复》(公复字〔2008〕6号)等。地方公安厅、局制发的有关行政规范性文件更是浩如烟海。
[3] 参见张红:《姓名变更规范研究》,载《法学研究》2013年第3期。

另一方面,民事法律本身已预留各种明暗"接口",为大量公法规范介入民事司法提供了私法上的成文法基础。这体现在:第一,民法在保持规范的运行封闭同时又能够实现认知开放的重要途径,其中就包括法律体系内私法和公法之间的概念连接。[1] 而法官在进行"三段论"式的裁判判断时,概念上的涵摄往往会寻找到大量的规范集合,其中便包括公法规范。公法规范往往因事权而生,相比高度抽象的民法规范更接近个案事实。面对相较民事法律更能提供确切性指引的公法规范,民事裁判者往往会在裁判文书撰写中将其纳为裁判说理依据。最为重要的是,实践中,双方当事人会在现有成文法中寻找可能支持自己观点的规范。公法规范包含与案件事实相关的概念时,往往会成为支持其诉求的主张。此时,法官便不得不对能否采纳这些规范作出回应和评价。第二,民法典中的转介条款,可发挥将公法上的行为规范转介为私法规范的功能。转介条款为外部的公法规范的进入搭建桥梁,其被形象地称为民法典中的"特洛伊木马",而法官则居于公私法之间,通过解释的宽严决定公法规范、道德规范涌入民法的流量。[2]《民法典》第153、240、1165条,即典型的转介条款,代表着整个法律体系对法律行为、事实行为、私有财产的限制和规范。对于《民法典》第153条,公法性法律、行政法规同样可以作为"强制性规定"否定民事行为效力。对于《民法典》第240条,所有权人"依法"占有、使用、收益、处分不动产或动产,所依之"法"也当然包括大量公法性规范。对于《民法典》第1165条,大量公法上的管制性规范同样可以作为认定侵权行为人过错的依据介入侵权责任认定。第三,民事法律中大量引致条款直接授权司法机关适用有关公法规范。以宅基地使用权为例,原《物权法》第153条规定:"宅基地使用权的取得、行使和转让,适用土地管理法等法律和

---

[1] 参见方新军:《融贯民法典外在体系和内在体系的编纂技术》,载《法制与社会发展》2019年第2期。
[2] 参见方新军:《民法典编纂技术中的规范运用问题》,载《人民法治》2017年第10期。

国家有关规定。"该条将宅基地物权关系处理引致到《土地管理法》和"国家有关规定",而《土地管理法》中关于宅基地之规定尚不足涵盖我国现实中全部宅基地管理和利用事项。因此,大量作为"国家有关规定"的规章和行政规范性文件成为宅基地权利行使和司法裁判纠纷处理的重要依据。[1]《民法典》中同样有引致条款,将民法典规定法人的成立和终止、不动产登记的范围和登记办法、个人征信信息处理、医疗机构过错推定[2]等事项引致至行政法规。此类引致条款,在公私法两分的前提下,实现了私法和行政法的外部接轨,亦构成了民事司法裁判的约束,明确了民事裁判者必须在公法体系中"找法"的义务。如此,行政规范性文件也在"找法"的过程中,得以融入民事司法裁判过程。

三、有利于促进"凡属重大改革都要于法有据"的私法实现

从"限购令"到"减排令"再到农地"三权分置",这些改革政策均是通过行政规范性文件的形式发布并传达到全国各地的。中共中央、国务院颁布的改革政策,与民事活动息息相关,并且会对民事司法裁判产生影响。2014年2月28日,习近平总书记在中央全面深化改革领导小组第二次会议上讲话指出,"凡属重大改革都要于法有据"。《中共中央关于进一步全面深化改革、推进中国式现代化的决定》再次强调,"在法治轨道上深化改革、推进中国式现代化,做到改革和法治相统一,重大改革于法有据、及时把改革成果上升为法律制度"。这要求我们要处理好改革决策和立法决策的关系,把深化改革同完善立法有机地结合起来。改革过程当中要做好法律的立、改、废工作。涉及法律规定的改革试点,都必须有法律规定或者法律

---

[1] 如原国土资源部于2004年发布的《关于加强农村宅基地管理的意见》,国务院办公厅于2007年12月颁布的《关于严格执行有关农村集体建设用地法律和政策的通知》,原国土资源部于2008年7月发布的《关于进一步加快宅基地使用权登记发证工作的通知》(已失效)等。

[2] 参见《民法典》第58、68、210、1030、1222条。

授权。[1]除了在公法上通过法律的立、改、废实现改革的法制供给，在私法上，同样也需要实现"凡属重大改革都要于法有据"。只有如此，才能将改革举措落实到具体日常生活，使其沉淀到民事司法这一层面。在私法层面以法治思维和法治形式贯彻落实国家有关改革举措，即"凡属重大改革都要于法有据"的私法实现。此种私法实现的法理及具体路径，主要体现在以下方面：

首先，"凡属重大改革都要于法有据"中的"法"并不限于狭义的法律。必须承认，立法尤其是制定基本法律并非短期内可以迅速完成的。从立法技术上来看，立法机关任务繁重，无法做到事无巨细，而授权地方政府或行政部门发布行政命令可减轻立法负担。并且，对于部分特殊领域的事项或技术问题，也宜交由对应行政部门进行立法。倘若将"于法有据"之法限定为狭义之法律，便会陷入"改革的法治陷阱"，[2]使改革难以推进甚至停滞不前。从改革与法治的辩证关系出发，应该强调在动态中把握并调整改革对法治的适当突破并给予此种突破以更为宽容的态度。对"于法有据"之"法"不应作狭义解释，亦不应限制为法律条文，而应对其作宽泛理解和定义：第一，除了立法、改法、释法，倘若可以通过法律推理、法律解释等方法，从现行立法中得出与改革政策一致的结论或方案，便可暂时不对现行立法作出调整。第二，作为改革依据之"法"不应仅指制定法，还应包括法律价值、法律精神、法律规范、程序和法律方法的广义的"法"。[3]这样可以将改革政策的法制供给向法治供给深化，为改革政策的落地提供更加全面的法治保障。

---

[1] 参见《凡属重大改革都要于法有据——全国人大有关负责人就人大立法和监督工作答记者问》，载中国人大网，http://www.npc.gov.cn/zgrdw/npc/xinwen/2014-03/10/content_1847380.htm。

[2] 所谓"改革的法治陷阱"，是指一部分人从捍卫既得利益出发，以强调法律意义的安定性名义进而反对改革变法。参见陈金钊：《"法治改革观"及其意义——十八大以来法治思维的重大变化》，载《法学评论》2014年第6期。

[3] 参见陈金钊：《"法治改革观"及其意义——十八大以来法治思维的重大变化》，载《法学评论》2014年第6期。

其次,实现"凡属重大改革都要于法有据"是一个动态发展的过程。从中共中央、国务院提出改革到最后落实为法律文本,会经历政策合法化和政策法律化的过程。所谓政策合法化,是指在政策提出之后,由有权主体根据法定权限和法定程序,以审批、签署、颁布等方式使政策方案获得合法性地位的过程。而政策法律化,则是指政策经由立法程序成为一国法律体系之组成,同时当然获得合法地位。[1]考察我国各项改革政策的形式演变,多是先由中共中央和国务院在一系列提议、决定、建议基础上,通过国务院制定行政规范性文件下发全国,而后从省至县再以行政规范性文件形式层层落实。在这个过程中,政策首先合法化,并向法律化逐步发展:先通过行政规范性文件的形式呈现改革措施,可以实现政策合法化;再由立法机关或行政主体结合改革试点情况,适时出台行政法规、规章、地方性法规等,逐步增强改革政策的权威性和合法性;最后,由全国人大及其常委会在时机成熟之时,出台正式的法律,最终实现政策的法律化。在倡导"科学立法"之下,不得违背立法规律而急于求成,从政策合法化再到政策法律化,恰恰是改革与法律辩证发展之过程。作为先行先试、"摸着石头过河"成果之行政规范性文件,在我国法治进程中具有特殊且重要意义,司法机关给予适当尊重并以法治方式落实亦属应然之义。

最后,民法渊源为"凡属重大改革都要于法有据"提供了私法实现路径。《民法典》第 10 条赋予了法官在制定法之外寻找裁判依据的权限。如前所述,法官在"找法"的过程中需要受到制定法优先原则的约束。这体现为:第一,制定法优先,不能拘泥于文本,不能形而上地强调概念涵摄式裁判,法官还可通过多种法律解释方法填补法律漏洞、处理法律与现实间的冲突。第二,制定法优先还包括法律原则条款和一般条款优先。在法律规则无法提供完美解决方案时,法

---

[1] 参见陈振明主编:《政策科学——公共政策分析导论》,中国人民大学出版社 2003 年版,第 228、240 页。

官可诉求法律原则和一般条款。第三,民法渊源的多样性和开放性,可以通过制定法之外的多元路径,将特定目标或事项融入私法。在制定法无法提供融入路径之时,其他非制定法渊源如习惯、法理便可从社会现实中吸收养分,向民法体系中输送"养分",帮助民事裁判者完成裁判说理。考察已有司法实践,可以发现,大量作为改革举措和政策载体的行政规范性文件便是通过最高人民法院之司法解释、合同效力规则、公共利益保护原则、侵权责任之一般条款、公平原则等融入民事司法。因此,解释方法、法律原则和一般条款,以及其他非制定法渊源为公法规范的私法适用提供了多样渠道,从而使改革举措有介入和调整民事活动的可能。

第三节 本章小结

从现实来看,一方面,行政规范性文件并非《立法法》所定之"法",不是中国特色社会主义法律体系的组成部分。但是,行政规范性文件有着明确的《宪法》和组织法依据,具有和法律规范一致的规范构造。另一方面,无论是在行政实践还是民事实践中,行政规范性文件已经是司法裁判的说理依据,并且对纠纷解决发挥着重要作用。最重要的是,通过对《民法典》民法渊源条款的教义展开,我们发现,行政规范性文件已然是我国的民法渊源。通过分析,我们可以挖掘这些现实背后的合理性,主要体现在以下几个层面。

首先,作为准规范的行政规范性文件,是内部体系具体化的重要形式,可以辅助和促进法律体系的功能发挥。行政规范性文件具有类似于法律规范的形式结构,其权威性、抽象性、适用上的普遍性,使其具有某些类似法律规范的属性和约束力。恰如有法院在民事裁判中指出,政府在行政管理过程中作出的规范性文件虽然不属于"法"的范畴,但系政府履行其行政职务,作出行政行为的具体表现,仍具有一定普遍适用性、指导性、强制性。[1] 因此,行政规范性文件虽然不是法律规范,但是属于"准规范",具有一定的规范价值。法律体系不同于法律渊源,二者之上尚有由外部体系和内部体系组成之体系整体。所谓外部体系,指由规范构成、依形式逻辑规则构建之抽象、一般概念的体系,规范体系是其表现形式。而内部体系则由法律原则("秩序观点")组成,为司法裁判提供具体化的价值判断或价值标准。内外部体系之开放性,决定了作为内部体系具体化方式和外部规范形成路径之民法渊源同样具有多元性、位阶性和动态性。法律渊源的多元性,使制定法之外的行政规范性文件有成为法律渊源的可能;法律渊源的位阶性,明确了行政规范性文件在具体司法适用时应当优先借助制定法介入而后可通过习惯、法理等非成文法渊源介入;法律渊源的动态性,也明确了行政规范性文件作为法律渊源的历史和现实基础。通过法律秩序统一性和体系视角下的法理分析,可以发现,行政规范性文件对于实现内部体系的具体化、内部体系和外部体系间的顺畅互动,具有重要意义。

其次,行政规范性文件构成《民法典》第10条中的"法律",可以在上位制定法(法律体系)缺位时,成为民事裁判"找法"和"造法"的对象,填补法律漏洞。成文法系的民法渊源条款,承认了制定法之不足,并授予法官在制定法之外寻求裁判依据的权限。民法渊源条款,是建立在法官"找法"基础上的"造法"权限赋予。"找法"要求制定法优先,包括通过各种解释方法对制定法的补充和延续,也包括对制定法中法律原则条款和一般条款的充分应用。当"找法"无果时,法官方可"造法",在法理、习惯、判例等非成文法源中寻求裁判依据,以维持民法体系的开放性,从而使民法应对社会变迁。民法渊源的开放性、多元性、动态性,以及"法无明文规定即可为"的私法教义,决定民事裁判不像行政裁判那样,严格恪守法律渊源的制定法属性。法官在进行民事裁判时,有着更加广阔的"找法"和"造法"空

---

[1] 参见福建省建瓯市人民法院民事判决书,(2015)瓯民初字第1472号。

间。在"找法"和"造法"的过程中,行政规范性文件可以成为对制定法进行解释的依据,能够成为法律原则条款、一般条款进行具体化的素材,也能成为法理、习惯等非成文法源的具象,从而通过各种路径介入民事司法裁判。

最后,在公私法深度融合、民法渊源规范形成功能愈发凸显、改革政策私法融入的需求日益增强的背景下,行政规范性文件具有更加丰富的民事司法适用价值。第一,公私法融合或公法的私法化,是民法发展的必然现象,民法理论及司法实践应当正视并积极应对。民法渊源的多样性及开放性,使私法和民事司法裁判可以突破成文法的局限,在民事法律之外吸收资源作为裁判依据以促进私法完善。在这个过程中,包括行政规范性文件在内的公法可以通过前述各种路径融入私法,甚至成为私法发展的重要基础。第二,公法可以借由民事法律中所预留的开放渠道,通过公私法共有的法律概念、私法中的引致条款和转介条款,为民事司法提供裁判依据。行政规范性文件同样也可以成为"找法"的对象,通过这些开放渠道介入民事司法裁判。第三,行政规范性文件作为各项改革举措的文字载体和重要形式。在立法时间成本过高而急需法治保障时,通过先行制定行政规范性文件,解决暂时的法治需求,并在改革试验过程中不断推进政策合法化和法律化,能够逐步贯彻落实"凡属重大改革都要于法有据"的要求。虽然《民法典》不再像原《民法通则》第6条那样,明确指出国家政策的民法渊源地位,但是作为国家政策的表现形式,行政规范性文件依然为国家政策提供了介入民事司法裁判的渠道。由此,也进一步凸显了行政规范性文件民事司法适用的价值。

第三章　行政规范性文件民事
司法适用的裁判规则

根据《裁判文书引用规定》，民事裁判适用行政规范性文件的条件，是"根据审理案件的需要，经审查认定为合法有效的，可以作为裁判说理的依据"。可见，行政规范性文件的民事司法适用具有条件性，既需要符合"审理案件的需要"，也必须"经审查认定为合法有效"，还仅能"作为裁判说理的依据"。《裁判文书引用规定》以及相关司法解释并未直接明确上述事项的具体内涵和操作细节。相较而言，行政裁判中对于行政规范性文件的司法适用问题，有较为详细的规定和成熟的实践。2014年修订的《行政诉讼法》更是确立了行政规范性文件的司法审查制度。此外，美国对于非立法性规则的司法适用，也有具体的审查和适用规则。因此，可以参考我国行政诉讼以及美国关于非立法性规则的审查与适用实践，并结合司法裁判（特别是民事司法裁判）的特殊机理，明确行政规范性文件的司法裁判规则。

第一节　规范法源民事司法适用的一般规则

如前所述，民法渊源条款已然超越行为规范或裁判依据本身，成为指引和约束民事裁判活动的基本准则。《民法典》第10条同样也明确了民事司法裁判的一般性规则,并确定了规范法源和非规范法源的二分民法渊源结构。《民法典》第 10 条规定,"处理民事纠纷,应当依照法律"。所谓"法律",既包括所有规范性法源,也包括行政规范性文件这种准法源。"依照法律"也包括"依照行政规范性文件"。此外,根据《裁判文书引用规定》,法官撰写民事裁判文书时,可以将行政规范性文件"作为裁判说理的依据"。"依照法律"是规范法源的一般民事司法适用规则,"作为裁判说理的依据"是规范法源的特殊民事司法适用规则。明确二者的逻辑机理和内含规则,可以明晰我国规范法源民事司法适用的一般规则,从而相应确立行政规范性文件民事司法适用的特殊规则。

一、"依照法律"的机理

原《民法通则》第 6 条规定:"民事活动必须遵守法律,法律没有规定的,应当遵守国家政策。"《民法典》第 10 条规定:"处理民事纠纷,应当依照法律;法律没有规定的,可以适用习惯,但是不得违背公序良俗。"从文义和条文性质来看,原《民法通则》中的"遵守"既针对民事主体,也针对民事裁判者;既表彰行为规范,也表彰裁判规则。但《民法典》第 10 条中的"依照"则在文本表述和意旨选择上更加凸显民法渊源条款的裁判意义,即指引法官在处理民事纠纷时应当适用哪些民法渊源。比较法上,《瑞士民法典》第 1 条规定,对于制定法("本法"),应当"适用";而法典("本法")阙如,则"依据"习惯;再次之,则"参酌"学理和惯例。基于民法渊源的一般法理,以及三者间的源流关系,可以认为,"依照""适用""依据"均指向同一事项,即法官在进行司法裁判时,应当选择或者适用、依照哪些内容作为"司法三段论"的"大前提"。所谓"大前提",是指能够引起法律效果的法律规范。[1] 法官寻找"大前提"的过程,就是法官"找法"的过程。

---

[1] 参见王利明:《裁判方法的基本问题》,载《中国法学教育研究》2013 年第 2 期。

"找法",又称法律发现。学界对其内涵较为统一,一般称之为法官寻找涉案之裁判大前提的司法过程,[1]或法官在司法裁判中寻找案件应适用的法律规范的行为[2]。其结果是找到在裁判文书中可以引用的法律依据。[3] 德国学者将"找法"的过程形象地称为"在大前提与生活事实之间来回顾盼"[4]。此种目光之往返流盼,即在作为大前提之法律规范和作为小前提之案件事实间来回穿梭,最终寻找到最密切联系的规范,从而形成裁判结论。[5] 对于"找法"的具体过程,拉伦茨将其描绘为,"判断者以'未经加工的案件事实'为出发点,将可能可以选用法条——检试,排除详细审视之后认为不可能适用者,添加经此过程认为可能适用的其他条文"[6]。对于"找法"的标准,魏德士以寻找到"合适"的法律规范作为"目光来回穿梭"的终点,即得到认定的事实满足法律规范的事实构成。也就是说,事实和规范之间形成"涵摄"关系。[7] 苏永钦则将"找法"的标准界定为找到与个案事实最接近的规范。[8] 拉伦茨指出,法官在判断案件是否符合法条的构成要件时,将会受到感知、对人类行为的解释、其他社会经验、价值判断等因素的影响。[9] 恰如恩吉施所言,"授权的为裁量决定,无异于在法的具体化上,对追求意义实现的人格加免。于此,主观上正确的就是正确的……"[10] 此种主观上之

---

[1] 参见梁慧星:《裁判的方法》(第2版),法律出版社2012年版,第48页。
[2] 参见高其才:《法理学》(第2版),清华大学出版社2011年版,第310页;赵玉增、王海霞:《法律发现:法官"找法"的路径分析》,载《法律方法》2015年第2期。
[3] 参见余德厚、程立武:《法官如何"找法":法律发现的失范与规制》,载《法律适用》2016年第3期。
[4] [德]卡尔·恩吉施:《法律思维导论》,郑永流译,法律出版社2014年版,第72页。
[5] 参见王利明:《裁判方法的基本问题》,载《中国法学教育研究》2013年第2期。
[6] [德]卡尔·拉伦茨:《德国民法通论》,王晓晔等译,法律出版社2003年版,第163页。
[7] 参见[德]伯恩·魏德士:《法理学》,丁晓春、吴越译,法律出版社2013年版,第288页。
[8] 参见苏永钦:《"民法"第一条的规范意义》,载苏永钦:《私法自治中的经济理性》,中国人民大学出版社2004年版,第16页。
[9] 参见[德]卡尔·拉伦茨:《德国民法通论》,王晓晔等译,法律出版社2003年版,第165-174页。
[10] [德]卡尔·恩吉施:《法律思维导论》,郑永流译,法律出版社2014年版,第72页。

正确,即对法律规范与案件事实的价值和逻辑关系的内心确信。[1]因此,所谓法官"依照法律"进行民事裁判,则是法官据其职权"找法",以其心证获得与案件事实最相接近之规范,从而完成裁判说理的过程。

《裁判文书引用规定》作为规范我国司法裁判活动的重要依据,为民事裁判者进行司法裁判提供了准则,也对"依据法律"作了更深层次的划分。首先,民事裁判所依据的"法律"指广义法律,既包括可以作为裁判依据的法律、法律解释或者司法解释、行政法规、地方性法规或者自治条例和单行条例,也包括可以作为说理依据的规章及其他规范性文件。其次,民事裁判的最终依据必须为裁判依据,法官仅依据规章、其他规范性文件等进行民事裁判。这体现了不同"法律"在裁判说理时的不同分工。最后,"依照法律"强调狭义法律的优先地位,即优先引用法律和法律解释作为裁判依据。最高人民法院《民事裁判文书制作规范》"(七)裁判依据"部分指出:"引用多个法律文件的,顺序如下:法律及法律解释、行政法规、地方性法规、自治条例或者单行条例、司法解释;同时引用两部以上法律的,应当先引用基本法律,后引用其他法律;同时引用实体法和程序法的,先引用实体法,后引用程序法。"引用法律文件的顺位也表明了我国法律渊源的位阶结构和基本法律的优先性,同时构成法官"依照法律"进行裁判时的硬性约束。

二、"作为裁判说理的依据"的内涵

需要注意,《裁判文书引用规定》对法官进行民事裁判,或者"找法"过程中所能依照的"法律"作了裁判依据和说理依据的划分。法官在裁判文书中可主动援引规范性法律文件对案件作出实质处理的地方,包括"理由"和"判决主文"两处。其中"理由"始于"本院认

---

[1] 参见赵玉增、王海霞:《法律发现:法官"找法"的路径分析》,载《法律方法》2015年第2期。

为","判决主文"一般由"综上,依照某某法,判决如下:"引出。[1]"判决主文"部分只能援引裁判依据,"理由"部分既可援引裁判依据,也可援引说理依据。同时,裁判依据当然可以作为说理依据。从司法裁判推理的角度看,裁判依据,是指作为裁判结论的"最终的规范基础"或者"最终的裁判依据性理由"的规范性法律文件;而说理依据,则是指作为"最终的裁判理由的理由"的规范性法律文件。[2]《裁判文书引用规定》的目的,是为法官的"找法"活动提供明确指引,同时也框定了法官在撰写裁判文书时可以援引作为裁判依据的规范性法律文件的范围。但是,最高人民法院认识到,在人民法院裁判文书中,除主文部分需要引用作为裁判依据的规范性文件外,在说理部分往往也需要引用相应的依据。[3] 因此,最高人民法院在《裁判文书引用规定》中增加了第6条,指出:"对于本规定第三条、第四条、第五条规定之外的规范性文件,根据审理案件的需要,经审查认定为合法有效的,可以作为裁判说理的依据。"可见,法官能够依照的法律,既包括裁判依据,也包括说理依据。

当法官通过"找法",找到其认为与个案事实相接近的规范,但该项规范可能在法律体系中位于较低位阶。实践中,经常会出现法律、行政法规没有规定而规章、行政规范性文件有规定,或者法律、行政法规有原则性规定,但规章和行政规范性文件有更为具体规定的情形。此时,恰如魏德士指出,"这时会发现'具有远距离影响力'的新规则可能对法律秩序的其他领域发挥作用"。[4] 法官为了完成裁判,便需要考虑如何在裁判文书中安排这些规范,《裁判文书引用规定》关于裁判依据和说理依据的区分,便为此种"安排"提供了思路

---

[1] 参见《行政诉讼文书样式(试行)》和《民事诉讼文书样式》。《行政诉讼文书样式(试行)》中称"判决主文"为"判决结果",虽名称不同,但所指内容与民事裁判一致。
[2] 参见刘树德:《"裁判依据"与"裁判理由"的法理之辨及其实践样态——以裁判效力为中心的考察》,载《法治现代化研究》2020年第3期。
[3] 参见吴兆祥:《〈关于裁判文书引用法律、法规等规范性法律文件的规定〉的理解与适用》,载《人民司法》2009年第23期。
[4] 参见[德]伯恩·魏德士:《法理学》,丁晓春、吴越译,法律出版社2013年版,第271页。

和规则。其中的相关机理和内涵包括以下四个方面。

首先,法官在"依照法律"进行裁判时,需要遵循法律渊源的位阶结构并契合法律秩序的统一性。根据凯尔森的规范构造理论,一国的规范体系呈现"金字塔"式的等级结构。在效力排序上,上位规范优于下位规范,并为下位规范提供效力来源。法官必须遵循此种位阶。与此种观点不同的是,苏永钦认为无论多个法源是否处于同一位阶、层次上,较具体的规范在"找法"过程中恒优先于较抽象的规范。所以,形式意义上的法源位阶,只是法官认定相关规范拘束力的标准。而裁判中"找法"的重心却在于,梳理出所有可能涉及的规范的层次,找到最能适用于个案事实的具体规范,而无论其法源位阶为何。[1] 苏永钦指出了在"找法"过程中应找到与个案事实最相近之规范,此点本书深表赞同。但本书认为,适用该项与个案事实最相近之规范的基础在于,该规范在内容上构成对上位规范的具体化,即该规范的效力来源实际上依然是其具体化的对象(上位法)。魏德士指出,"任何具体法律规范都必须被理解为和谐的整个法律制度的一部分,都必须在这个统一的法律体系中来规定……法律适用于个案的标准不是具体规范,而是作为评价统一体的法律制度"[2]。"无论法律秩序在外部和形式上的划分如何,必须将法律秩序作为价值评价的整体来适用。"[3]也就是说,法律适用不能仅着眼于所找到的法条、规范,而应从"法律秩序的统一性"出发,来确定作为裁判说理依据的规范。因此,从法律渊源位阶来看,法律永远是作为裁判依据的第一位阶,而其下的行政法规、地方性法规、规章、其他规范性

---

[1] 参见苏永钦:《"民法"第一条的规范意义》,载苏永钦:《私法自治中的经济理性》,中国人民大学出版社2004年版,第15–16页。
[2] [德]伯恩·魏德士:《法理学》,丁晓春、吴越译,法律出版社2013年版,第123页。
[3] [德]伯恩·魏德士:《法理学》,丁晓春、吴越译,法律出版社2013年版,第121页。

文件的司法适用,必须以法律为基础。[1] 法律渊源的位阶结构反映在裁判文书中便是裁判依据和说理依据的区分。此外,在此种位阶构成的法律秩序的统一体内部,裁判依据和说理依据又在司法说理中承担不同职能,共同促成法律秩序统一体对个案事实的评价。

其次,法官还需要就"找法"的结果承担论证义务,即说明为何所找之法构成与个案事实达成涵摄的最相近之规范。这也决定了裁判文书中"理由"部分的必要性。"找法"并非法律适用的全部过程,在经过事实认定、寻找相关的(一个或若干)法律规范之后,裁判者还需以整个法律秩序为准进行涵摄,方能宣布法律后果。[2] 但是,规则不可能主动与个案事实进行涵摄。法官必须比对、释明两种事实:系争事实与规范构成中的要件事实,并阐明二者的一致性与规范的可适用性,意即法官在法律发现后仍负有论证义务。[3] 王利明指出,法官在"找法"之后,不应简单地"依据……条,判决如下",而是应当通过法律解释,将法条中包含的规范要件与效果解释出来,即进行事实说理,强调大小前提的相互呼应。[4] 尤其是当据为裁判说理依据的是不完全法条时,或者转介、引致了其他规范时,更需进一步分析大前提形成的完整脉络。此外,作为法官自由心证的结果,需要借由说理部分证明自己判断的正确性,而由于裁判说理中的基本思路是先有结论后有理由,因此在事实认定的叙述中应当先陈述法官

---

[1] 强调法律规范作为裁判依据的第一位阶,可能会存在裁判说理时的"机械主义":倘若是以法律原则作为裁判依据,应如何确定裁判依据?本书认为,其一,即便是采法律原则进行说理,裁判主文部分之裁判依据仍然是民法典中的法律原则条款,或者说,仅有民事法律所认可之法律原则,方可为裁判依据。事实上,我国众多司法实践便是如此。其二,该观点蕴含应将法律原则条文化的主张,法律原则条文化,于民法典内外体系融贯具有重要意义。参见方新军:《融贯民法典外在体系和内在体系的编纂技术》,载《法制与社会发展》2019年第2期。
[2] 参见[德]伯恩·魏德士:《法理学》,丁晓春、吴越译,法律出版社2013年版,第289页。
[3] 参见陈林林:《裁判的进路与方法——司法论证理论导论》,中国政法大学出版社2007年版,第10-11页。
[4] 参见王利明:《裁判方法的基本问题》,载《中国法学教育研究》2013年第2期。

形成心证的事实,再通过证据和证明规则论证事实认定结论的正当性。[1] 可见,民事裁判文书"理由"部分的价值,在于为裁判过程中的涵摄提供说服性论据,从而增强此种涵摄结果的可接受性。一项法律主张的正当性和可接受性,取决于论证的优劣度或曰质量。[2] 正是因为"理由"部分对于裁判证成和提高裁判可接受性的意义,才有学者指出:"裁判理由是裁判文书的精神和灵魂"[3]"无理由无裁判"[4]。

再次,我国民事裁判文书中"理由"和"裁判主文"部分的区分,体现了我国裁判文书撰写的风格及特色。法国和美国是两种不同裁判文书撰写风格的典型。法国判决书撰写简要,力求防止判决书陷入细枝末节、脱离正题而影响其权威性的理由。[5] 这种简洁也招致批评:"不清楚,没有充分说明所提出判决依据的意义范围,以及导致其采用这一判决依据的动因。"[6] 而美国法官对判决所作的理由论证则通常篇幅较长,以力求在一般性法规和实质问题的解决方案之间,一步步地设计出衔接性的论证理由。19世纪下半叶以来,世界范围内的司法改革愈加重视裁判说理的重要性。德国宪法法院于1973年发布一项决议,明确所有法官的司法裁判,必须"建立在理性论证的基础之上"。《荷兰宪法》第121条也规定,判决必须详细陈列依据和理由。美国联邦司法中心在《司法写作指南》中指出,判决正确还是不够的——它还必须是公正、合理并容易让人理解的。[7]

---

[1] 参见曹志勋:《对民事判决书结构与说理的重塑》,载《中国法学》2015年第4期。
[2] 参见陈林林:《裁判的进路与方法——司法论证理论导论》,中国政法大学出版社2007年版,第14页。
[3] 杨凯:《审判过程的艺术》,法律出版社2016年版,第16页。
[4] 陈林林:《裁判的进路与方法——司法论证理论导论》,中国政法大学出版社2007年版,第5页。
[5] 参见[日]大木雅夫:《比较法》,范愉译,法律出版社1999年版,第273页以下。
[6] [法]雅克·盖斯旦、[法]古勒·古博:《法国民法总论》,陈鹏等译,法律出版社2004年版,第466页。
[7] 参见陈林林:《裁判的进路与方法——司法论证理论导论》,中国政法大学出版社2007年版,第2-6页。

2018年最高人民法院发布的《释法说理指导意见》，是在进入新时代后我国司法裁判系列改革的基础上，以加强裁判文书释法说理为目的而提出的有力举措。其第1条指出，"裁判文书释法说理的目的是通过阐明裁判结论的形成过程和正当性理由，提高裁判的可接受性，实现法律效果和社会效果的有机统一"，"努力让人民群众在每一个司法案件中感受到公平正义，切实维护诉讼当事人合法权益，促进社会和谐稳定"。其第13条明确，除依据法律法规、司法解释的规定外，法官还可以适用最高人民法院发布的指导性案例、最高人民法院发布的非司法解释类审判业务规范性文件、公理、情理、经验法则、交易惯例、民间规约、职业伦理等，作为论据论证裁判理由，以提高裁判结论的正当性和可接受性。可见，我国裁判文书释法说理改革对理由的阐释格外重视，并作出了相应的技术性安排。这体现了加强判决说理实现法律的价值和功能的改革目的，也势必将逐步构建中国特色社会主义的民事司法理论体系和话语体系。[1]

最后，"可以作为裁判说理的依据"也表明了部分规范或准规范作为民事裁判说理依据的条件性。从法律渊源的位阶结构来看，说理依据不得单独作为大前提，法官在援引说理依据的同时，必须援引裁判依据。这决定了说理依据对裁判依据的依从性。一方面，从司法裁判路径来看，无论是通过"找法"先找到裁判依据，还是先找到说理依据，裁判依据都必不可少。法官必须在作出裁判之前明确应当适用的裁判依据。另一方面，说理依据必须借由和裁判依据之间的联系，并满足一定条件，才可以成为说理依据。《裁判文书引用规定》第6条指明，规章及行政规范性文件，"根据审理案件的需要，经审查认定为合法有效的"，方可作为民事裁判说理依据。可见，规章和行政规范性文件欲成为民事裁判说理依据，必须是"根据审理案件的需要"，且"经审查认定为合法有效的"。相应地，这也决定了行

---

[1] 参见杨凯：《论民事诉讼文书样式实例评注研究的引领功用》，载《中国法学》2018年第2期。

政规范性文件民事司法适用的条件性。

综上,"依照法律"是指法官据其职权"找法",以其心证获得与案件事实最相近的规范,从而完成裁判说理的过程。《裁判文书引用规定》是我国最高司法机关在丰富实践经验的基础上,结合裁判说理的一般机理,对"依照法律"所做的进一步明确和补充。《裁判文书引用规定》关于裁判依据和说理依据的区分,以及其对不同位阶规范性法律文件的顺位安排,体现了凯尔森规范等级体系在裁判文书中的"金字塔"结构。相关规定是统一法律秩序在裁判活动中的科学反映,也是新时代我国裁判文书释法说理改革的基本遵循。裁判依据和说理依据的不同分工,为不属于我国法律体系组成部分的行政规范性文件提供了成为说理依据的制度空间和理论基础。行政规范性文件的司法适用,应当着眼于行政规范性文件对裁判依据的依存性,以及其作为说理依据的条件性。具体而言,就是要进一步明晰"根据审理案件的需要""经审查认定为合法有效"的逻辑内涵和操作规则。

第二节　行政规范性文件司法适用规则的考察与借鉴

民事裁判中的"根据审理案件的需要""经审查认定为合法有效"内涵如何?法官在审理案件时应当如何理解、操作?对此,相关司法解释并无明确规定,民法学界和民事诉讼法学界也无针对性研究。需要注意的是,《裁判文书引用规定》第6条并非仅针对民事裁判,也是行政裁判应当遵守的规则。在行政裁判中,适用行政规范性文件的情形较为常见,《民事诉讼法》也有专门针对行政规范性文件的附带性司法审查制度。其中必然会涉及行政规范性文件的司法适用规则,可为民事裁判中行政规范性文件的适用规则明确提供有益借鉴。此外,行政规范性文件具有较高的特异性,即其为行政主体非基于立法权限且非经立法程序所制定的抽象性文件。从这一概念和特征出发,美国法上的非立法性规则,与行政规范性文件高度相似。对比考察我国行政诉讼和美国司法适用的相关实践,也有助于明晰行政规范性文件的民事司法适用规则。

一、我国行政诉讼中行政规范性文件的审查与适用规则

行政诉讼中,行政规范性文件向来是重要的裁判说理依据。1989年《行政诉讼法》制定之时,其第53条第1款明确规定:"人民法院审理行政案件,参照国务院部、委根据法律和国务院的行政法规、决定、命令制定、发布的规章以及省、自治区、直辖市和省、自治区的人民政府所在地的市和经国务院批准的较大的市的人民政府根据法律和国务院的行政法规制定、发布的规章。"这就明确了人民法院参照适用行政规范性文件(决定、命令)的规则。2004年的《行政案件适用纪要》进一步明确了参照适用行政规范性文件的规则:"人民法院经审查认为被诉具体行政行为依据的具体应用解释和其他规范性文件合法、有效并合理、适当的,在认定被诉具体行政行为合法性时应承认其效力;人民法院可以在裁判理由中对具体应用解释和其他规范性文件是否合法、有效、合理或适当进行评述。"这一先审查是否合法有效再决定是否适用的做法,也被2009年的《裁判文书引用规定》沿用,并同步到民事诉讼之中。因此,考察行政规范性文件的审查与适用规则,可以直接为民事裁判中行政规范性文件的适用规则提供重要参考。整体而言,行政裁判中行政规范性文件的审查和适用特征、规则,体现为以下三个方面。

(一)"合法性"和"合理性"是行政规范性文件行政司法适用的基础

首先,合法性是行政裁判适用行政规范性文件前的重要审查事项。行政规范性文件不是行政法的法源,但是经过审查认定为合法的,可以作为行政裁判说理依据。行政法学者一般主张"合法性"包

括制定主体合法、制定权限合法、制定内容合法和制定程序合法。[1] 2018年国务院办公厅《关于加强行政规范性文件制定和监督管理工作的通知》中"一、严格依法行政,防止乱发文件"之"(一)严禁越权发文"明确了行政主体发布行政规范性文件的权限,以及文件内容的禁止事项。其"二、规范制发程序,确保合法有效"部分,又详细规定了行政规范性文件的制发程序。同年国务院办公厅公布的《关于全面推行行政规范性文件合法性审核机制的指导意见》,则专门针对行政规范性文件的合法性审查事项进行了详细规定。其"二、严格落实工作措施"之"(六)明确审核职责"部分,明确了制定主体、制定权限、制定内容、制定程序四个方面的合法性审查标准。可见,对于行政规范性文件的合法性审查,有较为权威的指引。对于行政规范性文件的制定主体、制定权限、制定程序是否合法而言,较好审查和判断。基于对行政裁判的实证考察表明,司法机关对行政规范性文件内容的合法性审查主要包括依据性、一致性和抵触性三个方面。[2] 有学者指出,与上位法或现行法律、法规、规章一致或不违反,是行政规范性文件司法适用的合法性前提。其法理基础是"法规范的等级结构理论"。[3] 考察国务院的上述两个文件,以及地方关于行政规范性文件规制的有关文件,可以发现,不得增加行政权力事项或减少法定职责,不得设定行政许可、行政处罚、行政强制等,[4] 不得减损行政相对人权利或增加其义务,[5] 不得越权干预市

---

[1] 参见郭百顺:《抽象行政行为司法审查之实然状况与应然构造——兼论对行政规范性文件的司法监控》,载《行政法学研究》2012年第3期;程琥:《新〈行政诉讼法〉中规范性文件附带审查制度研究》,载《法律适用》2015年第7期;王春业:《从全国首案看行政规范性文件附带审查制度完善》,载《行政法学研究》2018年第2期;于洋:《规范性文件附带审查制度的实效困境及化解路径》,载《环球法律评论》2024年第1期等。

[2] 参见陈运生:《行政规范性文件的司法审查标准——基于538份裁判文书的实证分析》,载《浙江社会科学》2018年第2期。

[3] 参见余军、张文:《行政规范性文件司法审查权的实效性考察》,载《法学研究》2016年第2期。

[4] 参见《四川省行政规范性文件管理办法》(2021年)。

[5] 参见《广州市行政规范性文件管理规定》(2022年)。

场交易和社会自律等,[1]也是行政规范性文件内容上设禁事项。同时,早在2004年,最高人民法院便在《行政案件适用纪要》"二、关于法律规范冲突的适用规则"之"(一)下位法不符合上位法的判断和适用"部分列举了多达十种下位法违反或抵触上位法之情形,其内容详尽之至。因此,行政裁判中,对行政规范性文件的合法性审查已经有较为成熟的实践和权威标准。

其次,合理性也是适用涉诉行政规范性文件的重要因素。行政规范性文件的合理性,是"行政合理性"的体现和基本要求。学者指出,所谓"合理性",即需符合法治观念的合理性、符合宪法民主的合理性、符合相关实体规则的合理性、符合法律形式要件的合理性。[2]除此之外,还有学者认为,"合理性"还应符合具体情况的合理性。[3]可以说,在行政规范性文件并非我国法律体系组成部分的前提下,之所以可以在行政诉讼中据其为裁判说理依据,很大程度上是因为行政规范性文件具有一定的合理性。司法机关适用行政规范性文件,往往是出于对专门行政知识和经验、长久行政惯例和政策的尊重,或出于对保障私人平等权利或信赖利益或私人正当化利益最大化等法律原则的考虑。[4]这也是为什么《行政案件适用纪要》强调行政规范性文件应当"合理、适当"。司法实践中,法院面对那些规定技术规范或标准、程序性规定的行政规范性文件,或者在所调整领域缺乏其他可供借鉴参考的基本制度时,往往不说明理由而直接适用。对于那些包含特定社会政策(如原农业部《关于稳定和完善土地承包关系的意见》)和特定人群利益考量(公安部《关于父母离婚后子女姓名变更有关问题的批复》)的行政规范性文件同样肯认其内容。

---

[1] 参见山东省人民政府办公厅《关于做好行政规范性文件制定和监督管理工作的通知》(鲁政办发〔2018〕23号)。
[2] 参见关保英:《论行政合理性原则的合理条件》,载《中国法学》2000年第6期。
[3] 参见温辉:《政府规范性文件备案审查制度研究》,载《法学杂志》2015年第1期。
[4] 参见沈岿:《解析行政规则对司法的约束力——以行政诉讼为论域》,载《中外法学》2006年第2期。

对近年来法院对行政规范性文件的态度的考察可发现，法院决定适用行政规范性文件的因素包括：行政专业性较强、相对于权利人义务影响小、法院不愿意干预地方政府总体施政策略、行政规则在缺乏上位法的情况下起到了建立社会基本秩序的功能等。此外，法院还会根据法律原则、精神甚至法院对于政策合理性的判断决定适用行政规范性文件与否。[1] 因而，在行政诉讼中，对于行政规范性文件的"合理性"确定，至少包括两个层面：其一，行政规范性文件内容本身符合"行政合理性"的一般标准。其二，行政规范性文件对行政管理本身具有重要意义，或为填补法律空缺、基于行政管理事项之专业性、对保护私人和公共利益有重要意义等。

（二）不同类型行政规范性文件的司法适用样态不尽相同

本书导论部分对行政规范性文件作了行政创制性文件、行政解释性文件、行政指导性文件的分类。行政诉讼中，不同类型的行政规范性文件有着更加丰富的司法适用样态。并且，司法机关在适用行政规范性文件时还区分考察了不同类型行政规范性文件的合法性及合理性。

对于行政创制性文件。党的十八届四中全会明确，"禁止地方制发带有立法性质的文件"。虽然国内关于能否依据《立法法》明确何为"立法性质文件"，以及规章是否属于"法"仍有争议，但是行政规范性文件不属于形式上的"法"已成共识。[2] 尤其是前文已经指出，行政规范性文件的制定并未得到法律授权，也不可能成为行政立法，遑论进入《立法法》调整范围。但现实中，行政创制性文件的确存在。很多时候，为了填补法律空白、缓和法律与现实的冲突，行政主体会在法律法规尚未规定的情形下发布行政创制性文件。但是，行政规范性文件在内容上必须受到宪法保留、法律保留、"法无明文

---

[1] 参见俞祺：《上位法规定不明确之规范性文件的效力判断——基于66个典型判例的研究》，载《华东政法大学学报》2016年第2期。

[2] 参见李克杰：《地方"立法性文件"的识别标准与防范机制》，载《政治与法律》2015年第5期。

授权不可为"等原则的限制。同时,共识也认为,行政规范性文件不得增加相对人义务、不得剥夺或限制相对人权利。[1] 因此,在实践中,一旦行政创制性在内容上违反上述原则,便会因违法而不能适用。如在"陈爱华诉南京市江宁区住房和城乡建设局不履行房屋登记法定职责案"中,司法部、原建设部《关于房产登记管理中加强公证的联合通知》(以下简称《加强公证的联合通知》,已失效)第2条规定"遗嘱人为处分房产而设立的遗嘱,应当办理公证",房地产交易中心因此拒绝继承人的过户请求。法院审理后指出,行政机关"不能在有关法律法规规定之外创设新的权力来限制或剥夺行政相对人的合法权利",《加强公证的联合通知》关于继承人必须出示遗嘱公证才能办理房屋转移登记的规定与物权法、继承法、《房屋登记办法》等有关法律相抵触而不得作为行政行为的合法性依据。[2] 但是,当行政创制性文件不存在明显的违法情形时,法院似乎持较为宽容的态度。比如,《关于当前形势下做好行政审判工作的若干意见》指出,"对于没有明确法律依据但并不与上位法和法律原则相抵触的应对举措,一般不应作出违法认定"。但是,其前段内容也指出,"既要遵循法律的具体规定,又要善于运用法律的原则和精神"。实践中,在行政规范性文件缺乏上位依据时,法院处理方式比较多样。有的法院不说明理由直接适用、以不抵触上位法为由认定效力,从而肯定内容合理性或其形式上的权威性;也有的法院以行政规范性文件"不是法院判案的有效法律依据"、对原告显失公平、违背上位法立法精神等理由,否定涉案行政规范性文件的效力。[3] 可见,虽然原则上行政创制性文件属于行政机关越权发布的"立法性质的文

---

[1] 参见柳砚涛:《我国行政规范性文件设定权之检讨——以当下制度设计文本为分析对象》,载《政治与法律》2014年第4期。
[2] 参见陈爱华诉南京市江宁区住房和城乡建设局不履行房屋登记法定职责案,载《最高人民法院公报》2014年第8期。
[3] 参见俞祺:《上位法规定不明确之规范性文件的效力判断》,载《华东政法大学学报》2016年第2期。

件",在学理上并不合适,但是在其内容不存在违反上位法、法律保留等明显破坏法律等级体系完整性时,司法机关仍保留了较为宽容的适用空间。

对于行政解释性文件。行政解释性文件往往是对上位法某个法条或某个概念的具体性解释。有学者主张,行政解释性文件的约束力源于上位的法律规范,其本身不具有外部效果。[1] 也正因如此,该类文件在行政诉讼中有了适用空间。在我国首例对行政规范性文件附带审查的案例中,司法机关就指出,《行政诉讼法》第53条第1款中的"规范性文件"是行政主体对法律如何具体应用进行解释的常见载体。[2] 这从侧面肯定了行政规范性文件司法适用的合理性,即其有利于具体应用法律。前述"上海珂帝纸品包装有限责任公司不服上海市人力资源和社会保障局责令补缴外来从业人员综合保险费案"中,司法机关认为劳动部《关于贯彻执行〈中华人民共和国劳动法〉若干问题的意见》中关于"事实劳动关系"的解释与《劳动法》第16条和《劳动合同法》第7、10条存在的逻辑关联足以形成一个规范体系,从而选择适用了行政规范性文件。[3] 因此,行政解释性文件因其特殊内容和实践效用,往往会得到司法机关认可而成为行政裁判说理依据。

对于行政指导性文件。行政指导性文件侧重"指导",并不直接对公民产生具体的权利义务变动。在行政规范性文件的附带性审查中,以缺乏具体行政行为作为诉由,往往无法启动针对行政指导性文件的审查。实践中,不少法院便指出,提请审查的规范性文件必须为作出被诉行政行为直接适用的法律依据,或强调案件中未产生具体行政行为、不得单独就抽象行政行为提起诉讼,进而驳回行政诉讼当

---

[1] 参见朱芒:《论行政规定的性质——从行政规范体系角度的定位》,载《中国法学》2003年第1期。
[2] 参见北京知识产权法院行政判决书,(2015)京知行初字第177号。
[3] 参见余军、张文:《行政规范性文件司法审查权的实效性考察》,载《法学研究》2016年第2期。

事人的请求。[1]此外,行政指导性文件多为国家政策的载体,政策性规范对行政行为的合法性的支持往往没有其他两类规范那么直接。法院会综合考量行政指导性文件所载政策的权威性和重要性决定是否适用。此时,行政指导性文件也会成为增强其他规范性法律文件合法性的依据。[2]可见,行政指导性文件一般不能成为合法性审查的对象,但是其内容上的合理性,可以成为行政裁判的辅助说理依据。

综上,不同类型的行政规范性文件,其司法适用的条件也不尽相同。对于行政创制性文件,法院的审理重心在合法性上,即审查其是否违反上位法、是否违反法律保留。在审查合法性的基础上,法院还会审查行政创制性文件的合理性,即审查其是否剥夺、限制行政相对人的合法权益,是否对行政相对人显失公平,是否违背上位法立法精神等。对于行政解释性文件,法院态度则较为宽松。因为此类文件延续了上位法的立法精神并对上位法的规定进行了细化,法院往往会认可该类文件的合法性和合理性。对于行政指导性文件,此类文件不对行政相对人产生明确的权利义务变动和约束,因此很少成为审查对象。但基于行政指导性文件的政策导向和政策理性,其所载政策又往往可以成为其他行政规范性文件或行政行为的合法性基础。

(三)不同审查结果下的适用与处理也不尽相同

《行政案件适用纪要》规定,对于通过审查的行政规范性文件,司法机关可将其作为认定具体行政行为合法性的依据,并且可以在裁判理由中对其合法、有效、合理或适当进行阐明。而对于未通过审

---

[1] 参见上海市闵行区人民法院行政判决书,(2015)闵行初字第 133 号;浙江省高级人民法院行政裁定书,(2015)浙行终字第 324 号;广西壮族自治区南宁市中级人民法院行政裁定书,(2017)桂 01 行初 382 号;西安铁路运输中级法院行政裁定书,(2018)陕 71 行终 544 号。
[2] 参见余军、张文:《行政规范性文件司法审查权的实效性考察》,载《法学研究》2016 年第 2 期。

查的行政规范性文件,司法机关不得将其作为认定行政行为合法的依据,且应在裁判理由部分就其不合法予以评述。《行政诉讼法》第64条明确规定,对于经过审查认定为不合法的行政规范性文件,"不作为认定行政行为合法的依据"。

必须明确,对于不合法的规范性文件,法官在进行司法裁判时应注意如下事项。首先,法官不可将其作为认定行政行为合法之依据。这在审查的结果上直接表现为法官的"不予适用"。有学者指出,《行政诉讼法》确立了针对行政规范性文件的制度性司法审查。而法官在一般性司法裁判中,不予适用违反上位法的行政规范性文件,实际上是一种"消极性司法审查"。这种消极性就体现在不予适用上。[1] 其次,司法机关不得在裁判文书中直接宣布该行政规范性文件无效,也不得直接撤销该行政规范性文件。[2] 因为根据《立法法》和《各级人民代表大会常务委员会监督法》的规定,人民法院并非撤销违法行政规范性文件之有权主体。[3] 这也体现了司法机关在抽象行政行为审查上的谦抑性。最后,司法机关除了不予适用案涉行政规范性文件,还可以选择适用其他法律规范。有学者指出,面对未通过审查的规范性文件,司法机关除具有拒绝使用权外,还享有选择适用权,即法官在认定案涉行政规范性文件违法的基础上,可以结合案件事实,选择最适合案情的其他法律规范。[4]

同时,最高人民法院2015年发布的《关于适用〈中华人民共和国行政诉讼法〉若干问题的解释》(法释〔2015〕9号)(以下简称《适用行政诉讼法解释(2015)》)还明确规定,作出生效裁判的人民法院应当向规范性文件的制定机关提出处理建议,并可以抄送制定机关

---

[1] 参见马得华:《论"不予适用":一种消极的司法审查——以〈行政诉讼法〉第63条和64条为中心的考察》,载《环球法律评论》2016年第4期。
[2] 参见程琥:《新〈行政诉讼法〉中规范性文件附带审查制度研究》,载《法律适用》2015年第7期。
[3] 参见王东伟:《法治理念下规范性文件的法院审查研究》,载《时代法学》2015年第3期。
[4] 参见程琥:《新〈行政诉讼法〉中规范性文件附带审查制度研究》,载《法律适用》2015年第7期。

的同级人民政府或者上一级行政机关。这表明除不予适用未通过合法性审查的行政规范性文件,且不将其作为认定具体行政行为合法性依据外,法官在当前司法制度框架下还有其他权力及义务,即向制定机关提出处理建议,且可以将其同步至同级人民政府或上级行政机关。这是司法机关对行政行为的合理监督,也彰显出其在司法裁判中对行政规范性文件进行审查的多重法治意义。但必须注意,无论是根据《行政诉讼法》还是相关司法实践,司法机关都不可在裁判中宣告行政规范性文件无效或作出撤销之决定。这对于在民事裁判中构建对行政规范性文件的合法有效审查制度具有重要的参考价值。

二、美国非立法性规则的审查与适用

(一)区分立法性规则与非立法性规则的界限

即便是在美国,行政主体仍然享有部分立法权。在美国,行政机关制定的具有实体意义的规则包括两类三种。两类是指立法性规则与非立法性规则。其中非立法性规则又分为解释性非立法性规则与政策声明。立法性规则是指经过通告评论程序发布的规则,该种规则与法律具有同等效力。并且,立法性规则的制定需要严格遵照《美国联邦行政程序法》明确的程序要求。是否经过通告评论程序,是区分相关规则是立法性规则还是非立法性规则的直接依据。解释性非立法性规则和政策声明作为非立法性规则,可以不遵守《美国联邦行政程序法》第553条规定的通告评论程序。[1] 美国学者指出,几乎所有的行政机关都经常要从事法律解释的程序以及构设或限制法定的裁量,颁布非立法性规则是行政机关执行这些功能的方式之一。其中,对于解释性非立法性规则而言,因为行政资料中的语言的含义经常是模糊的、不清楚的或抽象的,解释是行政不可或缺

---

[1] 参见王留一:《美国非立法性规则与立法性规则的区分标准及其启示》,载《河北法学》2018年第3期。

一部分,行政机关的首长与职员必须填补这些漏洞才能完成行政任务。而对于政策声明,其可以很好控制职员行为。将政策声明在联邦登记上公布,从而使公众知晓,也为职员可能做什么提供了权威的指南。[1] 可以说,非立法性规则通过阐释法律、已有规则的语言,从而可以为行政机关的裁量权提供指导,构成了行政过程的重要组成部分。[2]

立法性规则和非立法性规则对法院而言具有完全不同的效力。立法性规则因国会的授权而具有"法律效力",其对法院产生拘束力。只要行政机关的政策决定属于"合理"的范围,该类政策决定就必须得到支持,法院也会对其适用宽松的审查标准。非立法性规则没有法律授权,因此只能获得法院较低程度的尊重。并且,法院对此类规则的尊重程度完全取决于其合理性。[3] 在美国,通过严格规范行政立法的立法程序,以实现对其规制。但实际上,大量未获得授权,且未经通告评论程序的非立法性规则,在内容上包含了实质上的立法性规则。因此,不能简单地以是否履行法定程序来判断立法性规则和非立法性规则。美国在一系列案件中沉淀出了区分立法性规则和非立法性规则的实质判断标准。对于那些行立法性规则的非立法性规则,法院会宣告其无效或不得作为行政行为的依据。[4] 可见,在美国,法院对于非立法性规则的审查和适用具有较高的权限,甚至可以突破非立法性规则的形式表征,对其内容进行实质性审查。

---

[1] 参见[美]迈克尔·阿斯姆:《非立法性规则制定与规制改革》,高秦伟译,载胡建淼主编:《公法研究》第5辑,浙江大学出版社2007年版。
[2] 参见[美]迈克尔·阿斯姆:《非立法性规则制定与规制改革》,高秦伟译,载胡建淼主编:《公法研究》第5辑,浙江大学出版社2007年版。
[3] 参见沈开举、任佳艺:《行政规范性文件附带司法审查的实现机制研究——美国经验与中国探索》,载《湖北社会科学》2018年第9期。
[4] 参见高秦伟:《美国行政法上的非立法性规则及其启示》,载《法商研究》2011年第2期;王留一:《美国非立法性规则与立法性规则的区分标准及其启示》,载《河北法学》2018年第3期;沈开举、任佳艺:《行政规范性文件附带司法审查的实现机制研究——美国经验与中国探索》,载《湖北社会科学》2018年第9期。

（二）区分解释性非立法性规则和政策性声明的司法适用规则

行政机关制定非立法性规则并不需要法律的授权,因而在实务中不具有与法律相同的效力,并不拘束行政相对人与法院。总的来说,法院还是倾向于将非立法性规则视为法律解释,坚持法院的最后决断权力。在确定行政机关所作的法律解释能否得到适用时,法院会综合行政机关作出解释的一致性、行政机关曾经参与过法律起草、专业技术性等因素作出判断。[1] 针对不同类型的非立法性规则,法院的审查和规制标准也有所不同。

对于解释性非立法性规则。一般认为,非立法性规则主要用于阐释法律或立法性规则中已经存在的权利或义务,而非创立新的权利或义务。若非立法性规则属于对已有权利义务的阐释,那么法院在审查时会给予该项规则以适当尊重。[2] 学者指出,这种尊重仅代表一定程度上的说服力而非约束力,即法院之所以采用,是出于对行政专业性和权威性的尊重。[3] 但倘若一项规则为行政相对人设定了新的权利和义务且未经立法程序,那么该项规则便会被认定为滥用行政权力而无效。实践中,法院对解释性非立法性规则的审查重点,是其是否超越了其所解释的条文的本来含义,[4] 并经一系列案例演变最终形成了成熟的"法律效力"标准。该标准源于"采矿协会案"[5]。该案中,法院指出要区分一项规则是否属于立法性规则应先回答四个问题:其一,倘若该项规则不存在,行政机关的执法行动、受益行为及其应当履行的职责是否会缺少法律依据？其二,规则制

---

[1] 参见高秦伟:《在法律解释与政策形成之间——行政法解释方法论研究》,载葛洪义主编:《法律方法与法律思维》第8辑,法律出版社2012年版。
[2] 参见高秦伟:《美国行政法上的非立法性规则及其启示》,载《法商研究》2011年第2期。
[3] 参见沈开举、任佳艺:《行政规范性文件附带司法审查的实现机制研究——美国经验与中国探索》,载《湖北社会科学》2018年第9期。
[4] 参见王留一:《美国非立法性规则与立法性规则的区分标准及其启示》,载《河北法学》2018年第3期。
[5] American Mining Congress v. Mine Safety Health Administration, 995 F. 2d 1106 (D. C. Cir. 1993).

定时是否依程序要求在《联邦行政法规汇编》上予以刊登？其三，该项规则制定是否为行政机关立法权之行使？其四，该项规则是否构成对先前立法规则之修订？倘若上述四问中，第一问回答为"是"而后三问回答为"否"，则该项规则即为解释性规则。[1] 除此之外，所有与该种答案模式不一致的，均属于实质上的立法性规则。假如一项解释性非立法性规则被认定为实质上的立法性规则，该解释性非立法性规则将属无效。而通过实质审查，被法院确认的解释性非立法性规则并非一概能够得到司法机关尊重。原则上，考虑到行政机关对于法律、法规的解释可能更接近行政实务的需求，基于对行政专业性和权威性的尊重，法院可以通过行政机关提供的相关证据以及事实材料，判断其解释性规则的合理性。因此，法院在审查解释性规则的合法性及合理性时，主要看行政机关能否说服法院。如果无法使法院信服，法院可以用自己的观点代替行政机关的解释作出裁判。[2]

对于政策性声明。政策性声明一般不具有约束力，但是由于行政机关的权力结构，下级机关一般都会执行上级机关的文件。并且，因公众往往并不知道该政策声明是否具有约束力，而通常会选择遵守，从而使政策性声明获得了事实上的约束力。[3] 在美国，对政策性声明的司法审查采取的是"实质性影响"（substantial impact）标准和"拘束效果"（binding effect）标准。所谓实质性影响标准，是指考察一项政策性声明是否对行政相对人施加了实质上的影响。在比较有代表性的两个案件，Texaco. Inc. v. FPC 案[4]和 Lewis – Mota v. Secretary of labor 案[5]中，前案因对相对人新施加了一项义务，后案

---

[1] 参见高秦伟：《美国行政法上的非立法性规则及其启示》，载《法商研究》2011 年第 2 期。
[2] 参见沈开举、任佳艺：《行政规范性文件附带司法审查的实现机制研究——美国经验与中国探索》，载《湖北社会科学》2018 年第 9 期。
[3] 参见王留一：《美国非立法性规则与立法性规则的区分标准及其启示》，载《河北法学》2018 年第 3 期。
[4] Texaco, Inc. v. Federal Power Commission, 412 F. 2d 740 (3d Cir. 1969).
[5] Ignacio F. Lewis – Mota v. The Secretary of Labor, 469 F. 2d 478 (2d Cir. 1972).

因改变了既存的权利与义务,案涉政策性声明均被认定为立法性规则。可见,是否影响相对人的权利义务,是判断案涉政策性声明是否具有实质性影响,进而判断其属于立法性规则还是政策性声明的关键。所谓拘束效果标准,是指如果行政机关希望颁布一般性政策声明,那么这种一般性政策声明所体现的规则将不具有法律拘束力。[1] 一般情况下,政策性声明不具备拘束自身或相对人的意图,但若该项政策在文本表达上使用了命令性、确定性的语言,便会具有产生拘束力的倾向而必须在经过《美国联邦行政程序法》所规定的有关通告评论程序后,方可具有对外的约束力。[2] 因此,是否剥夺下级机关的自由裁量权,或者声明内容是否使用了"必须、应当"等词汇,进而构成对下级机关、社会大众的约束,是判断一项政策性声明是否为立法性规则、是否有效的另一项标准。[3] 美国法院在判例中借助"法律拘束力"判断明确了政策性声明和立法性规则的界限,法院认为:"行政机关有两种方法来制定可能具有'法律拘束力'的政策。通过规则制定程序来建构拘束性政策并借此推动实体性规则制定,或者通过裁决构建具有拘束力的先例。政策性声明,例如媒体发布的声明,预示着规则制定的开始,或者标示了一个行政机关试图遵循未来裁决的过程。"美国法院进一步强调,"政策声明并非用以确定'拘束性规范'。最终它并非对所宣称的某一问题或权利的绝对性规范。政策声明只是表明了行政机关对于未来的一种试探性意图"。[4] 可见,假如某项政策性声明对公民产生了实质影响,或者能够产生拘束效果,其将被法院认定为实质上的立法性规则,进而因行政机关超越立法权限而不予认可该等政策性声明的效力。

---

[1] See Thomas J. Fraser, *Interpretive Rules: Can the Amount of Deference Accorded Them Offer Insight into the Procedural Inquiry?* 90 Boston University Law Review 3 (2010).
[2] Cmty. Nutrition Inst. V. Young, 818F. 2d943, 947 (D. C. Cir. 1987).
[3] 参见王留一:《美国非立法性规则与立法性规则的区分标准及其启示》,载《河北法学》2018年第3期。
[4] 参见胡敏洁:《美国行政法中的"政策声明"》,载《行政法学研究》2013年第2期。

三、启示

考察我国行政诉讼中行政规范性文件的司法审查和司法适用规则,以及美国非立法性规则的审查和司法适用规则,可以发现,其中相通之处颇多。有关规则和实践,对于民事裁判中行政规范性文件司法适用规则的明确和完善,具有以下四个方面的重要启示。

(一)行政规范性文件可作为裁判说理依据,但须以法律为基础

在我国的行政司法实践中,从最早2004年的《行政案件适用纪要》,到2009年的《裁判文书引用规定》,再到2014年修正的《行政诉讼法》,均明确行政规范性文件在行政诉讼中有作为裁判说理依据的余地,实践中行政规范性文件经审查后成为行政行为合法性基础的司法裁判更是常见。作为英美法系典型的美国,虽然严格限制行政立法的权限及程序,但大量非立法性规则因为能对行政机关的裁量权提供指导,因而构成了行政过程的重要组成部分,从而获得司法机关一定程度的尊重。

但是,即便行政规范性文件对于司法裁判说理具有一定的积极意义,仍不能本末倒置,必须严格遵守法律秩序的等级结构。在我国行政裁判中,行政规范性文件仅得为说理依据,不得为裁判依据。美国也主张非立法性规则不得有立法之实,否则便因违反《美国联邦行政程序法》关于立法性规则的程序要求而无效。并且,我国行政司法实践特别强调行政规范性文件(行政命令)不得违反法律保留原则、不得与法律和上位法抵触,这都体现了法律优位原则。所以,民事裁判中,也应当贯彻行政规范性文件的说理依据地位,不应将其作为裁判依据援引。

(二)不同类型的行政规范性文件对司法裁判的意义也不相同

根据我国行政诉讼理论和实践,行政规范性文件可分为行政创制性文件、行政解释性文件、行政指导性文件。美国则同时存在依授权而创设的立法性规则和无授权依据而创设的非立法性规则,非立

法性规则在内容上也可以进一步分为解释性规则和政策性声明。对于不同类型的行政规范性文件、行政命令或非立法性规则，其司法适用的正当性及适用规则也不相同。

对于行政创制性文件或经授权而制定的行政命令、非立法性规则。在美国，构成授权立法的行政命令及非立法性规则，被看作"立法者意志的延伸，具有补充、追加立法者所未完成之法律效力"，因此在司法裁判中被予以适用。而如前文所述，我国授权立法不会递及行政规范性文件，因此不存在任何因授权立法而形成的行政规范性文件。在我国的司法实践中，《关于当前形势下做好行政审判工作的若干意见》指出法官在"既要遵循法律的具体规定，又要善于运用法律的原则和精神"前提下，"对于没有明确法律依据但并不与上位法和法律原则相抵触的应对举措，一般不应作出违法认定"。各级司法机关在行政规范性文件缺乏上位依据时，尚未统一标准：有法院不说明理由直接适用，也有法院以不抵触上位法为由认定其效力，还有法院在肯定内容合理性或其形式上的权威性基础上适用此类规范性文件，更有法院指出该类规范性文件"不是法院判案的有效法律依据"而拒绝适用。因此，出于维护法律规范等级体系、遏制恣意行政、贯彻法治理念的目的，应谨慎适用行政创制性文件。

对于行政解释性文件或解释性行政命令。因为法律无法事无巨细，行政主体在行使管理职能时往往需要对法律的具体适用进行进一步明确。并且，行政机关对法律作出的统一性解释也可以约束行政执法过程中的自由裁量权。因此，无论是我国还是美国，司法机关均会基于行政主体的专业性和权威性，给行政解释性文件或解释性行政命令、非立法性规则以适当尊重。但是，司法机关为防止行政机关借行解释之名而行立法之实，会考察有关文件或命令是否超越上位法范围、是否违反宪法和法律、是否损害公民之权利和自由等。若是，则拒绝适用。

对于行政指导性文件或政策性声明。因为此类文件不会对行政相对人的权利或义务产生直接影响，所以司法机关一般不会给予其负面评价。但是,这类文件也很难成为裁判说理依据。在我国的行政诉讼中,很少见司法机关直接以行政指导性文件作为行政行为合法性的依据,最多是将其政策内容作为论证其他行政规范性文件合理性的基础。相较而言,如前文指出,在民事司法裁判中,农地"三权分置"的政策却已经成为裁判说理依据。此外,此类文件虽然不约束相对人,但也不能包含实质立法的内容。在美国,司法机关就是通过审查政策性声明的实质性影响和拘束效果,以确认政策性声明是否构成行政立法;若是,则将确认该类政策性声明违法。

(三)适用行政规范性文件必须先进行合法性审查

行政规范性文件、行政命令、非立法性规则并非一国法律体系的组成部分(授权立法除外),其对法院并无约束力,因此也无法像其他法律规范一样可直接成为法官的裁判说理依据。法官在决定适用上述文件前,必须进行审查再决定能否适用。我国行政诉讼中,明确行政规范性文件需经审查认定为合法有效后方可作为裁判说理依据,美国司法审查中对非立法性规则的审查更是严格。对行政规范性文件等非立法性文件进行审查的目的,一是捍卫立法机关的立法权,二是防止行政主体恣意妄为,三是在理论和实践运作中维持法律秩序的统一性和和谐。

在具体的审查内容上,包括合法性和合理性两个方面。我国行政诉讼在合法性审查方面,包括制定主体合法、制定权限合法、制定内容合法和制定程序合法四个方面;在合理性审查方面,则往往从政策考量、权益保护、基本法律原则等角度着眼。相较而言,我国对行政规范性文件的合法性、合理性审查,范围全面,且标准严格。但是,对于民事裁判而言,是否也应同时审查行政规范性文件的合法性和合理性,具体的审查标准应如何确定,仍有进一步明确的必要。

(四)法官对于行政规范性文件的司法适用有论证义务

在我国行政裁判中,《行政案件适用纪要》规定,人民法院可以在裁判理由中对具体应用解释和其他规范性文件是否合法、有效、合理或适当进行评述。本书认为,虽然当前的行政诉讼相关司法解释性文件采用的是"可以"的表述,但是应当明确法官就行政规范性文件司法适用与否的论证义务。原因在于:第一,无论行政裁判还是民事裁判,行政规范性文件的民事司法适用都具有条件性,并且法官还需要就行政规范性文件的合法性和合理性进行审查。法官必须在裁判文书中明确说明,才能确认其是否履行了上述义务。第二,加强裁判文书释法说理是近年来我国司法改革的重要事项,法官只有将其审查和判断过程及结果在裁判文书中示明,方能完成释法说明,并使涉讼双方信服,亦可以构成未来评价司法裁判的依据。第三,在公私法明确划分的背景下,为了确保公法不过分侵入私法、保障民事主体合法权利,也有必要合理限制行政规范性文件的民事司法适用。强调法官的论证义务,也可以在一定程度上实现该目标。

第三节 行政规范性文件民事司法适用的具体规则

行政规范性文件民事司法适用的具体规则,既要遵循民事司法裁判说理的一般规则,又要结合行政规范性文件的特殊定位和性质予以明确。本部分将在前文分析基础上,以行政规范性文件的私法定位为基础,以《民法典》第10条及《裁判文书引用规定》所确定的民事裁判规则为准据,同时借鉴我国行政诉讼法中行政规范性文件的审查与适用规则、美国非立法性规则的规制规则等,尝试构建我国民事裁判中行政规范性文件之司法适用规则。

如前所述,行政规范性文件虽具有一定权威性,但并不具有普遍约束力即不构成法院裁判的必然约束。其虽不为我国法律体系的组成部分,但对于外部体系具体化及内外体系的融合具有重要意义,因此可称其为民法准规范法源。在公私法交融背景下及公法私法化的需求下,民事司法虽然可以适用行政规范性文件,但也契合法治之道。本书认为,行政规范性文件的民事司法适用包括以下四个方面的具体规则:其一,分为法源意义上和非法源意义上的司法适用;其二,仅得作为说理依据而不得为裁判依据;其三,根据审理案件的需要;其四,经审查认定为合法有效。

一、法源意义上和非法源意义上的司法适用

法源,既是法官法律发现的场所,也是法律裁判中法律形成的路径。《民法典》第10条的意义,是以法官司法裁判活动为规制对象,明确了法官的"找法"义务及"造法"权利。《裁判文书引用规定》将法官可以援引的规范性法源分为裁判依据和说理依据,也进一步框定了规范法源的范围。但实际上,某规范在裁判说理部分呈现,并不代表该规范就必然属于案涉裁判纠纷的法源。[1] 这是因为,法源解决的是"何者为法律"的问题,法官有时援引某规范仅是将其作为事实依据陈述而已。例如,法官引用地方政府[2]发布之"限购令",并非要据此作为判断合同效力的依据,而是要论证"限购令"是否构成情势变更之事实。又如,当事人在合同中约定如遇国家政策调整,相应条款按国家政策执行,其后遇到省级行政规范性文件出台,法官说理部分援引该行政规范性文件,指出出现了合同双方所约定的合同变更的事由。[3] 此时,行政规范性文件仅作为事实而非规范,真正影响民事权利义务、作为裁判"大前提"的是合同法。因此,法官并非在法源意义上,而是在事实意义上适用行政规范性文件。也就是说,行政规范性文件的民事司法适用包括法源意义上的适用和非法源意义上的适用两种情形。前者即指非法源意义上的司法适用,后者即指法源意义上的司法适用。非法源意义上的司法适用,是指行政规范性文件作为"小前提",成为事实认定的依据,属于证据法则范畴;法源意义上的司法适用,是指行政规范性文件作为"大前提"提供"涵摄"之基础。对于前者,按照一般事实认定标准判断即可;

---

[1] 参见曹志勋:《对民事判决书结构与说理的重塑》,载《中国法学》2015年第4期。
[2] 参见广西壮族自治区南宁市中级人民法院民事判决书,(2013)南市民一终字第206号。
[3] 参见最高人民法院民事裁定书,(2016)最高法民申2548号。

而对于后者,法官则仍需"经审查认定为合法有效的",方可将行政规范性文件作为裁判说理依据。本书重点探讨的,是行政规范性文件法源意义上的司法适用。

二、引用规则:仅得作为说理依据而不得为裁判依据

结合《民法典》第10条和《裁判文书引用规定》的有关规定,法官进行民事裁判时可找之"法"包括法律、法律解释、司法解释、行政法规、地方性法规或者自治条例、单行条例、规章和行政规范性文件等。但是,法官能够适用的成文法又分为裁判依据和说理依据两类。行政规范性文件作为准规范法源,只能以说理依据的身份被援引,而不得作为裁判依据被援引。

首先,行政规范性文件并非我国法律体系的组成部分,其"准规范"地位决定了其不得作为裁判依据。前文分析指出,行政主体制定行政规范性文件的权力仅为组织法上的职能赋予,而非《立法法》上的立法权授予。我国最高权力机关早已明示,行政规范性文件并非中国特色社会主义法律体系的组成部分。司法裁判不能突破这一原则。

其次,行政规范性文件的民法准规范法源地位决定其可作为说理依据。法律渊源既是内部体系的具体化的依托,也是外部体系的生成路径。在借由外部体系无法完成涵摄,或者法律规范付之阙如时,法官便可诉诸内部体系的其他具体化形式实现司法裁判,这分别对应了"找法"和"造法"两种裁判路径。行政规范性文件属于准规范,参照外部体系的逻辑和程序制定,当法官在法律体系中"找法"无果时,应当允许法官将"找法"范围扩大到规章及行政规范性文件,以解决内部体系具体化的困境。此外,行政规范性文件在概念涵摄上与法律体系内的相关规范也高度相通。因此,法官在司法裁判中,往往会因概念上的一致性和内容上的确定性,选择将行政规范性文件作为裁判说理的依据。这在行政解释性文件的司法适用中表现得尤为明显。而当制定法阙如,行政规范性文件可以为重要事项提供规制方案时,其又可借制定法中外部体系具体化条款即法律原则条款而成为漏洞填补的依据。此点,对应行政创制性文件的司法适用逻辑。

最后,行政规范性文件必须依托裁判依据方能成为说理依据。行政规范性文件不得作为说理依据,是由其准规范地位决定的,也是由说理依据对裁判依据的依存性决定的。《民法典》第10条中的"依照法律"和《瑞士民法典》第1条第1款均明确了法官"找法"中的制定法优先义务。一方面,法官需要在规范等级体系中逐级寻找和涉案事实最相近的规范。在这个"找法"过程中,法律、法律解释、司法解释、行政法规当然具有优先适用性。另一方面,虽然"找法"对象可以拓展到规章和行政规范性文件,但是法官应当优先在法律体系内寻找裁判依据,当法律体系内"找法"不得时,才可诉诸其他内部体系的具体化方式。因此,在法官的裁判说理过程中,法律规范(裁判依据)要优先于准规范(说理依据)适用。并且,鉴于说理依据对裁判依据的依从性和作为说理依据的条件性,行政规范性文件必须透过裁判依据,并借助二者之间的联系,方可成为民事裁判说理依据。

总之,《裁判文书引用规范》作为我国司法裁判依据引用规则,既契合了民法渊源条款中蕴含的制定法优先原则,又独创性地将裁判依据划分为说理依据和裁判依据。这对于规范司法裁判活动、约束法官自由裁量具有重要的现实意义。具体到民事司法裁判中,该规则既能够体现私法中的意思自治原则,也为避免下级立法或地方立法干涉市民社会设置了一定屏障,有利于引导公法规范有序进入私法,以实现必要的管制。

三、"根据审理案件的需要"的明确

(一)"找法"的三层结构

综合前文,"根据审理案件的需要",实际上是指"根据'找法'的需要",即通过概念涵摄而获得与个案事实最相近之大前提(规范)。

罗马法传统上之"找法"三层模式，包括法内、法外和反法三种"法"之查找，《瑞士民法典》第 1 条则以制定法的解释、制定法的类推、习惯法的发现和法官以其作为立法者补充制定的规则进一步发展了传统的"找法"模式。《裁判文书引用规定》第 4、6 条则是在我国司法实践基础上发展出了中国式的三阶层"找法"模式：第一层次，便是在法律、法律解释、司法解释中检索，若此时检索得出的法条，可完全满足案件审理的需要，便可径直适用无须进行第二层级检索；当检索无果时，第二层次便是扩大到行政法规、地方性法规、自治条例和单行条例；再无果时，第三层次便进一步扩大到行政规章和行政规范性文件。

  第一、二层检索之核心，体现在《裁判文书引用规定》第 4 条中的"应当""可以"四字。第一层次检索，当发现有与事实最接近之法律、法律解释、司法解释时，司法机关有径直适用之义务，此为"应当"；第一层次检索要求法律事无巨细，显然在立法技术上无法实现，因此在第一层次检索无果时，可进行第二层次检索，在行政法规、地方性法规或者自治条例和单行条例中寻找与个案事实最接近之规范，即仅在"应当"适用之规范无法满足判决需要时，方"可以"适用第二层次规范。而进行第三层检索，则需要把握以下原则：进行第三层次检索的原因，必定是第一层次、第二层次检索无果，即现有法律、法律解释、司法解释、行政法规、地方性法规或者自治条例和单行条例中，无法建立与个案事实完美契合之涵摄关系。此种情形即拉伦茨所指出的法律的漏洞，包括有意保留之不真正漏洞以及立法时未能顾及之真正漏洞。此时规章或行政规范性文件可以为案件解决提供大前提从而完成涵摄，便可予以适用。此点强调"找法"的层级，与前文所指"找法"需要符合规范等级体系位阶性的要求一致。

  （二）"找到"行政规范性文件的多维路径

  理想中的法律体系应当是与现实一一对应，可通过概念涵摄的方式，由裁判者顺利通过"大前提＋小前提＝结论"的法律推理得出结论。但受限于成文法本身的缺陷及人类认知的局限，法律与现实并非总可达成或轻易达成完美涵摄。因此,"大前提"可能缺席,但法官又不能以法律体系有漏洞为由拒绝审判。[1]《瑞士民法典》第1条除首次在成文法中列明民法渊源外,其重要意义还在于,在罗马法中传统的"找法"三层模式(法内、法外和反法三个方面的"找法")基础上进一步发展从而形成了现代意义上的"找法"体系,即通过简洁的条文规定了法律解释、类推、适用习惯法、法官创设规则四种法律适用方法及其位序,区分了法律解释和漏洞填补两大范畴,并通过实务惯例将这两大范畴连通,形成一个有机整体。[2] 法律解释方法的优先性又与制定法优先原则契合。对于已为立法者预见而有意留白的法内漏洞,法官应当像立法者一样,利用法律的原有资料和立法者的政策评价填补即可,且应尽量避免与现行法的不一致,[3] 因此在司法实践中法官多采用类推、目的性限缩等解释方法。[4] 法律解释方法的重要性,体现了制定法的基础性,也正因如此,拉伦茨才将法官所为之法的续造称为"解释的赓续"。[5] 于此意义上,当行政规范性文件于解释方法上可通过概念涵摄细化、明确法律法规的内容,便可成为"找法"之结果。实际上,当前我国实践中的大量民事判决,正是因行政规范性文件构成对上位法的补充或细化,才将行政规范性文件列为裁判说理依据。比如,在"张某平与重庆保安集团金盾押运有限公司劳动争议案"中,人民法院判决指出:"《工资支付暂行规定》是劳动部发布的规范性文件,系现行有效的法律文件,是对其上位法《中华人民共和国劳动法》的相关规定的细化,因此可

---

[1] 参见苏永钦:《"民法"第一条的规范意义》,载苏永钦:《私法自治中的经济理性》,中国人民大学出版社2004年版,第12页。
[2] 参见李敏:《〈瑞士民法典〉"著名的"第一条——基于法思想、方法论和司法实务的研究》,载《比较法研究》2015年第4期。
[3] 参见苏永钦:《"民法"第一条的规范意义》,载苏永钦:《私法自治中的经济理性》,中国人民大学出版社2004年版,第8页。
[4] 参见李敏:《〈瑞士民法典〉"著名的"第一条——基于法思想、方法论和司法实务的研究》,载《比较法研究》2015年第4期。
[5] 参见[德]卡尔·拉伦茨:《德国民法通论》,王晓晔等译,法律出版社2003年版,第246页。

以适用本案。"[1]

同时,制定法优先,除法律解释优先外,尚包括法律原则和一般条款优先。法律系统在规范运行上是封闭的,但在认知上又是开放的,此种开放主要通过法律原则和一般条款来实现,法律外的信息只有通过转变为法律自身的基因密码才能在法律系统中运行。[2]"原则的列举一方面可以为法律内的法的续造提供证立基础,另一方面可以最大程度地避免法律外的法的续造,从而使民法典具有更强的稳定性和适应性。"[3]而一般条款的真正意义,"在于立法技术领域,由于其很大的普适性,一般条款可能使一大组事实构成无漏洞地和有适应能力地承受一个法律后果"[4]。《裁判文书引用规定》第4条明确,能够作为裁判依据的仅是法律、行政法规、地方性法规等,不包括规章及以下规范性文件。也就是说,在当前民事裁判文书样式下,即便行政规范性文件可以作为说理依据,也必须为其找到对应的裁判依据。如此,在无法通过概念涵摄和法律解释的方法找到裁判依据中对应的条文时,法律原则条款和一般条款就成了行政规范性文件介入民事司法的"桥梁"。如前文所述,实践中,作为国家政策的"红头文件"就是通过原《民法通则》中的第4条(自愿、公平、等价有偿、诚实信用原则)、第6条(遵守法律和政策原则)、第7条(禁止权利滥用原则),以及原《侵权责任法》第2条(保护范围)等,而成为民事裁判的说理依据的。如此,当规范法源出现漏洞,而规章和行政规范性文件无法通过概念涵摄构成对规范法源(规章以上者)的解释或细化时,仍可借助法律原则条款和一般条款、利用规章和行政规范性文件中的合理规定,完成漏洞填补。以行政规范性文件《农地"三

---

[1] 参见重庆市第一中级人民法院民事判决书,(2017)渝01民终4127号。
[2] 参见[德]贡塔·托依布纳:《法律:一个自创生系统》,张骐译,北京大学出版社2004年版,第111页以下。
[3] 方新军:《内在体系外显与民法典体系融贯性的实现——对〈民法总则〉基本原则规定的评论》,载《中外法学》2017年第3期。
[4] [德]卡尔·恩吉施:《法律思维导论》,郑永流译,法律出版社2004年版,第153页。

权分置"意见》为例,在 2018 年的《农村土地承包法》修正、新增土地经营权的内容之前,国家有关农地"三权分置"政策的司法融入,正是依靠《农村土地承包法》第 10 条"国家保护承包方依法、自愿、有偿地进行土地承包经营权流转"原则作为说理依据介入民事司法的。[1] 此外,我国民事立法中,尚有颇具民事特色的"找法"路径可以"找到"行政规范性文件。一是以公法为对象的转介条款和引致条款。如《民法典》第 1222 条第 1 项关于违反法律、行政法规、规章以及其他有关诊疗规范的过错认定。二是以特殊概念及行政规范性文件达成直接涵摄。例如,作为"公序良俗",借助《民法典》第 153 条第 2 款否定合同效力。又如,作为"国家有关工程建设标准",借《民法典》第 293 条之规定,判定是否存在"妨碍相邻建筑物的通风、采光和日照"之情形。此类路径,是为公法介入私法的柔化之道,亦表明有于传统"找法"理论下结合我国民事立法及司法实际再为丰富完善之必要。

因此,当民事裁判者通过在规范法源中检索,无法获得与案件事实达成涵摄关系之规范,或当事人于诉讼中主张行政规范性文件与案件事实涵摄关系之成立,而行政规范性文件可作为对规范法源之解释,或通过法律原则、一般条款等达成漏洞填补,或借助民事立法中的特殊条款构成"找法"之对象时,民事裁判者便得于决定援引行政规范性文件为裁判说理依据前进行"司法审查"。

(三)裁判文书援引规则与说理要点

首先,对于不同类型之行政规范性文件,在"根据审理案件的需要"的判断上不尽相同。如前文指出,行政创制性文件因为缺少授权,原则上不得规定影响公民权利、义务的事项,相应地也不适宜作为裁判说理依据。但是,考虑到现实需要,国家政策与改革举措尚需以行政规范性文件为载体而施行。因此,可以适当认可在内容上

---

[1] 参见湖北省利川市人民法院民事判决书,(2017)鄂 2802 民初 3951 号;辽宁省沈阳市中级人民法院民事判决书,(2016)辽 01 民终 13303 号等。

"没有明确法律依据但不与上位法和法律原则相抵触"的行政创制性文件。对于行政解释性文件,此类文件因为在概念涵摄或者管理事项上与上位法有着明显的承袭关系,所以经常成为法官"找法"的对象或结果。倘若法官的确"找法"无果,而行政解释性文件对上位法的解释性规定不违反上位法的基本原则和立法精神,法官应当对行政主体的专业性和权威性予以认可,即此时可以将行政规范性文件作为裁判说理依据。对于行政指导性文件,此类文件仅是行政主体政策意图的体现,本身并不涉及相对人的权利义务,一般也不宜作为裁判说理依据。但在部分领域,如农村土地承包合同纠纷中,大量裁判纠纷适用国务院的"通知"作为裁判说理依据。其中的重要原因就是,该类政策性文件对承包户的权益作了明确的倾斜性保护。比如,有的法官会在裁判文书中援引有关行政规范性文件中"原土地承包办法基本合理,群众基本满意的,尽量保持原承包办法不变,直接延长承包期""任何组织和个人不能以欠缴税费和土地撂荒为由收回农户的承包地"的内容,作为裁判说理依据,从而确认存在程序瑕疵之农村土地承包合同效力。这体现了法院在国家政策指导下对承包户的权利保护。[1]因此,倘若行政指导性文件旨在维护社会公共利益或特定人权利益,则法官可以援引其作为补强性理由。

其次,对于不同类型的行政规范性文件,对应的裁判依据也各有不同。因为行政规范性文件不得作为裁判依据,所以法官必须寻找相应的裁判依据以完成论证;而又因为行政解释性文件在概念和管理事项上承袭上位法,所以很容易确定其对应的裁判依据。但是对于行政创制性文件和行政指导性文件,一般缺乏明显的上位法依据,法官往往会援引上位规范中的概括性条款或一般条款作为裁判依据。在特定情形下,法官还会援引民事法律中的一般条款或基本原则条款作为裁判依据。

---

[1] 参见汪君:《论土地政策的司法融入——以政策在土地承包合同纠纷中的介入机制为研究路径》,载耿卓主编:《土地法制科学》第1卷,法律出版社2017年版。

最后,法官必须对行政规范性文件的司法适用进行充分的论证说理。也就是说,法官在决定适用行政规范性文件时应履行论证义务。这种论证义务包括两个方面。一是需要论证涵摄关系成立。前文指出,法官在说理部分需要证明自己判断的正确性,从而为裁判过程中的涵摄提供说服性论据并增强此种涵摄结果的可接受性。二是需要论证规范秩序之契合。所有具体规范均为"整个法律秩序"的一部分,内部矛盾的法律秩序将损害对一切公民的、统一的法律标准的要求,并因此损害法律平等的要求。[1] 因此,法官在检索到更接近个案事实之行政规范性文件后,仍得对行政规范性文件的司法适用是否符合规范秩序尽论证义务,即法官需要论证行政规范性文件和上位规范(主要是裁判依据)间的联系,并说明此种联系的融贯性。但需注意的是,这种对规范秩序的审视,与对行政规范性文件本身合法性的审查不同。前者侧重在个案事实上审视行政规范性文件作为说理依据与裁判依据之间的关联性和正当性,后者则侧重行政规范性文件作为准规范对整个规范体系的符合性即合法性。

(四)示例

接下来,本书将举例说明行政规范性文件的适用规则。一例是"张某诉毛某用益物权确认纠纷案"[2]。该案的争议焦点,是原告是否属于公租房之共同居住人,从而可以对涉讼公租房享有共同居住权。查原《合同法》"租赁合同"一章,检索到第234条规定,"承租人在房屋租赁期间死亡的,与其生前共同居住的人可以按照原租赁合同租赁该房屋"。而本案涉诉标的为公租房,且诉争内容为当事人是否享有共同居住权而非能否继续租赁,因此,原《合同法》第234条并非最接近本案事实的规范。再查涉诉地区的地方性法规,有《上海市房屋租赁条例》(已失效),其中有更接近本案事实即诉争焦点的规定,即《上海市房屋租赁条例》第40条第3款:"租赁户名变

---

[1] 参见[德]伯恩·魏德士:《法理学》,丁晓春、吴越译,法律出版社2013年版,第316页。
[2] 参见上海市徐汇区人民法院民事判决书,(2013)徐民四(民)初字第1109号。

更后,原承租人的共同居住人仍享有居住权。"但此处仍未解决何为"共同居住人",因此得再查是否有下位规范对该问题有更进一步的规定,果然检索到地方规范性文件《上海市房地资源局关于贯彻实施〈上海市房屋租赁条例〉的意见(二)》(沪房地资公〔2000〕98号)第12条第1款指出,"《上海市房屋租赁条例》中所称公有居住房屋的'共同居住人'是指公有居住房屋的承租人死亡或者变更租赁关系时,在该承租房屋处实际居住生活一年以上(特殊情况除外)而且本市无其他住房或者虽有其他住房但居住困难的人,结婚、出生可以不受上述条件的限制",该规定恰好切合本案事实,因此法院在"本院认为"部分指出"沪房地资公〔2000〕98号"对《上海市房屋租赁条例》的具体规定,进而作出判决。然后,法官尚需检视检索得到的行政规范性文件是否符合规范秩序。查"沪房地资公〔2000〕98号"的立法目的,是"对《上海市房屋租赁条例》中有关公有房屋租赁管理提出如下实施意见";又查《上海市房屋租赁条例》第1条,其立法依据便包括原《合同法》,且"房屋租赁""共同居住人"乃三者共同规制之事项。因此,"沪房地资公〔2000〕98号"、《上海市房屋租赁条例》、原《合同法》构成"承租人死亡、共同居住人享有继续居住权"事项上由一般到具体之规定。因此,法官适用"沪房地资公〔2000〕98号",确实符合"审理案件的需要"。[1]

另一例是"李帅帅与上海通用富士冷机有限公司、上海工商信息学校人身损害赔偿纠纷案"。[2] 本案中,中等职业学校在校学生

---

[1] 值得一提的是,本案中法院并未适用原《合同法》,而是选用了原《民法通则》第5、6条为判决依据,似乎是将"沪房地资公〔2000〕98号"视为国家政策,而说理部分却未提及国家政策事项。本书认为,一份优秀的裁判文书,说理部分与裁判主文应当相互辉映、逻辑连贯,若该案法官采用了原《民法通则》第6条进行民事裁判,就应在说理部分采用"法律无规定——适用国家政策"的路径进行判决,相反,本案说理部分采用了"合同法——地方性法规——其他规范性文件"的说理路径,就应在裁判主文将原《合同法》列为裁判依据。本案是"找法"成功但有说理瑕疵的典型,也凸显了我国进行裁判文书说理改革的必要。

[2] 参见李帅帅与上海通用富士冷机有限公司、上海工商信息学校人身损害赔偿纠纷案,载《最高人民法院公报》2015年第12期。

在实习期间,于周六加班时发生意外受伤。本案核心争议焦点是所在学校是否需要承担侵权责任。根据原《侵权责任法》的有关规定,无法直接认定学校的侵权责任。"找法"后,法院发现教育部办公厅《关于应对企业技工荒进一步做好中等职业学校学生实习工作的通知》中规定"不得安排学生每天顶岗实习超过 8 小时;不得安排学生加班"。并且,该行政规范性文件的上位法,教育部、财政部发布的《中等职业学校学生实习管理办法》(已失效)中也有类似规定。可见,该行政规范性文件符合规范等级体系的融贯性。法院根据行政规范性文件的明确规定,基于工作单位在周末安排加班的事实,认定学校存在过错,从而将原《侵权责任法》第 6 条等作为裁判依据,将前述行政规范性文件作为说理依据,判决学校承担一定的侵权损害赔偿责任。

裁判者在审理案件时经常面临另外一种"找法"过程,即逆向"找法"。因具体规范更接近个案事实,民事纠纷中,当事人往往以具体规范为其主张之依据。根据民事裁判文书制作规范,法官又必须在"理由"部分阐明支持或不予支持的理由,这就需要法官从当事人提出的行政规范性文件出发,逆向寻找其上位规范。逆向"找法"的目的有两个,一是查看当事人提出之行政规范性文件是否属于最接近本案事实之规范,二是查看行政规范性文件是否符合规范等级体系的统一性。例如,被告供销合作社提出国务院《关于解决当前供销合作社几个突出问题的通知》(国发〔1999〕5 号)明确了县级以上供销社是服务性的事业单位,因此不能成为担保主体。最高人民法院在再审中确认,"国发〔1999〕5 号"乃最高人民法院《关于适用〈中华人民共和国担保法〉若干问题的解释》(已失效)第 3 条"以公益为目的的事业单位、社会团体违反法律规定提供担保的,担保合同无效"之具体化,因此认可二审法院关于担保合同无效的判决。[1] 又如,当事人指出涉案土地使用权性质的相关变更法律手续未及时

---

[1] 参见最高人民法院民事裁定书,(2014)民申字第 784 号。

办理,违反了《土地管理法》和国务院办公厅《关于清理整顿各类开发区加强建设用地管理的通知》的相关规定,据此应认定《联合开发协议》为无效协议。最高人民法院二审认为,涉案土地使用权性质未及时变更,仅涉及合同无法全面履行时之解除或终止问题,即当事人所主张的对《土地管理法》具体化的行政命令并非接近本案事实的规范,最终适用原《合同法》第93条判令合同解除。[1]

四、"经审查认定为合法有效"的性质及其操作

(一)审查的性质

人民法院为作出裁判而寻找法律依据的过程,乃司法意义上的"找法"或法律发现的过程。卡尔·恩吉施将找法的过程形象地比喻为"在大前提与生活事实之间来回顾盼",[2]即将作为大前提的法律规范和作为小前提的案件事实进行反复比对,最终寻找到与案件事实具有最密切联系的规范,从而形成裁判结论。[3] 在"找法"的要求方面,魏德士指出:"应检验得到认定的事实是否满足相关规范的事实构成。这种检验被称为涵摄。"[4]苏永钦将"找法"的标准界定为找到与个案事实最接近的规范,[5]所谓"最接近"亦是就案件事实和规范之间是否达成涵摄而言。法律渊源是法官"找法"的场域,法律渊源条款即"找法"条款,如《民法典》第10条便是指导民事司法活动的"找法"条款,其规定:"处理民事纠纷,应当依照法律;法律没有规定的,可以适用习惯,但是不得违背公序良俗。"所谓法官依照法律处理民事纠纷,实质就是法官据其职权"找法",以其心证获得与案件事实最接近的规范,从而完成裁判说理。"找法"是司法过程的本质要求。行政诉讼法虽不像民法一样格外强调法律渊源及"找

---

[1] 参见最高人民法院民事判决书,(2015)民一终字第57号。
[2] [德]卡尔·恩吉施:《法律思维导论》,郑永流译,法律出版社2014年版,第72页。
[3] 参见王利明:《裁判方法的基本问题》,载《中国法学教育研究》2013年第2期。
[4] [德]伯恩·魏德士:《法理学》,丁晓春、吴越译,法律出版社2013年版,第286页。
[5] 参见苏永钦:《私法自治中的经济理性》,中国人民大学出版社2004年版,第16页。

法"条款在裁判中的地位,但在诉讼程序中,法院同样需要"根据案件事实,对众多的规范性文件进行判断,并选择适用与本案事实最为相关的规范性文件"[1],此种判断和选择适用,即法官"找法"并就案件事实与规范的涵摄形成内心确信的过程。

"找法"需要遵循一定的规则,并在特定范围内进行。"如果没有一个普遍的规范,'自由的法官的法律发现'将不是法律发现,而只是恣意行为。"[2]作为"找法"范围的法律渊源,有正式法源和非正式法源之分,正式法源可以从体现为权威性法律文件的明确文本形式中得到,如宪法、法规、行政命令等;非正式法源则为正义标准、公共政策、习惯法等未在正式法律文件中得到明文体现的具有法律意义的资料。司法判决应当优先适用正式法源。[3] 正式法源的司法适用,同样需要考虑先后顺位。在成文法国家,制定法是最重要的法律渊源,"找法"遵循制定法优先的原则。只有在制定法渊源体系中找不到所需规范时,才能在非制定法渊源体系中"找法"。正是基于此种法理,《民法典》第10条构建了法律优先于习惯的"找法"顺位。这里的"法律",显然应作广义理解,即不限于全国人大及其常委会制定的法律。至于其范围究竟如何,民法中并无相关规定。《裁判文书引用规定》第4、6条在司法应用的意义上释明了"法律"的范围,其同《民法典》第10条结合在一起,形成了民事裁判"找法"的顺位和结构,为法官在民事裁判中"找制定法"提供了更加明确的指引。

找到可以与个案事实建立涵摄关系的制定法,并非"找法"活动的终点。法官在作出裁判前,还需以规范秩序统一性为标准,判断所找之法的适格性。一国的法律是在宪法的基础上通过渐次授权和逻

---

[1] 周汉华:《规范性文件在〈行政诉讼法〉修改中的定位》,载《法学》2014年第8期。
[2] [德]亚图·考夫曼:《类推与"事物本质"——兼论类型理论》,吴从周译,台北,学林文化事业有限公司1999年版,第99页。
[3] 参见[美]E.博登海默:《法理学:法律哲学与法律方法》,邓正来译,中国政法大学出版社2017年版,第431页以下。

辑演绎的形式逐级创设出来的,最终构成金字塔型的法律规范等级体系,并形成法律秩序的统一体。[1] 无论这套法律秩序在形式上如何划分,在适用时,必须将其作为价值评价的整体。[2] 体系思维对于"找法"的意义,在于保障目的性秩序和法的评价一致性、统一性,进而保证"找法"结果的内部体系和外部体系的符合性。违反体系的规范,原则上应当归于无效,并失去作为"找法"大前提的资格。[3] 所有的具体规范都是法律秩序整体的组成部分,内部矛盾的法律秩序将损害"统一的法律标准的要求,并因此损害法律平等的要求"。[4] 能够适用于司法裁判的制定法,应当是契合规范秩序统一性的制定法,这种统一性在形式上体现为上下位规范间从一般到具体的位阶和延续,在内容上体现为上下级规范间的服从和一致。立法法明确了从法律到规章的各级规范性文件的制定依据和权限,并在"适用与备案审查"一章规定了"宪法至上""上位法高于下位法""特别法优于一般法"等法律适用原则,即对规范秩序统一性要求及其判断标准进行制度表达。

判断"找法"结果是否契合规范秩序统一性,是法律适用的必经环节。理论上讲,其判断对象不限于规章和行政规范性文件,法律、行政法规同样可能违反规范秩序统一性。但是,从《裁判文书引用规定》及行政诉讼法的实践来看,仅当"找法"结果为规章或行政规范性文件时,才需进行审查。这是因为,倘若人民法院可对法律、行政法规进行审查并宣告其违法或无效,对于立法成本而言损耗极大。[5] 并且,《立法法》中已经专门设置了备案审查制度,法官应尊

---

[1] 参见[奥]凯尔森:《法与国家的一般理论》,沈宗灵译,商务印书馆2013年版,第173页以下。
[2] 参见[德]伯恩·魏德士:《法理学》,丁晓春、吴越译,法律出版社2013年版,第121页。
[3] 参见[德]克劳斯-威廉·卡纳里斯:《法学中的体系思维与体系概念:以德国私法为例》(第2版),陈大创译,北京大学出版社2024年版,第87-138页。
[4] 参见[德]伯恩·魏德士:《法理学》,丁晓春、吴越译,法律出版社2013年版,第316页。
[5] 参见江必新、梁凤云:《行政诉讼法理论与实务》(第3版),法律出版社2016年版,第1483页。

重立法与司法的权限划分。[1] 最高人民法院在解释《裁判文书引用规定》第 7 条时也指出,若规范性法律文件之间存在冲突,按照立法法的有关规定无法选择适用时,应依《立法法》向有关机关提请裁决。规章和行政规范性文件的法律属性特殊,立法法已将行政规范性文件排除在法律规范之外,当前需要通过多种途径加强对规章和行政规范性文件的监督也已成共识。《裁判文书引用规定》正是基于规章和行政规范性文件的特殊规范属性,借鉴行政裁判领域的成熟实践,设置了审查环节。一言以蔽之,此种审查的实质,乃是法官在"找法"过程中认定规章或行政规范性文件可能与案件事实达成涵摄后,以规范秩序统一性为标准,判断其裁判说理依据资格的活动。

(二)与司法审查的辨析

《裁判文书引用规定》中的审查并非司法审查,其与司法审查之间存在明显差异,具体包括以下几个方面:

其一,制度属性不同。在我国当前的法制框架内,有明确法律依据的、针对抽象行政行为作出的司法审查,仅有 2014 年《行政诉讼法》第 53 条首次明确的针对行政规范性文件的附带审查。法官在"找法"过程中对规章或行政规范性文件进行的审查,仅是最高人民法院通过司法解释进行的"自我赋权",[2] 是裁判说理机制而非基本法律制度。

其二,审查目的不同。裁判说理过程中的审查,目的是判断规章或行政规范性文件作为裁判说理依据的资格。司法审查则是为了在司法程序中就行政规范性文件的合法性得出确定性的司法结论。

其三,主动程度不同。只要法官欲援引规章或行政规范性文件为裁判说理依据,就必须先经审查认定其合法有效。至于针对行政

---

[1] 参见吴兆祥:《〈关于裁判文书引用法律、法规等规范性法律文件的规定〉的理解与适用》,载《人民司法》2009 年第 23 期。
[2] 参见余军、张文:《行政规范性文件司法审查权的实效性考察》,载《法学研究》2016 年第 2 期。

规范性文件的司法审查,只有在公民、法人或者其他组织在对行政行为提起诉讼时,一并请求对行政规范性文件进行审查的,人民法院才可进行附带审查。

其四,处理方式不同。最高人民法院案例指导工作办公室在解读指导案例5号时指出,人民法院无权撤销、改变不符合上位法的规章,也不宜在判决书中宣告其无效。而应直接依据上位法认定行政行为合法性。[1]《行政案件适用纪要》"关于行政案件的审判依据"部分也仅提到可以在裁判理由部分对行政规范性文件是否合法、有效进行评述。因此,对于经审查后认定为并非合法有效的规章及行政规范性文件,人民法院的处理方式只是不将二者作为裁判说理依据而已。就司法审查而言,若行政规范性文件在附带审查程序中被认定为不合法,人民法院除需阐明裁判理由外,还有权向制定机关提出修改、废止乃至立即停止执行该行政规范性文件的司法建议,行政机关在接到部分司法建议后应当于60日内予以书面答复。[2] 人民法院在判定行政规范性文件不合法后,还有义务向上级人民法院乃至最高人民法院报备。[3] 与之不同,裁判说理中的审查并不会产生超越"找法"和裁判说理之外的权利或义务。

(三)审查的范围及标准

前文已经指出,行政法学界主张针对行政规范性文件的合法性审查应从制定权限、条文内容和制定程序三个方面进行。《适用行政诉讼法解释(2018)》第148条规定的行政规范性文件不合法的判断标准,同样对应着制定权限、条文内容、制定程序三个方面。2018年国务院办公厅《关于全面推行行政规范性文件合法性审核机制的指导意见》亦是以此三项作为审核范围。鉴于此,民事裁判中针对

---

[1] 参见最高人民法院案例指导工作办公室:《指导案例5号〈鲁潍(福建)盐业进出口有限公司苏州分公司诉江苏省苏州市盐务管理局盐业行政处罚案〉的理解与参照》,耿宝建、姚宝华执笔,载《人民司法》2012年第15期。
[2] 参见《适用行政诉讼法解释(2018)》第149条。
[3] 参见《适用行政诉讼法解释(2018)》第150条。

行政规范性文件的合法性判断,也可从审查制定权限、条文内容、制定程序入手。首先,正如2018年国务院办公厅《关于加强行政规范性文件制定和监督管理工作的通知》所指出的,"乱发文、出台'奇葩'文件的现象还不同程度地存在,侵犯了公民、法人和其他组织的合法权益"。在此背景下,民事裁判应通过较为全面的审查,避免不当援引行政规范性文件,防止当事人的合法权益受到侵害。其次,在行政法领域,理论学说、行政自我规制和司法审查实践,对于行政规范性文件的审查范围已有共识,且自2014年行政诉讼法建立附带审查制度至今,已积累了多年的审查经验。民事裁判对于行政规范性文件制定权限、条文内容、制定程序的审查,可以借鉴行政诉讼领域成熟且成文的标准。最后,取消国家政策的民法渊源地位,本意就是减少"红头文件"对市民社会及市场经济的介入。随着《民法典》的施行,民事基本法律制度已臻完善。虽然《民法典》通过引致规定,明确部分事项需要适用行政规范,但具体的引致对象,如法人登记、宅基地管理等事项,基本上已由法律、行政法规、规章等作出明确规定。即便排除行政规范性文件的适用,仍然可以借助其上位法或民事法律基本原则、一般条款等完成漏洞填补及裁判说理。

《适用行政诉讼法解释(2018)》明确了行政规范性文件合法性审查的具体标准。近年来,地方上各类行政主体发布的、以规制行政规范性文件为目的的行政规范中,也有大量涉及合法性判断标准的规定。

其一,在制定权限方面。包括是否有制定行政规范性文件的一般资格,以及所制定的行政规范性文件是否超越权限等标准。前一标准主要考察行政规范性文件的制定主体是否属于宪法、立法法、组织法中规定的有权制定和发布行政规范性文件的部门或组织。目前,全国已有不少地方发布了行政规范性文件制定主体清单。[1] 后

---

[1] 如四川省司法厅《关于公布省本级行政规范性文件制定主体清单的通知》(2020年)、青海省司法厅《关于公布省级行政规范性文件制定主体清单的通知》(2019年)、长春市司法局《关于印发行政规范性文件制定主体清单的通知》(2019年)等。

一标准主要关注行政规范性文件所涉事项是否属于制定者的职权范围。

其二,在条文内容方面。除了《行政案件适用纪要》列举的下位法不符合上位法的具体情形,在国务院及地方上有关行政规范性文件的管理规定中,还有更加明确且详细的判断标准。如不得违法制定含有排除或者限制公平竞争内容的措施,[1]不得违反上级机关的命令、决定,[2]不得超越法定职权对应由市场调节、企业和社会自律、公民自我管理的事项作出规定[3]等。此外,实践表明,行政裁判中对行政规范性文件内容的审查,除了具体条文上的"不抵触",还包括法律原则和精神上的"不抵触"。[4] 基于前述对行政规范性文件进行全面审查的三点理由,本书认为,依法治国尤其强调对行政规范性文件的严格规制,为避免公权力过度干预私法,各类基本法律中的原则及精神,应当作为判断行政规范性文件内容合法与否的依据。

其三,在制定程序方面。国务院办公厅《全面推行行政规范性文件合法性审查机制的指导意见》"二、严格落实工作措施"部分明确了行政规范性文件审核机构的审核职责,强调应审核行政规范性文件是否违反制定程序。对行政规范性文件制定程序的审查,是推进依法行政、建设法治政府的必然要求,也是切实保障公民、法人和其他组织合法权益的应有之义。落实在民事司法裁判上,则是未经法定程序而发布的行政规范性文件,可以视为不合法,不能在民事裁判文书中引用。国务院办公厅《关于加强行政规范性文件制定和监督管理工作的通知》第二部分"规范制发程序,确保合法有效",对行政规范性文件的制发程序作出了规定。此外,地方立法机关或人民

---

[1] 参见《浙江省行政规范性文件管理办法》(浙江省人民政府令第372号)第5条。
[2] 参见《广州市行政规范性文件管理规定》(广州市人民政府令第195号)第6条。
[3] 参见山东省人民政府办公厅《关于做好行政规范性文件制定和监督管理工作的通知》(鲁政办发〔2018〕23号)第一部分"严格法定职责权限"的内容。
[4] 参见李成:《行政规范性文件附带审查进路的司法建构》,载《法学家》2018年第2期;陈运生:《行政规范性文件的司法审查标准——基于538份裁判文书的实证分析》,载《浙江社会科学》2018年第2期。

政府发布的行政规范性文件管理办法中,都会对本行政区域内行政规范性文件的制定程序作出详细规定,也可以作为行政规范性文件制定程序合法与否的判断标准。

(四)审查后的释法说理

首先,行政规范性文件经审查认定为合法有效的,裁判文书说理部分对于审查过程及结果的呈现,可参考民事裁判中对于合同效力审查的相关做法。在合同纠纷案件的审理中,无论当事人双方争议焦点为何,法官都有义务先行审查合同效力。若合同有效,裁判文书中常作这样一段表述:"(合同)系双方当事人真实意思表示,协议内容不违反法律、行政法规的禁止性规定,合法有效。"该表述既体现法官尽到了合同效力审查义务,又列明了审查范围和审查标准。民事法官在援引行政规范性文件时可以参照上述做法,呈现其对先审后引以及充分审查义务的履行情况。若待援引的行政规范性文件经审查认定为合法有效,可相应表述为:"本院通过对该行政规范性文件的制定权限、条文内容、制定程序进行审查,认为其可以作为本案裁判说理依据。"

其次,引用合法有效的行政裁判性文件作为说理依据时,需要遵循相应的说理规则。根据《裁判文书引用规定》,行政规范性文件仅能作为说理依据出现在民事裁判文书的理由部分,但这只是规范引用的表层规则。其背后隐藏的规则是,作为说理依据的规章或行政规范性文件,必须同裁判依据具有某种"联系",并通过此种"联系"介入民事司法。[1] 因此,民事裁判文书援引行政规范性文件时,除应确定相应的裁判依据外,还需阐述行政规范性文件与裁判依据间的联系。例如,在李帅帅与上海通用富士冷机有限公司、上海工商信息学校人身损害赔偿纠纷案中,[2] 争议焦点之一,是实习生在加班

---

[1] 参见张红:《论国家政策作为民法法源》,载《中国社会科学》2015年第12期。
[2] 参见"李帅帅与上海通用富士冷机有限公司、上海工商信息学校人身损害赔偿纠纷案",载《最高人民法院公报》2015年第12期。

过程中受到伤害,其所在学校是否应当承担侵权责任。法院审理认为,虽然行政规范性文件教育部办公厅《关于应对企业技工荒进一步做好中等职业学校学生实习工作的通知》不宜作为法院裁判的直接法律依据,但其关于"不得安排学生每天顶岗实习超过 8 小时;不得安排学生加班"的规定,可以作为法院评判学校是否有过错的依据。本案中,"可以作为法院评判学校是否有过错的依据",便构成了行政规范性文件和裁判依据原《侵权责任法》第 6 条第 1 款之间的联系。

再次,法官经审查发现行政规范性文件并非合法有效时,进行否定性评价需要把握好尺度。行政法学者主张,法官不宜在裁判文书中直言"不合法""违法""无效",而应"作出低调的阐明",可宣布其与某某上位法"不符",并指出不予适用,以体现司法的谦抑性品格。[1] 同样,民事裁判中的"合法有效审查",仅是秉持着"找法"的目的对行政规范性文件说理依据资格的判断。若经审查认为其并非合法有效,法官无须在裁判文书中明示行政规范性文件或其条款违法,更不能作出撤销行政规范性文件及其条款的司法结论,只需指出其不宜作为本案裁判说理依据即可。当然,法官仍有必要说明不予适用的理由,但在表述时应保持谦抑。对于行政规范性文件,因有较为权威、成文的审查标准,法官可将有关条文或规定列出,指明行政规范性文件与审查标准的不符之处,而对于结论的表述仍以"不宜作为本案裁判说理依据"为限。

最后,司法机关还有义务在裁判文书中积极回应当事人关于行政规范性文件合法与否的主张。《释法说理指导意见》第 7 条明确提出,诉讼各方对案件法律适用存有争议或者法律含义需要阐明的,法官应当逐项回应并说明理由。对于当事人在诉讼程序中提出的有关应否适用行政规范性文件的主张,属于对案件法律适用存有争议,

---

[1] 参见王春业:《从全国首案看行政规范性文件附带审查制度完善》,载《行政法学研究》2018 年第 2 期。

司法机关需要重视,并将当事人主张事项纳入考量范围,在理由部分给出采纳或不采纳的理由。

(五)审查的配套机制

在对行政规范性文件合法与否的判断上,人民法院的行政审判部门及行政法官更有经验与专业的优势。提高民事裁判对行政规范性文件审查效率的关键,是在现有审判实践基础上增强民事法官的审查能力。为此,有必要在司法系统内部有效利用和调动相关审查资源,构建行民合作、多级互动、集中公开的综合保障机制。

首先,构建行政审判和民事审判部门之间的协作机制。这有利于提高民事法官的审查效率,并统一司法机关对于规章或行政规范性文件的合法性判断。具体而言,可以在法律法规和有关纪律规定允许的范围内,通过有效的保密机制,单就行政规范性文件及其条文本身,由行政审判人员提供审查意见,然后由民事审判人员参酌。

其次,在人民法院系统内探索多级互动的指导机制。从人民法院对行政规范性文件的司法审查现状来看,基层人民法院是影响审查实效的关键环节。有必要发挥上级人民法院尤其是中级人民法院对基层人民法院"合法有效审查"业务的指导作用。例如,可以在避免参与个案审判的前提下,由上级人民法院从审查程序、审查标准等角度,对基层人民法院进行业务指导。同样,在个案中,下级人民法院可就具体的规章或行政规范性文件,提请上级人民法院提供审查意见。此外,有行政诉讼法学者建议,由最高人民法院以发布司法解释的形式提供体系化的审查标准,以避免"同案不同判"现象的发生。[1] 该建议同样适用于民事裁判领域。

最后,建立打通行民、集中公开的信息共享平台。及时公开对行政规范性文件的审查标准和审查结果,是统一审查标准、提高审查能力、避免"同案不同判"的重要前提。随着行政诉讼程序中行政规范

---

[1] 参见陈运生:《行政规范性文件的司法审查标准——基于538份裁判文书的实证分析》,载《浙江社会科学》2018年第2期。

性文件附带审查机制的完善,建立全国性的审查结果信息共享平台更显必要。[1] 未来民事诉讼也可借用此种信息平台,提高民事法官对于行政规范性文件合法性判断的效率,统一行政裁判和民事裁判中的审查标准。

第四节 本章小结

《民法典》第 10 条的法源条款和《裁判文书引用规定》构成民事裁判的基本准则。前者中的"依照法律"和后者中的"可以作为裁判说理的依据"既是民事裁判说理的一般准则,又为行政规范性文件之司法适用提供指引。"依照法律"明确了法官的依法裁判义务,亦明确了制定法优先原则。所谓法官"依照法律"进行民事裁判,则是法官据其职权"找法",以其心证获得与案件事实最接近之规范,从而完成裁判说理的过程。"可以作为裁判说理的依据"源于法官在司法裁判过程中对于判决结果的论证说理义务,表明了法律渊源的位阶结构和不同规范在司法裁判过程中的不同分工,此种分工表现为裁判依据和说理依据之差别,亦明确了规章和其他规范性文件作为裁判说理依据的条件性。

我国行政规范性文件在行政诉讼中的审查和适用规则、美国非立法性规则的司法适用规则,可以为行政规范性文件民事司法适用具体规则的完善提供有益借鉴。考察上述三者,可发现:行政规范性文件确可作为司法裁判之依据但仍须以法律为基础;不同类型之行政规范性文件对司法裁判之意义亦不相同;对行政规范性文件之合法性及合理性进行审查是必要条件;法官对于行政规范性文件之司法适用负论证义务。

---

[1] 参见程琥:《新〈行政诉讼法〉中规范性文件附带审查制度研究》,载《法律适用》2015 年第 7 期。

以我国民事裁判说理一般规则为基础,借鉴行政诉讼及比较法之有关规则,可以明确行政规范性文件民事司法适用的具体规则。

其一,行政规范性文件之民事司法适用,分为法源意义上及非法源意义上之司法适用两种情形。法源意义上之司法适用,是指其作为"大前提"提供"涵摄"之基础。非法源意义上之司法适用,是指其作为事实认定之依据,作为"小前提"提供事实认定之依据。

其二,行政规范性文件仅得作为说理依据而不得作为裁判依据。此点是由其民法准规范法源地位决定的,亦是私法意思自治之体现,为避免下级立法或地方立法干涉市民社会设置屏障并引导公法规范有序进入私法以实现必要之管制。同时,行政规范性文件必须借由裁判依据方可成为说理依据,也表明了行政规范性文件对其他裁判依据的依存性和司法适用的条件性。

其三,"根据审理案件的需要"其实是根据"找法"的需要。《裁判文书引用规定》第4、6条在我国司法实践基础上发展出了中国式的三阶层"找法"模式,当在第一层次(法律、法律解释、司法解释)和第二层次(行政法规、地方性法规、自治条例和单行条例)检索无果时,方可进行第三层次检索,即进一步扩大到行政规章和行政规范性文件。对于不同类型之行政规范性文件,其"根据审理案件的需要"的情形认定和对应的裁判依据均不相同,并且法官需要就适用行政规范性文件时的"根据审理案件的需要"承担论证义务。其论证内容,一是行政规范性文件构成与案件事实最接近之规范,二是行政规范性文件与涉案规范(尤其是裁判依据)间符合规范秩序。

其四,"经审查认定为合法有效"是必经程序。此种审查并非司法审查,而是法官据自由裁量权确定是否在裁判说理部分援引行政规范性文件,最终据以裁判者仍是法律、行政法规等裁判依据。审查的目的是明确其是否符合法律规范等级结构,包括制定主体合法、制定权限合法、制定内容合法和制定程序合法四个方面。若审查认定合法有效,可以作为裁判说理依据;若审查认定为并非合法有效,不必宣告其违法或无效,仅在裁判中排除其适用即可。未来随着司法机关和行政主体、各级人大间关于法律监督的沟通和衔接机制日臻完善,"经审查认定为合法有效"将发挥更大功效。

第四章 行政规范性文件民事司法适用的典型样态

无论是"依照法律"还是"可以作为裁判说理的依据",抑或"根据审理案件的需要",均指向司法裁判说理中"找法"这一活动。法官所找之"法",即民法渊源。民事裁判中的"找法",是建立在公私法区隔基础上对"法"在说理依据和裁判依据间的分配。此种分配,不仅是《裁判文书引用规定》中规章和行政规范性文件仅得作为说理依据这种单纯形式上的分配,具体到不同类型民事法律关系,还将会有实质上的二次分配。在合同效力认定的问题上,根据《民法典》第153条的规定,违反强制性规定的合同无效。并且,"强制性规定"的范围仅限于法律和行政法规。在侵权责任认定中,学界素来参考《德国民法典》立法及其实践,主张有违反"保护他人的法律"的侵权责任。在物权纠纷领域,《民法典》第116条规定:"物权的种类和内容,由法律规定。"这确定了我国的物权法定原则。而"物权法定"之"法"也有物权法语境下的特定范围。上述事项,分别构成了民法渊源在合同效力认定、侵权责任认定、物权法定事项上的具体分配。本书在一般意义上确立了行政规范性文件的民法渊源地位。但是,从行政规范性文件民事司法适用类型化的角度来看,有必要探讨其在具体民事法律关系或者民事法律纠纷中的司法适用问题。因此,本章以民法渊源的特殊表现形态和典型法律关系中的公私法交叉为标准,挑选出"强制性规定""保护他人的法律""'物权法定'之

'法'"三类特殊的民法渊源样态,探讨行政规范性文件在合同关系、侵权关系、物权关系这三种民法核心财产法律关系中司法适用的特殊样态。此探讨既检验前章所确定司法适用规则,也于更深层次上,细化行政规范性文件的民事司法适用规则。

第一节 行政规范性文件作为强制性规定

一、引言:行政规范性文件能否成为强制性规定

违反行政规范性文件,可否因此宣告合同无效?《全国法院民商事审判工作会议纪要(征求意见稿)》(以下简称《九民纪要征求意见稿》)中"关于合同效力"部分第34条"违反公共秩序无效"指出,"违反规章、监管政策等规范性文件的合同,不应认定无效。因违反规章、监管政策同时导致违反公共秩序的,人民法院应当认定合同无效"。也就是说,违反规章和监管政策等规范性文件,不构成违反强制性规定,不应因此否定合同效力;但是倘若违反规章、监管政策等规范性文件,同时构成对公共秩序之违反,则可因此否定合同效力。但于2019年11月14日所发布的正式会议纪要中,该条表述被删除。前文指出,国家政策和监管政策往往以行政规范性文件为载体,而司法实践中,司法机关在认定监管政策的内容时,往往也是以行政规范性文件所载内容为主。[1]《全国法院民商事审判工作会议纪要》(以下简称《九民纪要》)从征求意见稿到正式稿,关于监管政策的表述,经历了从将规章与监管政策并列到取消监管政策的单独表

---

[1] 如在最高人民法院民事判决书,(2019)民申第1709号、(2015)民二终字第393号中,援引行政规范性文件《关于规范金融机构资产管理业务的指导意见》(银发〔2018〕106号)有关内容表述存量业务与新增业务"新老划断"的差别化处置政策;四川省高级人民法院民事判决书,(2015)川民终字第186号中,将《关于小额贷款公司试点的指导意见》(银监发〔2008〕23号)中所载"同一借款人的贷款余额不得超过小额贷款公司资本净额的5%"的规定视为监管政策。

述,转而明确"违反规章一般情况下不影响合同效力,但该规章的内容涉及金融安全、市场秩序、国家宏观政策等公序良俗的,应当认定合同无效"。这种变化,背后可能隐含两方面内容:一是并非仅有规章可以代表监管政策,实践中,行政规范性文件也是国家政策的经常载体。二是除了违反规章的合同效力,违反行政规范性文件的合同效力也是实践中经常遇到的难题。因此,单独探讨违反行政规范性文件的合同效力,也具有重要意义。

《民法典》第 153 条将认定合同无效的路径限定为强制性规定违反和公序良俗违反两种。

就强制性规定违反而言,经由原《合同法》及其司法解释,我国司法实践已经明确,可以否定合同效力的强制性规定仅为法律和行政法规。这在位阶上排除了行政规范性文件作为"可以否定合同效力的强制性规定"的资格。《九民纪要征求意见稿》中"违反规章、监管政策等规范性文件的合同,不应认定无效"即此理。最高人民法院发布的与《民法典》合同编通则有关的司法解释征求意见稿中曾突破强制性规定的位阶限制,将行政规章纳入在内。此外,一直有不少学者主张,现行合同效力认定规则对于强制性规定设置的位阶过高。对于此点,下文将详述。司法实践中,仍有判决直接无视原《合同法》及其司法解释所作之位阶限制,直接将行政规范性文件视为强制性规定,从而以原《合同法》第 52 条第 5 款宣告合同无效。[1] 考察比较法上的民事行为效力认定规则,《德国民法典》第 134 条[2]并未限制因违反而法律行为无效之强制性或禁止性规定的位阶。因此,《民法典》第 153 条将行政规范性文件排除在强制性规定之外,在笔者看来,值得商榷。

---

[1] 参见内蒙古自治区库伦旗人民法院民事判决书,(2013)库商初字第 5 号;广东省广州市中级人民法院民事判决书,(2013)穗中法民五终字第 1134 号;山东省烟台市中级人民法院民事判决书,(2015)烟民四终字第 464 号一审部分;山东省临沂市中级人民法院民事判决书,(2015)临商终字第 1150 号等。
[2] 《德国民法典》第 134 条规定:"法律不另有规定的,违反法定禁止的法律行为无效。"

于公序良俗违反而言,实践中已有众多案例认定,对行政规范性文件的违反构成对社会公共利益的违反,从而适用原《合同法》第52条第4项否定合同效力。[1] 同时,《德国民法典》第138条第1款[2]明确法律行为有违背公共秩序或善良风俗者无效。《日本民法典》("改正民法"版本)第90条[3]更是仅列公共秩序或善良风俗为法律行为效力判断标准。可见倘若对行政规范性文件之违反构成对公序良俗之违反,当然可以违反公序良俗为由宣告合同无效。

《九民纪要征求意见稿》和《九民纪要》正式稿一方面明确不得因违反包含监管政策的规范性文件为由宣告合同无效,另一方面又明确可以以违反公共秩序为由借行政规范性文件否定合同效力。但问题是,原《合同法》及其司法解释、《民法典》第153条第1款将行政规范性文件排除在强制性规定之外,这样的规定是否合理?是否行政规范性文件仅得作为公序良俗之载体而否定合同效力?其中认定标准又当如何统一?综上,有必要再行审视和反思行政规范性文件于适用《民法典》第153条时之主旨,探明行政规范性文件对合同效力规制的法治路径。

二、强制性规定位阶设置反思及合宪性解释

强制性规定不限于私法,已是学界共识,且被立法认可。有学者指出,"公法上规范,一般都具有强制性"。[4] 原《合同法》及其司法解释所创立之合同效力认定规则,将强制性规定的位阶设定为法律及行政法规,《民法典》第153条第1款继承此种位阶限制。二者于

---

[1] 参见海南省高级人民法院民事判决书,(2007)琼民一终字第28号;湖北省孝昌县人民法院民事判决书,(2017)鄂0921民初1383号等。
[2] 《德国民法典》第138条第1款规定:"法律行为违背善良风俗的,其为无效。"
[3] 《日本民法典》第90条规定:"违反公共秩序或者善良风俗的法律行为,无效。"注:本条为2017年颁布"改正民法"版本。现行《日本民法典》第90条规定:"以违反公共秩序或善良风俗的事项为目的的法律行为,无效。"
[4] 参见梁神宝:《违反强制性法规的合同效力——基于瑞士法的考察》,载《华东政法大学学报》2017年第1期。

位阶上排除规章、地方性法规及行政规范性文件之适用。但此种位阶限制是否合理,仍值得探讨。

(一)强制性规定位阶设置的比较法考察和学理批评

强制性规定的位阶限定,决定了违反规章之合同效力认定的路径限制。学者指出,位阶的提升意在应对行政管制的扩张以防止因此令合同无效现象的泛滥。[1] 实际上,的确有部分地方立法及规章包含为部分市场主体提供庇护的强制性内容,侵害消费者权益、危害经济秩序。[2]

《德国民法典》第134条明确,"法律不另有规定的,违反法定禁止的法律行为无效"。解释上,此处之"法律"指《德国民法施行法》第2条中所指"一切规范",通说认为既包括狭义法律,又包括行政法规、自治法规、欧洲共同体法及习惯法。[3] 德国学者进一步指出,此处之"法律"于层级上无论处于联邦层级抑或各州层级,甚至不以成文为必要。[4]《日本民法典》("改正民法"版本)第90条虽然仅明确了"背俗无效"这一条民事行为效力认定路径,但学者通过对第91条的反向解释得出违反强行性规定之法律行为无效的观点,司法机关对此也表示认可。[5] 日本学界认为,"命令",尤其是"府县令"仍可否定法律行为效力,[6]实践中即有法院以违反"县令"中的取缔性规范判处法律行为无效。[7] 对比德国与日本的民事行为效力制

---

[1] 参见王利明:《论无效合同的判断标准》,载《法律适用》2012年第7期;朱庆育:《〈合同法〉第52条第5项评注》,载《法学家》2016年第3期。

[2] 参见孙鹏:《论违反强制性规定行为之效力——兼析〈中华人民共和国合同法〉第52条第5项的理解与适用》,载《法商研究》2006年第5期。

[3] 参见陈卫佐:《德国民法总论》,法律出版社2007年版,第284页。

[4] 参见朱庆育:《〈合同法〉第52条第5项评注》,载《法学家》2016年第3期。

[5] 平野裕之『民法Ⅰ民法総則』(新世社,2017年)85頁参照。《日本民法典》第91条规定:"法律行为的当事人表示了与法令中无关公共秩序的规定相异的意思时,从其意思。"

[6] 末弘厳太郎『法令違反行為の法律の効力』法学協会雑誌47巻1号(1929年)76-78頁参照。

[7] 因违反不得买卖结茧前的蚕的县令,其买卖无效。大判昭和2·12·10·民集6卷748页参照。

度,二者对"违法无效"之"法"或无明文位阶限定,或尚包括地方性法规等。

对于我国强制性规定的位阶限定,我国学界多有批评:朱庆育指出,以提高规范等级的方式应对行政管制泛滥,也许是在用一个错误矫正另外一个错误,且此种位阶限制与民法法源之开放性背道而驰。[1] 谢鸿飞认为,完全排除行政规章对合同效力的影响,在实践中有架空国家管制目的之危险。[2] 黄忠主张,虽然在特定历史背景下对强制性规定所作之位阶限制具有相当意义,但时过境迁,再坚持此种极端做法则会产生问题;进而认为对原《合同法》第52条第5项所指向之"法律"应作更广义理解,既包括制定法亦包括习惯法。[3] 孙鹏亦认为,此种位阶限定难以使私法审判担当起匡扶社会正义的使命,且即便法律、行政法规之外之规范无法通过原《合同法》第52条第5项规制合同效力,亦可且已然通过原《合同法》第52条第4项否定合同效力。[4]

(二)强制性规定位阶限制的合宪性解释

但我国学界尚未从合宪性角度反思强制性规定之位阶限制。20世纪20年代,日本起初于判例上否定"府县令"对法律行为的评价力,学者便指出将"命令"特别是"府县令"排斥在法律行为效力评价之外缺乏宪法根据。因宪法并未规定能否通过府县"命令"限制契约自由,若其有助于实现《日本宪法》第9条"确保公共安宁秩序和增进国民幸福"之理想,当然可成为判断法律行为有效无效之基准。[5] 以此为启示,分析可发现:我国《宪法》第15条明确规定:"国

---

[1] 参见朱庆育:《〈合同法〉第52条第5项评注》,载《法学家》2016年第3期。
[2] 参见谢鸿飞:《论法律行为生效的"适法规范"——公法对法律行为效力的影响及其限度》,载《中国社会科学》2007年第6期。
[3] 参见黄忠:《违法合同的效力判定路径之辨识》,载《法学家》2010年第5期。
[4] 孙鹏:《论违反强制性规定行为之效力——兼析〈中华人民共和国合同法〉第52条第5项的理解与适用》,载《法商研究》2006年第5期。
[5] 末弘厳太郎「法令違反行為の法律の効力」法学協会雑誌47巻1号(1929年)76-78頁参照。

家实行社会主义市场经济。国家加强经济立法,完善宏观调控。国家依法禁止任何组织或者个人扰乱社会经济秩序。"其中"国家依法禁止"之手段,除行政执法外,尚包括行政立法。其"禁止"之意,当然包括制定强制性规定以行禁止。再察《立法法》便可发现,可制定含"禁止"内容者,并不限于法律、行政法规。《立法法》第 82 条明确,在不违反法律保留情形下,可在法律和行政法规阙如时先行制定地方性法规。第 91 条规定,"没有法律或者国务院的行政法规、决定、命令的依据,部门规章不得设定减损公民、法人和其他组织权利或者增加其义务的规范"。其当然之意便是若有相关依据,部门规章亦可制定涉及相对人权利义务之规定。其第 93 条再明确,应当制定地方性法规但条件尚不成熟的,因行政管理迫切需要,可以先制定地方政府规章。故而,《宪法》第 15 条所明确之可制定含强制性内容者,尚包括规章及地方性法规。也就是说,我国民事立法中关于强制性规定位阶之限定,并非与《宪法》所定之强制性规定位阶完全契合。

以合宪为目的,可对《民法典》第 153 条第 1 款作如下解释:其一,第 153 条构成《宪法》第 15 条的具体展开,二者的共通目的是维护社会主义市场经济秩序,但前者专门针对民事行为效力认定。一方面,对扰乱社会主义市场经济秩序行为之规制,除宣其无效外,尚可以取缔为手段。另一方面,民事行为违反《宪法》第 15 条之禁止性事项,并非必然导致其行为无效,其核心是看所违反之禁止事项是否构成效力性强制性规定。因此,《民法典》第 153 条之"强制"与《宪法》第 15 条之"禁止",并行不悖。其二,对于违反包含强制性规定的低位阶规范的民事行为效力认定,在裁判方法上仍有变通空间。根据《裁判文书引用规定》,民事裁判可以援引的规范性法律文件,分为裁判依据和说理依据两种。裁判依据是指可以在裁判文书"主文"部分援引的规范,说理依据则是指可以在裁判文书"理由"部分援引的规范。从裁判逻辑来看,说理依据的功能是支持和辅助裁判依据完成论证说理。王利明指出,规章和地方性法规虽不得作为判断合同无效的直接依据,但可以作为判断合同无效的参考。当规章和地方性法规存在上位法、二者属于依据授权对上位法进行解释时,可以依据上位法判定合同无效。[1] 以此为思路,我们再看最高人民法院《关于适用〈合同法〉若干问题的解释(一)》(法释〔1999〕19号,已失效)第4条。其明确"合同法实施以后,人民法院确认合同无效,应当以全国人大及其常委会制定的法律和国务院制定的行政法规为依据,不得以地方性法规、行政规章为依据"。"不得以地方性法规、行政规章为依据"中的"依据"应理解为裁判依据。如此,虽然不得直接以地方性法规和规章为裁判依据否定合同效力,但是并不影响将二者作为说理依据,同时将二者的上位法(法律、行政法规)作为裁判依据,从而以"违法无效"的路径否定合同效力。实际上,最高人民法院《关于适用〈中华人民共和国民法典〉合同编通则部分的解释(征求意见稿)》第19条第1款曾规定:"合同违反地方性法规、行政规章的强制性规定,经审查,地方性法规、行政规章的强制性规定系为了实施法律、行政法规的强制性规定而制定的具体规定,人民法院应当依据民法典第一百五十三条第一款规定认定合同效力。"该条正好契合本书所主张观点,即地方性法规、行政规章若是为了执行、细化作为强制性规定的法律、行政法规,其便可以作为说理依据,以强制性规定身份否定合同效力。最高人民法院《关于适用〈中华人民共和国民法典〉合同编通则部分的解释》(以下简称《民法典合同编通则解释》)正式稿公布时删掉了该条,在笔者看来,实属可惜。

综上,从最高人民法院将强制性规定作位阶限定的动机来看,其是在特殊历史背景尤其是当时立法权限配置不尽科学且约束和监督不足下,所采取之有益探索。从合宪性解释的角度出发,原《合同法》及其司法解释以及《民法典》对强制性规定的位阶限制,并不否定除法律、行政法规外,尚有其他低位阶规范可设置强制性规定。对

---

[1] 参见王利明:《合同法研究》(第1卷),中国人民大学出版社2002年版,第657页。

民事法律行为效力认定的强制性规定的位阶限制,仅是对裁判依据的位阶限制,法律、行政法规以下之规范,仍可作为说理依据,借助法律、行政法规或《民法典》第153条第2款,否定合同或民事法律行为效力。若地方性法规、规章有上位法依据,可以上位法为裁判依据、规章和地方性法规为说理依据,以对法律、行政法规之违反为基础,通过《民法典》第153条第1款否定合同效力;若规章、地方性法规无上位法依据,依其对规范违反之后果为衡量,通过《民法典》第153条第2款,以对公序良俗违反为由,否定合同效力。

三、行政规范性文件以《民法典》第153条第1款否定合同效力可行性检视

法律、行政法规以下之地方性法规、规章,可作为说理依据,借由作为裁判依据之法律、行政法规,通过《民法典》第153条第1款否定合同效力。行政规范性文件是否亦可通过此种路径否定合同效力?

(一)现实考察:行政规范性文件具有强制性规定的特征

虽然行政规范性文件并非行政立法,但作为行政主体行使行政职权和行政诉讼中判断行政行为合法性的重要依据与基础,其权威性已经与行政权力融合,因此有包含强制性规定之可能。抛开《民法典》第153条第1款对强制性规定在位阶上所作的限制,无论是从形式还是内容上,行政规范性文件皆具有成为强制性规范的可能。

现有研究认为,强制性规定在形式上多以"不应""不许(得)""不能""应当""必须""禁止"等为表述特征,[1] 而行政规范性文件中,经常可见此种表述。以宅基地买卖为例。1999年,国务院办公

---

[1] 参见孙鹏:《论违反强制性规定行为之效力——兼析〈中华人民共和国合同法〉第52条第5项的理解与适用》,载《法商研究》2006年第5期;谢鸿飞:《论法律行为生效的"适法规范"——公法对法律行为效力的影响及其限度》,载《中国社会科学》2007年第6期;刘凯湘、夏小雄:《论违反强制性规范的合同效力——历史考察与原因分析》,载《中国法学》2011年第1期;朱庆育:《〈合同法〉第52条第5项评注》,载《法学家》2016年第3期等。

厅《关于加强土地转让管理严禁炒卖土地的通知》(国办发〔1999〕39号)中提到"农民的住宅不得向城市居民出售";2004年,国务院《关于深化改革严格土地管理的决定》(国发〔2004〕28号)又明确"禁止城镇居民在农村购置宅基地",其中"不得""禁止"二词明显符合强制性规定的表述特征。实践中,在认定城镇居民与村民间农房买卖合同效力时,有司法机关指出此类合同因违反强制性规定而无效。很明显,明确规定城镇居民不得购买农村宅基地的强制性规定是指上述两个行政规范性文件。其背后隐喻,恐怕是已然承认两个行政规范性文件的强制性规定属性。此外,又因行政规范性文件在表述上的特征,合同主体在发生纠纷时也会主张涉案合同因违反行政规范性文件而无效。例如,《湖南省新建商品房交易价格行为规则》第5条明确"开通费""不得在购房合同价之外另行收取",相关合同纠纷的争议焦点便是违反此条规定的购房合同中相应条款是否有效。[1] 又如,前文提及,国务院《关于非公有资本进入文化产业的若干决定》(国发〔2005〕10号)明确"非公有资本不得投资设立和经营……有线电视传输骨干网",法院将该文件认定为行政法规,从而据原《合同法》第52条第5项否定有线电视网络经营合作协议效力。因此,从形式上看,作为公法产物的行政规范性文件有成为强制性规定的可能。并且,此点已经在当前的司法实践中得到体现。

在内容上,行政规范性文件又经常表现出强制性规定的"强制"属性。孙鹏指出,所谓强制性规定,是指其适用不以当事人意志为转移、不能通过约定予以排除或变更的规定。[2] 朱庆育指出,应从考察法律禁令欲通过行为之禁止达到何种目的出发,来识别强制性规定。相应地,能对合同效力产生影响的禁令包括内容禁令和实施禁令两种。[3] 拉伦茨将强制性规定归纳为三类:一是规定私法自治以

---

[1] 参见湖南省怀化市中级人民法院民事判决书,(2017)湘12民终1312号。
[2] 参见孙鹏:《论违反强制性规定行为之效力——兼析〈中华人民共和国合同法〉第52条第5项的理解与适用》,载《法商研究》2006年第5期。
[3] 参见朱庆育:《〈合同法〉第52条第5项评注》,载《法学家》2016年第3期。

及私法自治行使的要件的规范,如行为能力、意思表示生效的要件以及合法的行为类型。二是保障交易稳定、保护第三人信赖的规范。三是为避免产生严重的不公平后果或为满足社会要求而对私法自治予以限制的规范。[1] 目前,学界以统一民事裁判标准为目的对强制性规定所进行的类型化中,也将强制性规定分为以合同资质缺乏类、合同行为禁止类和合同行为方式不当三种主要类型。[2] 从目前关于强制性规定识别与类型化的相关研究来看,强制性规定以"禁令"为实质特征,即对自然人、法人或其他组织施加限制或禁止。其主要包括合同资质、行为禁止、行为规制三个方面,目的在于保障交易安全、实现公平正义和维护社会利益。毫无疑问,行政规范性文件事实上已然包括上述内容。禁令这一强制性特征自不待言,交易资质(如前文所指有线电视传输骨干网经营)和交易禁止(如城镇居民买卖宅基地)等更是行政规范性文件经常会涉及的内容。再者,行政规范性文件往往以施行和落实国家政策为目的、以社会公共利益和市场公平维护为目标。可见,行政规范性文件在内容上确实可具有强制性。

(二)法理反思与路径否定:不宜借《民法典》第153条第1款否定合同效力

既然行政规范性文件在形式和实质上确实可以具有强制性规定的特征,那么是否可以使行政规范性文件像地方性法规和规章一样,作为说理依据,借由作为裁判依据的法律和行政法规,否定合同效力?尤其是行政解释性文件,若其构成对法律和行政法规之具体化,显然也是存在此种可能。但行政规范性文件毕竟为准规范,被《立法法》排除在"法"之外,且非经立法程序制定。地方性法规、规章作为强制性规定否定合同效力的路径未必也可参照适用于行政规范性

---

[1] 参见[德]卡尔·拉伦茨:《德国民法通论》(下册),王晓晔等译,法律出版社2003年版,第42页。

[2] 参见石一峰:《效力性强制性规定的类型化分析》,载《武汉大学学报(哲学社会科学版)》2018年第2期。

文件。强制性规定位阶设置的本意,旨在尽量减少公权力对市场经济和市民社会的不当干预,在依法治国和国家治理能力转型尤其是近年来对行政规范性文件规制力度逐渐加强的背景下,理当避免行政规范性文件对合同效力的不当干预并尽力使此种干预正当化。鉴于此,本书认为,行政规范性文件不宜借由《民法典》第153条第1款否定合同效力,理由有三。

首先,从规范属性和位阶来看,行政规范性文件相较规章和地方性法规而言,欠缺设置强制性规定的授权。一方面,前文指出,行政规范性文件并非我国法律体系的组成部分,其司法裁判意义在于作为说理依据为裁判依据提供结论支持。而规章和地方性法规则拥有普遍约束力,相较行政规范性文件而言具有作为说理依据的优先性。另一方面,法律体系的构成在于渐次授权。考察《德国民法典》和《日本民法典》中关于以成文法形式呈现的强制性规定的位阶扩张,其仍然是在法律体系范围内扩张,其适用之基础在于法律授权之有无。地方性法规和规章之所以能够设置强制性规定,是因为《立法法》第82、93条明确,可以在法律和行政法规就特定事项无相关规定时先行立法。因此,地方性法规和规章可以设置与法律保留和上位法基本原则不相违背的强制性规定事项。因为有明确的法律授权,规章和地方性法规可以设置强制性规定,但行政规范性文件本身并非法律体系之组成,更无相关授权之依据,缺乏作为强制性规定的合法性。

其次,从内容来看,三种行政规范性文件不应亦不可能设置强制性规定内容。对于行政指导性文件,其本身并不包含对公民具体权利义务之强制,不按照其指导进行民事活动并不会因此产生法律上之不利评价,因此不会影响合同效力。对于行政创制性文件,《当前形势下做好行政审判工作的若干意见》给出的原则是,"对于没有明确法律依据但并不与上位法和法律原则相抵触的应对举措,一般不应作出违法认定"。但是,在合同效力认定上,即便裁判者不将其认定为违法,也无主动将其适用于民事司法、否定合同效力之义务。尤其是行政创制性文件并无上位法依据,此时应当贯彻"法无明文规定即可为"之原则,避免此类文件对合同自由的不当干预。对于行政解释性文件,其看似可以因其有上位法依据,从而有被认定为强制性规定的空间。但问题在于,其一,此种解释并非行政立法上的授权,法官采纳此种解释的缘由,是对作出解释的行政主体的专业性与权威性的尊重。此种尊重,不应达到以此否定合同效力的地步。其二,若一种民事法律行为根据上位法合法,而根据下位的行政解释性文件不合法,则该行政解释性文件的合法性即存在疑问。此时该行政规范性文件会因无法实现"经审查认定为合法有效"而不得作为裁判说理依据。因此,行政规范性文件也缺乏作为强制性规定的合理性。

最后,从价值衡量的角度来看,肯认行政规范性文件中的强制性内容对合同效力的一般性影响,有违背合同自由原则之嫌。最高人民法院就原《合同法》第52条第5项所作的司法解释指出,不得以地方性法规、行政规章为依据否定合同效力。其意在贯彻合同自由原则,减少公权力对市场经济之不当限制。对于贯彻合同自由来说,杜绝低位阶规范作为否定合同效力之裁判依据至关重要,其与《宪法》第15条所欲实现并维护之社会经济秩序一脉相承。而实践中,部分行政主体出于社会治理的路径依赖,往往会通过颁发"红头文件"的形式、以层层下达的方式推行政策。行政规范性文件数量繁多,且其内容和程序时有存在不合法、不合理之处,损害地方政府的公信力和权威性,[1]甚至存在涉嫌违反《行政许可法》《行政处罚法》等情形,严重侵犯相对人的合法权益。[2] 2018年国务院办公厅发布的《关于加强行政规范性文件制定和监督管理工作的通知》也提到近年来各地所发布之行政规范性文件存在"侵犯了公民、法人

---

[1] 参见曹红:《多方位强化行政规范性文件的法治精神》,载《改革与开放》2017年第10期。
[2] 参见王磊:《行政规范性文件制发和管理将全面纳入法治化轨道》,载《中国司法》2018年第7期。

和其他组织的合法权益,损害了政府公信力"等情形。鉴于此,不宜一般性地明确行政规范性文件中的强制性内容可对合同效力产生影响。

因此,不宜参照规章和地方性法规作为说理依据而借由其上位法律、行政法规否定合同效力的做法,赋予行政规范性文件作为强制性规定否定合同效力的功能,即《民法典》第153条第1款不宜成为行政规范性文件否定合同效力的一般路径。

四、行政规范性文件以《民法典》第153条第2款否定合同效力之路径确认

行政规范性文件不得依《民法典》第153条第1款否定合同效力,但可依《民法典》第153条第2款否定合同效力。《九民纪要征求意见稿》关于行政规范性文件合同效力认定路径的安排具有一定的合理性,正式稿虽然最终删除了违反监管政策合同效力的有关表述,但是从违反规章的合同效力认定的路径分野来看,最高人民法院的确也曾尝试借用公序良俗来规制规范行政规范性文件的合同。若要将违反行政规范性文件的合同认定为违反公序良俗的合同,进而宣布其无效,需要厘清以下问题:一是行政规范性文件与公序良俗的关联和共通性,这涉及行政规范性文件中蕴含公序良俗的可能及其正当性。二是强制性规定与公序良俗的共同性与区别,这涉及无效民事行为认定实质标准及路径选择。三是对行政规范性文件违反与对公序良俗违背间的等质证成,这又涉及公序良俗违背的判定标准。四是契合行政规范性文件准规范法源地位的裁判技术安排,这又涉及"根据审理案件的需要"和"经审查认定为合法有效"在合同效力认定裁判中的具体落实问题。

(一)价值基础:行政规范性文件可构成公序良俗之具象

首先,从制定行政规范性文件的职权基础和政策目的来看,其可能包含公序良俗。行政规范性文件是行政主体依其管理职能,为行使社会管理权限而制定的抽象性文件。从行政职能本身来说,其包含为公益而进行之管理。伴随自由主义国家模式的式微和福利国家理念的兴起,行政对社会需求的反应促使依据立法标准对竞争性利益进行协调的行政立法和公共决策构成行政的新型职能。[1]《宪法》第 15 条已经明确,国家即行政主体设置强制性规定的目的在于维护社会经济秩序,从而顺利完成国家宏观调控、促进社会主义市场经济。同时,作为贯彻落实党和国家在特定时期的政策性要求和政治责任的行政规范性文件,其内容往往是对某个具有全局意义问题的统一部署。[2] 而"政策"本身,即对社会内部负担与利益相互交换的促进,其功能在于支持社会整体的利益分配机制,目的在于以此增进社会整体的利益总和。因此,学者指出,公共利益的增进,构成了政策性文件司法适用的正当性基础。[3] 虽然行政规范性文件无法与法律等同,但其公布后即对社会公众产生约束力、为社会提供特定的行为模式和方向,其贯彻落实关系社会公共利益及社会秩序稳定,更与公民切身利益息息相关。美国学者指出,非立法性规则对与规制一起生存的公众成员至关重要。解释性规则与政策说明的数量任何明显的减少都有碍公共利益的实现。还有观点认为,在非立法性规则制定程序中增加通告评论程序的建议反而会阻碍行政机关对非立法性规则的使用,甚至会严重损害社会公共的利益。[4]

其次,无论是行政诉讼还是民事诉讼,法官在决定是否适用行政规范性文件时,已经将是否包含公序良俗作为重要的考量因素。前文指出,行政规范性文件并非我国法律体系之组成,司法机关对行政规范性文件的司法适用,源于对行政规范性文件制定主体专业性及权威性的尊重。此种尊重,部分源于其行政管理及规定内容中包含

---

[1] 参见秦小建:《立法赋权、决策控制与地方治理的法治转型》,载《法学》2017 年第 6 期。
[2] 参见霍振宇:《规范性文件一并审查行政案件的调查研究——以新行政诉讼法实施后北京法院审理的案件为样本》,载《法律适用(司法案例)》2018 年第 20 期。
[3] 参见宣喆:《政策性规范文件司法适用的正当性探讨》,载《齐齐哈尔大学学报(哲学社会科学版)》2017 年第 4 期。
[4] 参见[美]迈克尔·阿斯姆:《非立法性规则制定与规制改革》,高秦伟译,载葛洪义主编:《公法研究》,法律出版社 2007 年版。

的公序良俗:出于对保障私人平等权利、信赖利益或利益最大化等法律原则的考虑,[1]或是其对于那些包含特定社会政策和特定人群利益的考量,以及在缺乏上位法的情况下起到了建立社会基本秩序的功能。[2]司法机关在对行政规范性文件进行合理性审查时,应当考察其目的是否正当,即审查其具体目标是否符合公共利益的需求,[3]是否有利于建立良好的社会秩序。同时,司法机关还应权衡行政规范性文件对公民权利可能造成的损害与增进的公共利益是否成比例。[4]民事诉讼中,不少判决将行政规范性文件所载政策视为公共利益之代表而否定合同效力。考察这些行政规范性文件所欲实现之政策,如"限购令"、落后产能淘汰、政策性关闭破产、禁止企业间借贷、禁止城市居民购买农房等,的确也包含增进公共福祉、维护市场经济秩序、保护特定人群利益之意蕴。

(二)法理基础:强制性规定与公序良俗"一元化"趋势下进路选择的当然性

原《合同法》第52条第4、5项,以及《民法典》第153条将强制性规定与公共利益(公序良俗)作为两项独立的合同效力判定标准。从形式上看,两种违反合同效力认定的路径并不相容。但前文指出,行政规范性文件中可包含强制性规定内容,而对强制性规定之违反,在无法以《民法典》第153条第1款宣告合同无效时,有依第153条第2款宣告合同无效的可能。如此,强制性规定与公序良俗似乎有共通之处。要明确违反行政规范性文件时合同效力的认定路径和认定标准,必须首先厘清违反强制性规定无效和违反公序良俗无效的关系与区别。

---

[1] 参见沈岿:《解析行政规则对司法的约束力——以行政诉讼为论域》,载《中外法学》2006年第2期。
[2] 参见俞祺:《上位法规定不明确之规范性文件的效力判断》,载《华东政法大学学报》2016年第2期。
[3] 参见霍振宇:《规范性文件一并审查行政案件的调查研究——以新行政诉讼法实施后北京法院审理的案件为样本》,载《法律适用(司法案例)》2018年第20期。
[4] 参见刘权:《论行政规范性文件的事前合法性审查》,载《江苏社会科学》2014年第2期。

实际上,最高人民法院曾经有判例[1]指出,若行政规章涉及社会公共利益保护,而民事行为违反其效力性禁止性规定,可以以原《合同法》第52条第4项确认合同无效。这明显已经肯认规章的内容既可以构成强制性规定,也可以构成公序良俗。学界一直有探讨强制性规定与公序良俗的关系,且多有学者主张民事法律行为因违反强制性规定无效与违反公序良俗无效二者于本质上共通,应将二者统一,以公序良俗作为民事法律行为效力认定的唯一标准,即为"公序良俗一元论"。"公序良俗一元论"的主要观点,体现在形式和实质两个方面。形式上,"公序良俗一元论"从原《合同法》第52条第4项与第5项之关系展开。如王轶认为,强制性规定一定是以维护公共利益为规范目的,因此对法律和行政法规之强制性规定之违反必然构成对社会公共利益之违反,进而将合同无效之原因分为违反法律和行政法规强制性规定无效和其他因损害社会公共利益无效两种。[2] 依此而言,原《合同法》第52条第5项构成第4项之特别法,即对法律和行政法规中之效力性强制性规定之违反,实际上是对社会公共利益之侵害。许中缘同样从二项的裁判功能出发,指出作为法律行为无效判断标准的只能是作为公序良俗原则的行为规范。其认为,原《合同法》第52条第5项所转介的法律和行政法规本身就可以作为公序良俗的体现,进而以违背公序良俗为由否定法律行为效力;而原《合同法》第52条第4项已经规定了违反公序良俗之合同无效。因此,原《合同法》第52条第5项的规定显然是"画蛇添足"。[3] 实质上,"公序良俗一元论"则围绕效力性强制性规定与公序良俗之辩证关系展开。孙鹏是较早关注并主张"公序良俗一元论"的学者之一。其指出,"违反强制性规定的法律行为无效"这一"管道"式规范是一项概括条款,其为强制性规定和公序良俗的彼此

---

[1] 参见最高人民法院民事判决书,(2008)民提字第61号。
[2] 参见王轶:《合同效力认定的若干问题》,载《国家检察官学院学报》2010年第5期。
[3] 参见许中缘:《论违反公法规定对法律行为效力的影响——再评〈中华人民共和国合同法〉第52条第5项》,载《法商研究》2011年第1期。

接近提供了可能,同时二者的一元化,又反过来强化了这一"管道"式规范的概括条款地位,并且可以将公序良俗作为该项"管道"中的"过滤器",实现公法强制与私法自治的统一。[1] 黄忠指出,基于违反法律、行政法规中强制性规定的合同并非必然无效这一基础,此时的合同是否无效需要借助社会公共利益的范畴,以利益衡量的方式进行实质判断,其结果则是原《合同法》第52条第5项仅具形式上之意义而被第52条第4项所吸收。[2] 同时其参考《美国第二次合同法重述》中将违法涵摄于违反公共政策之"一元化"模式,指出将违法合同作为违反公共政策合同的一种类型在理论上是可行的,且该模式可避免"违法=无效"的简单推论,从而将司法引向个案利益衡量的正确道路。[3] 民事法律行为效力判定标准上的"公序良俗一元论",主张对公共秩序或公共利益之违反是判定民事法律行为无效之最终标准,违反法律、行政法规中强制性规定而无效亦是因强制性规定是公序良俗之表现形式和具体化。2009年最高人民法院《关于当前形势下审理民商事合同纠纷案件若干问题的指导意见》第16条指出,"如果强制性规范规制的是合同行为本身即只要该合同行为发生即绝对地损害国家利益或者社会公共利益的,人民法院应当认定合同无效",其思路即可理解为已经采取了"一元论"观点,即以是否旨在维护国家或社会公共利益判定效力性强制性规定。

但是,"公序良俗一元论"也招致了其他观点的批评与反思。如朱庆育指出,将国家利益或社会公共利益作为判定效力性强制性规定的标准并不妥当。因为国家利益或社会公共利益本身之认定就较为抽象,况且一切强制性规定均可理解为包含了维护公共利益的目

---

[1] 参见孙鹏:《论违反强制性规定行为之效力——兼析〈中华人民共和国合同法〉第52条第5项的理解与适用》,载《法商研究》2006年第5期。
[2] 参见黄忠:《违法合同的效力判定路径之辨识》,载《法学家》2010年第5期。
[3] 参见黄忠:《合同自由与公共政策——〈第二次合同法重述〉对违反公共政策合同效力论的展开》,载《环球法律评论》2010年第2期。

的,如此又将架空有关法律规定。[1] 谢鸿飞认为,制定法中的禁令体现的是国家利益,而公序良俗体现的是社会的道德利益,二者功能不同,因此"一元论"不可行。[2] 朱广新甚至主张,不应将违反强制性规定无效与违反公序良俗无效放置同一个法条。原因在于,违反强制性规定的法律行为在法律效果上具有独特性,与违背公序良俗无效承担着不同的规范功能。依其观点,《民法典》第153条之做法,则是从原《合同法》退回到了原《民法通则》的旧制。[3] 韩世远[4]、崔建远[5]同样基于强制性规定和公序良俗的不同功能,主张不应采取"万法归一"的做法。崔建远还指出,原《合同法》第52条第4项与第5项之间是一般法与特别法之关系,若将二者同等对待,则会导致规范上的矛盾或特别法在客观上被搁置的结果,继而违反法律体系上的逻辑性。[6]

本书认为,虽然《民法典》第153条延续原《民法通则》、原《合同法》及其司法解释所确立的民事法律行为效力判断标准,将违反强制性规定无效与违反公序良俗无效并列,但这并不妨碍将违背公序良俗作为判定违反行政规范性文件而合同无效的一般路径。

首先,《民法典》第153条对于民事法律行为无效认定的路径选择,随着未来学说和实践的发展,仍有由"二元论"向"一元论"调整的空间和机遇。总体来看,许多国家将违法无效与违反公序良俗无效均作为民事行为效力认定标准。如前文所述,《德国民法典》第

---

[1] 参见朱庆育:《〈合同法〉第52条第5项评注》,载《法学家》2016年第3期。
[2] 参见谢鸿飞:《论法律行为生效的"适法规范"——公法对法律行为效力的影响及其限度》,载《中国社会科学》2007年第6期。
[3] 参见朱广新:《法律行为无效事由的立法完善》,载《政法论丛》2016年第3期。
[4] 参见韩世远:《合同法总论》(第4版),法律出版社2018年版,第238-241页。
[5] 参见崔建远主编:《合同法》(第6版),法律出版社2016年版,第68-69页。
[6] 参见耿林:《强制规范与合同效力——以合同法第52条第5项为中心》,中国民主法制出版社2009年版,第114-115页;崔建远主编:《合同法》(第6版),法律出版社2016年版,第68-69页。

134条与第138条第1款、《法国民法典》第1133条[1]、《意大利民法典》第1343条[2]、《瑞士债法典》第20条第1款[3]等,均是此例。特殊之处是,我国立法在违法无效的表述上,采取了违反"强制性规定"的称呼,迥然不同于《德国民法典》中之违反"法定禁止"、《法国民法典》中之"为法律所禁止"、《瑞士债法典》之违反"法律"之表述。研究表明,我国早期民事立法受日本民法影响颇深。"效力性强制性规定"之概念,最早源于史尚宽先生从日本引入的效力规定与取缔规定之分类。[4] 日本学者将民事法规依据不同标准区分为强行法规与非强行法规、命令法规与否认法规或称禁止法规,[5]我国则直接以强制性规定涵盖禁止性规定和强制性规定。[6] 因此,合同因违反强制性规定而无效这一立法,乃是参考日本民法所为。但问题是,《日本民法典》并未像其他民法典那样,明确规定民事行为得因违反强制性规定无效,而是通过对第91条之"法律行为的当事人表示了与法令中无关秩序的规定相异的意思时,从其意思"的反向解释,得出违反强行规定的民事行为无效的结论。[7] 此种反向解释将"适法"和"妥当"均作为民事行为的生效要件,是对《德国民法典》第134条中"强行规定违反 = 无效"的借鉴。[8] 该种观点曾经为日本民法学界通说。[9] 但随学说及判例发展,围绕《日

---

[1] 《法国民法典》第1133条规定:"如原因为法律所禁止,或原因违反善良风俗或公共秩序,此种原因为不法的原因。"
[2] 《意大利民法典》第1343条规定:"当与强制性规范、公序或良俗相抵触时,即不法原因。"
[3] 《瑞士债法典》第20条第1款规定:"含有不能履行、违反法律或违反公序良俗之条款的合同无效。"
[4] 参见苏永钦:《以公法规范控制私法契约》,载《人大法律评论》2010年第1期。
[5] 参见[日]松冈义正口述,熊元楷、熊元襄编:《民法总则》(上),上海人民出版社2013年版,第54页。
[6] 参见麻昌华、王文利:《无效法律行为规则的历史演化及其发展趋势——对〈中华人民共和国民法总则〉第153条的解读》,载《南海法学》2017年第3期。
[7] 加藤雅信『新民法大系Ⅰ:民法総則』(有斐閣,2002年)225頁参照。
[8] 大村敦志『民法読解:総則編』(有斐閣,2009年)276頁参照。
[9] 平野裕之『民法Ⅰ民法総則』(新世社,2017年)85頁参照。

本民法典》第 90 条与第 91 条之关系,后继发展出"91 条说(二元论)""90 条说(一元论)""90 条、91 条一体说"三种学说。[1] 其中焦点则在于违反强行规定能否作为民事行为无效之独立理由。但问题是,及至 2017 年日本债法改正,其对《日本民法典》第 91 条之反向解释仍未作出回应。且"90 条说(一元说)"已成现有力说,日本近时判例显然并不支持第 91 条之反向解释,而是将公序良俗之违反作为判断违反行政法规之行为效力的标准。[2] 实务中,法令违反已然成为了公序良俗违反的判断要素。[3] 这也为我国有关合同效力认定的路径变迁提供了先示和启发:我国民法学界关于原《合同法》第 52 条第 4、5 项与《民法典》第 153 条第 1、2 款之间的关系一直以来争议不断,司法实践中对合同效力认定标准、强制性规定无效之具体适用同样面临困境。最高人民法院有关文件已经流露出将公共利益之违反作为认定效力性强制性规范标准的倾向,学说也素有主张"公序良俗一元化"。不可否认,在未来,学说和实践有可能将公序良俗之违反作为判定效力性强制性规定的标准,甚至在民事法律行为效力认定上转向采取"公序良俗一元论"。因此,在公序良俗在民事法律行为效力判定标准中日益得到重视的背景下,行政规范性文件也当然可以透过公序良俗违反否定合同效力。

其次,效力性强制性规定类型化和公序良俗类型化在内容上的重合,使无权设置强制性规定但同时包含公序良俗的行政规范性文件仍可借公序良俗对合同效力产生影响。违反强制性规定并非必然导致合同无效,只有违反效力性强制性规定的合同才能被认定为无效合同。近年来,我国的理论和实践表明,类型化或是解决合同效力认定时效力性强制性规定识别的可行路径。现有对强制性规定类型化的研究仍处于探索时期,所列分类不够细致且有赖未来以类型化

---

[1] 近江幸治:『民法講義Ⅰ』(第 7 版)(成文堂,2018 年)176-177 頁参照。
[2] 平野裕之『民法Ⅰ民法総則』(新世社,2017 年)85 頁参照。
[3] 大村敦志『新基本民法:総則編』(有斐閣,2017 年)89-90 頁参照。

为目的的判例发展。如朱庆育将法律禁令分为内容禁令、实施禁令,且仅有前二者可以对合同效力产生影响。[1] 韩世远将公法中的强制性规定分为违反宪法有关公民基本权利的规定、违反刑法、违反经济行政法的强制性规定三类。[2] 石一峰则将效力性强制性规定分为资质缺乏类(市场流通资质缺乏、市场准入资质缺乏)、行为禁止类(行为对象禁止、行为本身禁止)、行为方式不当类(行为方式禁止类)三种。[3]《九民纪要征求意见稿》第33条同样列举了交易行为本身违法、交易标的违法、违反特许经营规定、交易方式严重违法四种典型强制性规定。《九民纪要》正式稿则在第30条第2款"强制性规定的识别"中,列举了"金融安全、市场秩序、国家宏观政策"等公序良俗。但问题是,除了强制性规定的认定与适用需要类型化,公序良俗亦有类型化的需求。《九民纪要征求意见稿》第34条即明确指出,"要尽可能通过类型化方法明确违反公共秩序的具体情形"。目前,学界关于公序良俗之类型化已有研究但仍然薄弱。相较而言,在日本民法中,其学说对公序良俗违反的类型化研究极为详尽且司法实践已然形成有力学说。日本标准教科书将公序良俗违反分为人伦违反、经济和交易秩序违反、宪法价值和公法政策违反三类,[4]该分类得到日本民法代表性学者大村敦志的认同。[5] 其中经济和交易秩序违反、公法政策(含取缔规定违反)违反则包含甚广,与我国国内现有学者关于强制性规定类型化之分类多有重合甚至可将之包含在内。而除大村敦志外,对"公序良俗一元论"同样影响较深的另一学者——山本敬三则从司法裁判角度将公序良俗分为裁判型公序良俗(含政策实现型和基本权保护型)、法令型公序良俗(含政策实

---

[1] 参见朱庆育:《〈合同法〉第52条第4项评注》,载《法学家》2016年第3期。
[2] 参见韩世远:《合同法总论》(第4版),法律出版社2018年版,第236–238页。
[3] 参见石一峰:《效力性强制性规定的类型化分析》,载《武汉大学学报(哲学社会科学版)》2018年第2期。
[4] 四宫和夫=能见善九『民法総則』(第8版)(弘文堂,2018年)308–313頁参照。
[5] 大村敦志『民法読解:総則編』(有斐閣,2009年)259頁参照。

现型和基本权保护型），[1]其中法令型公序良俗则兼具成文法和强行规定二种特性，同样似乎有取代强制性规定之余地。因此，未来我国关于强制性规定类型化的研究，尤其是在司法裁判中针对强制性规定的内容考察日益丰富，必将发现强制性规定类型化与公序良俗类型化纠缠万千，或可产生以公序良俗类型取代强制性规定类型之主张。

最后，以公序良俗之违反代替强制性规定之违反而否定合同效力，于司法实践中具有多项优势与便宜，从而亦为行政规范性文件借由公序良俗否定合同效力提供正当性与可行性。其一，将公序良俗违反作为违反强制性规定而使合同无效的原因，可避免司法实践中，一旦违反法律、行政法规之禁令便无效，而违反其他位阶之禁令则有效的机械做法，进而将考察标准真正引入规范目的与利益衡量上。其二，有利于在司法适用上厘清《民法典》第153条第1款和第2款间的关系。前文指出，原《合同法》第52条第4项与第5项的关系，是学界和司法适用的焦点。但问题是，《九民纪要征求意见稿》"三、关于合同纠纷案件的审理"之"（一）关于合同效力"部分指出，"人民法院在审理合同纠纷案件过程中，要依职权审查合同是否存在无效的情形"。而强制性规定违反与公序良俗违反均是法院需要审查的内容。无论是主张原《合同法》第52条第4项与第5项互为独立，或者主张第52条第5项构成第4项的特别法，均会面临不存在违反强制性规定时是否需要再审查是否违反公序良俗的问题。并且，即便合同违反强制性规定，仍然需要进一步考量是否必须否定合同效力，其考量内容及手段，又与公序良俗相互纠缠。因而，将强制性规定作为合同效力审查的独立标准，最终还是回归公序良俗违反的认定上。因此，不如回归到"法发〔2009〕40号"将国家利益和公共利益违反作为效力性强制性规定认定标准之思路上，统一以公序良俗违反作为合同效力判定标准。其三，将公序良俗违反作为否定合同效力的标准，可为公法管制介入私法自治提供正当性依据与规制手

---

[1] 山本敬三『公序良俗論の再構成』（有斐閣，2000年）57-58頁参照。

段。法律行为因违反法律而无效,不在于所违反规范的位阶,也不在于所违反规范中是否包含行为禁止的事项,而是在于此种行为对国家及社会不利。换言之,公法管制对私法行为施行禁止,而私法之所以认可此种禁止并达到否定法律行为效力之程度,是因为该公法管制彰显了某种公序良俗。也就是说,公序良俗构成强制性规定违反而使法律行为无效的正当性基础。因此,将公序良俗作为否定合同效力的标准,既可厘清合同效力审查的逻辑路线,又可为公法管制提供正当性理由。并且,法官认定公序良俗违反和说理时,可以避免司法对公法管制的消极接受,还可在附加裁判者更高强度说理论证义务的同时限缩公法对私法干涉的范围。

综上,无论是在内容还是在司法适用上,强制性规定与公序良俗具有相当大程度的统一性。"公序良俗一元化"虽然仍处争论之中,但于司法实践中已初见端倪。在日本,经由对德国、法国民法典中法律行为效力认定规则的本土化改造,已经形成较为成熟的"公序良俗一元论"的学说和实践。回到行政规范性文件在合同效力认定中的定位,行政规范性文件既可包含强制性内容又可包含公法管制中公序良俗实现之目的,此点决定其于理论上既可通过《民法典》第153条第1款亦可通过第153条第2款来判定合同效力。但如前文所述,鉴于行政规范性文件的准规范属性,同时考量以行政规范性文件干涉合同自由的正当性,不宜通过第153条第1款否定违反行政规范性文件合同的效力。在"公序良俗一元化"的背景下,行政规范性文件通过《民法典》第153条第2款否定合同效力,在统一合同无效的实质、技术路径、衡量合同自由干涉的正当性等事项上,均是最优方案。

(三)说理路径:行政规范性文件如何借公序良俗否定合同效力

如何判定违反公序良俗的合同效力,是理论和实务的一项难题。对于违反行政规范性文件的合同,只能依据《民法典》第153条第2款否定其效力。但基于行政规范性文件的特性,在《民法典》第153

条第2款的适用问题上,又有其特殊之处。《九民纪要征求意见稿》第34条明确,人民法院在判定对行政规范性文件之违反是否构成对公序良俗之违反时,"可以从规范内容、监管强度以及法律后果等方面进行考量,并在裁判文书中进行充分说理。要尽可能通过类型化方法明确违反公共秩序的具体情形,严格限制因违反公共秩序认定合同无效的范围"。正式稿第31条基本继承上述相关表述及精神。《民法典合同编通则解释》第17条第2款指出:"人民法院在认定合同是否违背公序良俗时,应当以社会主义核心价值观为导向,综合考虑当事人的主观动机和交易目的、政府部门的监管强度、一定期限内当事人从事类似交易的频次、行为的社会后果等因素,并在裁判文书中充分说理……"基于此,结合行政规范性文件民事司法适用的一般规则,行政规范性文件借公序良俗否定合同效力,应注意以下几点。

首先,在法源分配上,仅可将《民法典》第153条第2款作为裁判依据。虽然《民法典》第8条亦规定民事活动不得违背公序良俗,但在合同效力认定一事上,唯有《民法典》第153条构成与个案事实最接近之规范。因此,《民法典》第153条第2款构成违反行政规范性文件无效合同判定的最终裁判依据。此外,尤其需要注意的是,不得以行政规范性文件作为裁判依据。这是行政规范性文件民事司法适用的基本规则。若行政规范性文件构成对上位法的解释,即便可以在法律、行政法规中找到相应条款,也不得将法律、行政法规作为裁判依据。其原因有二:一是合同无效的裁判依据,仅得为《民法典》第153条;二是参照前文分析,不得通过"倒金字塔"式的强制性规定递推,将行政规范性文件作为法律、行政法规中之强制性规定的具体化,从而借《民法典》第153条第1款宣告合同无效。因此,若欲否定违反行政规范性文件之合同效力,仅可将《民法典》第153条第2款作为裁判依据,而无论其是否有上位法依据。当然,行政规范性文件的上位法,仍然可以作为说理依据,作为论证案涉合同是否无效的理由。

其次,对公序良俗违反的说理论证,需要以最高人民法院为主导的公序良俗类型化为最终依托。法官就《民法典》第153条第2款之适用,负有论证义务,《九民纪要征求意见稿》第34条和正式稿第31条已经强调此点。如何界定公序良俗及公序良俗之违反,是以公序良俗违反否定合同效力的关键,也是司法裁判的难题。梅迪库斯主张放弃对善良风俗做统一化定义,转向以案例对公序良俗进行类型化。[1] 王泽鉴先生也指出,公序良俗原则应当就其具体化的个案,从事比较研究,组成案例类型。[2] 日本学者山本敬三以是否有明确立法为标准,将公序良俗分为立法型和裁判型公序良俗,主张司法机关以公序良俗限制契约自由的机理,在于其立法尊重义务和宪法尊重义务。此种划分为司法机关的论证说理提供了有益借鉴。对于有立法依据的公序良俗,无论其依据是公法还是私法,只要包含公序良俗之目的,均可以作为法官裁判的形式理由援用,从而证明公序良俗之违反;对于尚无立法依据的公序良俗,法院可以从对政策实现和基本权利保护的目的出发,自主确定案涉合同是否构成违反公序良俗,从而否定其合同效力。[3] 在说理技术路线上,我国法官在依据《民法典》第153条第2款否定合同效力时,同样可区分有无明确立法两种不同情形。有明文立法时,倘若立法已经明确违反的司法后果,法官遵从其后果即可。此时,行政规范性文件可以作为相关立法的具体化,与其上位法一同实现对合同的规制。倘若相关立法未明确违反的司法后果,法官则需综合规范意旨、违反之情节、公序良俗损害的后果等进行考量,决定是否达到必须否定其合同效力的程度。无明文立法时,法官虽有较大自由裁量权,但仍然需要以公共政策、基本权利保障等公序良俗类型为主线,考量涉案合同的情节,决定是否需否定合同效力。公序良俗具有本土性和时代性的特征,需要结合

---

[1] 参见[德]迪特尔·梅迪库斯:《德国民法总论》,邵建东译,法律出版社2009年版,第514页。
[2] 参见王泽鉴:《民法总则》,北京大学出版社2009年版,第233页。
[3] 山本敬三『公序良俗論の再構成』(有斐閣,2000年)57頁参照。

特定历史时期的司法及生活实际进行类型化。[1] 近年来,学界关于公序良俗类型化的研究日益丰富,推动了合同效力认定规则和标准的完善。司法机关对公序良俗的类型化也贡献颇多,充分发挥了裁判者在个案中解释法律的作用。[2]《九民纪要》第30、31条规定了"金融安全、市场秩序、国家宏观政策"等公序良俗类型,《民法典合同编通则解释》第17条明确了"政治安全、经济安全、军事安全等国家安全""社会稳定、公平竞争秩序或者损害社会公共利益""社会公德、家庭伦理……人格尊严"等公序良俗类型。以上内容对于统一、细化违反公序良俗之合同效力认定具有重要意义。未来,为进一步提高裁判实效,仍需要由最高人民法院在关注理论与实践动态的基础上,结合不同时期经济重点与政策目标,以司法指导意见、指导性案例、公报案例、司法解释等权威形式及时公布重要类型并适时调整,从而为民商事裁判中的合同效力认定提供更加明确、有效的引导。

最后,在判定违反行政规范性文件的合同效力时,对"经审查认定为合法有效"的操作,可作适当放宽。前文有言,行政创制性文件、行政解释性文件、行政指导性文件,三种行政规范性文件不可能也不应设置强制性规定内容。但之所以判定违反行政规范性文件而使合同无效,本身不在于合同对规范(包括行政规范性文件之上位法)之违反,而在于合同对公序良俗之违反。因而,公序良俗的表征,可为合同效力认定中行政规范性文件"经审查认定为合法有效"提供适当的正当性支持。这表示可以适当放宽对行政规范性文件形式合法的审查,转向其内容合理性考量。典型的实例,是农房买卖合同的效力认定。行政规范性文件明确了宅基地不得买卖的政策,该项政策虽然并无直接上位法依据,但从现实和立法政策考察,禁止城

---

[1] 参见李岩:《公序良俗原则的司法乱象与本相——兼论公序良俗原则适用的类型化》,载《法学》2015年第11期。
[2] 参见王利明:《论民法典时代的法律解释》,载《荆楚法学》2021年第1期。

镇居民购买农房有禁止土地资源的过度集中、防止农村集体经济组织制度受到削弱和掏空之目的。[1] 为保护宅基地管制秩序而对农房买卖的身份作出限制,属于公序良俗范畴,司法机关应当给予适当尊重。但归根结底,对于重要的公序良俗,立法机关应当及时将其法律化。毕竟以行政规范性文件设禁止性规定并非法治之经常之道。

第二节 行政规范性文件作为"保护他人的法律"

一、引言:为何是"保护他人的法律"

违反行政规范性文件,能否产生侵权责任?该问题属于"违反制定法之侵权责任"之下属议题。但于成文法系而言,制定法累牍而又公私兼备,势必不可使所有违反成文法之行为均产生侵权之债之后果。因此,制定法之范围明确,当成为议论之内容。《德国民法典》第823条第2款[2]将此类制定法的范围限定为"保护他人的法律",从而确立了违反"保护他人的法律"这一侵权类型。考察《德国民法典》第823条的制定历史,可以发现,其在表述上经历了由违反"服务于每个人的法律"到"旨在保护他人的法律"的转变。其缘由如起草者所言:"如果不考虑被违反的制定法是否保护受害人利益,而赋予所有受害人损害赔偿请求权,将是非常不合理的。"[3]以此为鉴,"保护他人的法律"之限定,对违反行政规范性文件之侵权责任认定具有重要意义。

---

[1] 参见叶名怡:《我国违法合同无效制度的实证研究》,载《法律科学(西北政法大学学报)》2015年第6期。
[2] 《德国民法典》第823条第1款规定:"故意或过失而不法侵害他人的生命、身体、健康、自由、财产所有权或者其他权利的人,有义务向他人赔偿由此而造成的损失。"第2款规定:"违反以保护他人为目的的法律的人,负有同样的义务。根据法律的内容,没有过错也可能违反法律的,只有在有过错的情况下,才发生赔偿义务。"参见[德]马克西米利安·福克斯:《侵权行为法》(第5版),齐晓琨译,法律出版社2006年版,第11页。
[3] 参见朱虎:《规制性规范与侵权法保护客体的界定》,载《清华法学》2013年第1期。

虽然2010年之原《侵权责任法》并未单列"违反保护他人法律"之侵权类型，但实务中已然涉及违反保护他人法律之侵权诉讼。2013年发生的"儿童模仿《喜羊羊与灰太狼》烧伤同伴案"[1]，便因涉及能否以违反《未成年人保护法》为由而需承担侵权责任，被学者称为我国因违反"保护他人的法律"而承担侵权责任之首例。[2] 民事判决书中也经常可见"保护他人的法律"的表述。民法学界对《德国民法典》第823条第2款侵权类型较为重视且在相关观点形成上多有借鉴：直接讨论违反"保护他人的法律"的侵权责任在我国法上的实现问题；[3] 将"保护他人的法律"作为强制性规定、[4] 规制性规范[5] 或管制性规范[6] 的内核，而探讨其责任认定；在论证作为侵权行为法保护客体的权益范围[7] 或侵权责任构成要件的违法性[8] 中，将"保护他人的法律"作为重要论据。比较法上，《日本民法典》同样也未规定"违反保护他人法律"的侵权类型，但其学界中尚有关于日本法上违反"保护他人法律"时侵权责任认定的研究。[9]《日本民法典》第709条规定："因故意或过失侵害他人的权利或者受法

---

[1] 参见江苏省东海县人民法院民事判决书，(2013)东少民初字第0057号。
[2] 参见孙良国：《违反保护他人的法律的侵权责任及其限度——以"儿童模仿〈喜羊羊与灰太狼〉烧伤同伴案"为例》，载《法学》2014年第5期。
[3] 参见王洪、张伟：《违反保护他人法律的侵权责任研究——以绝对权和利益的区分保护为重点》，载《求索》2017年第9期；李炎：《保护性规范与侵权法保护范围的界定》，载《江苏大学学报（社会科学版）》2018年第3期。
[4] 参见张红：《违反强制性规定的侵权责任构成》，载《法学评论》2024年第1期。
[5] 参见朱虎：《规制性规范违反与过错判定》，载《中外法学》2011年第6期；朱虎：《规制性规范与侵权法保护客体的界定》，载《清华法学》2013年第1期；朱虎：《规制性规范、侵权法和转介条款》，载《中共浙江省委党校学报》2014年第3期。
[6] 参见解亘：《论管制规范在侵权行为法上的意义》，载《中国法学》2009年第2期。
[7] 参见方新军：《利益保护的解释论问题——〈侵权责任法〉第6条第1款的规范漏洞及其填补方法》，载《华东政法大学学报》2013年第6期。
[8] 参见王利明：《我国〈侵权责任法〉采纳了违法性要件吗？》，载《中外法学》2012年第1期。
[9] 潮見佳男『不法行為法Ⅰ（第2版）』（信山社，2009年）299-303頁参照。日本民法上，违反保护性规范之侵权责任认定，与"违法性"和"过失"这两要件密切相关，下文将作详述。

律保护的利益的人,对由此产生的损害负赔偿责任。"相对于旧法,该条将侵权法保护的范围从"权利"扩展到"权利或者受法律保护的利益"。实务中,道路交通安全法等法律上保护的利益,也是侵权责任成立的基础。可见,即便原《侵权责任法》及《民法典》侵权责任编未能明确"违反保护他人法律"的独立侵权类型,"违反保护他人法律"的侵权责任认定,仍有理论探讨和司法适用层面的意义。

在此背景下,行政规范性文件作为"保护他人的法律",必须回答以下几个问题:其一,在条文上,在原《侵权责任法》及《民法典》侵权责任编均未列明"违反保护他人法律"之侵权类型时,依然探讨"保护他人的法律"的理论价值与现实意义具体体现在哪些方面?其二,行政规范性文件能否成为"保护他人的法律"的适格"法律"?其三,在《民法典》背景下,行政规范性文件将如何实现"保护他人的法律"的地位,从而判定违反行政规范性文件的侵权责任?

二、现有侵权责任法体系下"保护他人的法律"的意义

一般认为,原《侵权责任法》第 6 条是侵权责任法的一般条款。《民法典》侵权责任编第 1165 条规定:"行为人因过错侵害他人民事权益造成损害的,应当承担侵权责任。依照法律规定推定行为人有过错,其不能证明自己没有过错的,应当承担侵权责任。"在内容上,该条延续了原《侵权责任法》第 6 条的表述。二者并未明确"违反保护他人的法律"这一独立侵权责任类型。即便如此,探讨违反"保护他人的法律"时的侵权责任,仍有以下现实与理论意义。

(一)应对社会变迁以界定侵权法保护客体(范围)的需要

侵权法的宗旨之一,是如何实现民事主体行为自由与其民事权益保护的平衡。随着国民经济和社会发展,新的权利和利益会不断出现。因此,侵权法保护的客体或范围,将会随时代发展而不断更新。原《侵权责任法》第 2 条以"概括+列举"的方式明确了侵权法所保护的"权益"范围。其第 2 款之"等"字这一兜底表述使"权益"

在法益保护上呈现开放的体系,如此,"权益"的范围也会无限开放。[1]《民法典》侵权责任编则将"概括+列举"式的保护范围改为概括式。有学者指出,此种概括式规定可与《民法典》总则编第五章关于民事权利之规定协调,使侵权法可以不变应万变,从而有效应对新型侵权行为出现。[2] 但有学者指出,原《侵权责任法》在采用"权益"这一概念时,未明确对利益进行筛选的方法,从而构成法律上的漏洞。[3] 因此,如何确定侵权法上保护的利益,是理论研究和司法适用的关键。

德国法上的"不法性"承担着限缩侵权责任范围的功能。《德国民法典》第823条第1、2款及第826条实现了侵权法闭合。当一项行为既不构成对绝对权的侵害,也不构成对保护性法律和公序良俗的违反,则应被排除在过错侵权之外。[4] 我国多有学者指出,可以借鉴德国法上的"保护他人的法律"和公序良俗来确定可以受侵权法保护的权益。方新军指出,在坚持权利保护的形式主义标准基础上,通过借鉴德国民法以"保护他人的法律"和公序良俗为工具判断某项利益是否可构成侵权法上保护之利益。[5] 朱岩指出,将违反"保护他人的法律"的行为作为独立侵权行为类型,可将保护特定社会关系主体的各种法律规范纳入认定侵权责任的规范群,以界定乃至拓展侵权责任法治保护范围。[6] 朱虎也主张,规制性规范是确定侵权法保护客体的工具之一,通过考察《德国民法典》立法史上的立

---

[1] 参见王利明:《我国〈侵权责任法〉采纳了违法性要件吗?》,载《中外法学》2012年第1期。
[2] 参见杨立新:《侵权责任法回归债法的可能及路径——对民法典侵权责任编草案二审稿修改要点的理论分析》,载《比较法研究》2019年第2期。
[3] 参见方新军:《利益保护的解释论问题——〈侵权责任法〉第6条第1款的规范漏洞及其填补方法》,载《华东政法大学学报》2013年第6期。
[4] 参见刘文杰:《论德国侵权法中的不法性》,载《环球法律评论》2007年第3期。
[5] 参见方新军:《利益保护的解释论问题——〈侵权责任法〉第6条第1款的规范漏洞及其填补方法》,载《华东政法大学学报》2013年第6期。
[6] 参见朱岩:《侵权责任法通论·总论》(上册 责任成立法),法律出版社2011年版,第369-370页。

法理由及德国民法学界可以发现,仅有旨在保护个人的规制性规范方可用来界定侵权法所保护的"法益"。[1] 早在2005年,上海市高级人民法院就下发《侵权纠纷办案要件指南》,其指出:"民法系采列举的方式设定权利,而法律设定的诸多利益均未固化为权利,但因法律专门设有保护之规定,成为法律所保护之利益。故侵权法体系所规范的对象,以权利为原则,以法益为例外。"因此,即便我国侵权法未明确"违反保护他人的法律"这一侵权类型,"保护他人的法律"这一概念在确定侵权法保护客体上仍大有可为。

(二)侵权法中实现公私法融合并设置转介"阀门"的需要

公法对侵权法的影响甚广。在权益保护上,公法与私法多有重叠,公法是社会共识的体现。并且,私法本身并非完全封闭,而是一个开放的体系,有海量的关于环境保护、产品质量、交通安全等法律规范及行业标准构成判断民事权益是否被侵犯的具体规则。[2] 作为过错判断标准的注意义务既可源于法律亦可来源于行政法规,[3] 而保护性法律本身便横跨公私法等各部门法,并不限于违反私法上的保护性规定,违反"保护他人的法律"的侵权类型使整个法律体系成为一个整体。[4] 近年来,公私法交融的现实及公私法互相支援的需要日益被学者重视。苏永钦指出,"司法者站在公私法汇流的闸口,正要替代立法者去作决定:让公法规范以何种方式,以多大的流量,注入私法"[5]。违反"保护他人的法律"的侵权责任,作为重要的

---

[1] 参见朱虎:《规制性规范与侵权法保护客体的界定》,载《清华法学》2013年第1期。
[2] 参见孙良国:《违反保护他人的法律的侵权责任及其限度——以"儿童模仿〈喜羊羊与灰太狼〉烧伤同伴案"为例》,载《法学》2014年第5期。
[3] 参见王利明:《我国〈侵权责任法〉采纳了违法性要件吗?》,载《中外法学》2012年第1期。
[4] 如公司未依法缴纳工伤保险而员工发生工伤,虽员工无法享受工伤保险待遇,但用人单位因违反保护性法律(社会保障法)规定而构成民事侵权。参见陈现杰:《〈侵权责任法〉一般条款中的违法性判断要件》,载《法律适用》2010年第7期。
[5] 苏永钦:《从动态法规范体系的角度看公私法的调和——以民法的转介条款和宪法的整合机制为中心》,载苏永钦:《走入新世纪的私法自治》,中国政法大学出版社2002年版,第331页。

公私法转介通道,借由转介公法上的行为规范救济他人违法导致的单纯经济利益损害,同时以私法求偿来"围堵"公法上之不法行为。[1]

但是,在肯认公法对侵权法的影响同时,又应当如何限制公法对民事主体行为自由的干涉?有学者指出,既不能简单地将所有管制规范作为侵权法上违法性之依据,又不能忽略二者之间的联系。其中以保护他人利益为目的的规范中的防止侵害型规范对侵权行为法具有直接意义,因此应当成为未来深化研究的对象。[2] "保护他人的法律"以"保护他人的目的"为标准来限制违反公法之侵权责任,可以为民事裁判者限制违反公法之侵权责任提供思维工具和良好示范。以违反道路交通安全法律法规为例,投保义务人未投保交强险会被法院认定为违反了"保护他人的法律",因此应当对自己的过错负责。[3] 但是,行人违反《道路交通安全法》中关于"行人应当在人行道内行走,没有人行道的靠路边行走"的规定则被法院认为是违反了保护自己的法律,法院据此认定肇事者过错大于行人过错。[4] 可见,实践中法院可以以所违反规范保护的对象为标准确定过错成立与否和比例,从而在一定程度上限缩违反公法而产生的侵权责任。实际上,不同于法国侵权法"不得侵害他人"的"自然法成文化"理念,德国侵权法上列举的三种典型侵权模式本身即"法律未禁止即为许可"观念的体现,恰恰贯彻了私法自治和行为自由的理念[5]。

可见,从公私法融合的角度来看,"保护他人的法律"既可成为公法私法化的桥梁,也可以成为公私法汇流中过滤公法规范、限缩侵权责任、保障民事主体行为自由的"阀门"。

---

[1] 参见苏永钦:《寻找新民法》,台北,元照公司出版社2008年版,第280页。
[2] 参见解亘:《论管制规范在侵权行为法上的意义》,载《中国法学》2009年第2期。
[3] 参见广东省韶关市中级人民法院民事判决书,(2014)韶中法民一终字第264号;广东省遂溪县人民法院民事判决书,(2017)粤0823民初694号。
[4] 参见浙江省安吉县人民法院民事判决书,(2010)湖安民初字第49号。
[5] 参见李承亮:《侵权行为违法性的判断标准》,载《法学评论》2011年第2期。

（三）为司法实践提供理论储备和本土化路径的需要

当前，我国的民事司法实践在现有侵权法理论研究和民事立法基础上，创造性地融入了"保护他人的法律"的相关机理。具体体现在以下两个方面：

其一，法官在实践中完善和发展了侵权法的功能，并对立法及理论学说有一定程度的"背离"。原《侵权责任法》实施不久，即有最高人民法院资深法官就原《侵权责任法》的一般条款指出，虽然学者认为原《侵权责任法》延续原《民法通则》第六章之规定，采用的"一般条款+全面列举"的立法模式是成功的，但之所以能够取得这些成果，是因为最高人民法院制定并发布了一系列司法解释。我国民事裁判者通过一系列司法解释历史地走向了类似《德国民法典》三层次的体系构成模式。[1]《德国民法典》中规定的三种侵权模式是建立在以违法性为构成要件基础之上的，而违法性是否作为我国侵权责任法的独立构成要件亦存争议，但通过案例检索可以发现，即便在原《侵权责任法》之后仍有众多司法判例明确指出侵权责任构成要件包括"违法性""损害事实""过错""因果关系"。[2] 事实上，在原《侵权责任法》制定过程中，最高人民法院法官曾在不同场合表达了对《德国民法典》第823条第1、2款和第826条之立法模式的认可，同处司法实务第一战线中的律师亦和法官观点一致。[3] 实践中有法官将"违法性"作为独立的侵权责任构成要件，一方面，是因为立法及司法解释并未给侵权责任构成要件一个统一的明文规定；另一

---

[1] 参见陈现杰：《〈侵权责任法〉一般条款中的违法性判断要件》，载《法律适用》2010年第7期。
[2] 以"违法性"为关键词检索侵权责任纠纷判决，可轻松找到将违法性作为独立构成要件的判决书，其中亦包括地方高级人民法院的判决书。如山东省高级人民法院民事判决书，(2014)鲁民一终字第482号；山东省高级人民法院民事判决书，(2015)鲁民提字第107号；内蒙古自治区高级人民法院民事裁定书，(2016)内民申743号；云南省高级人民法院民事裁定书，(2017)云民申614号等。
[3] 参见方新军：《权益区分保护的合理性证明——〈侵权责任法〉第6条第1款的解释论前提》，载《清华法学》2013年第1期。

方面,体现出司法者从裁判说理出发对"违法性"的重视。而此种"重视",在未来将发展至何种程度,是否会促使立法及理论正视此种裁判需求,目前无法确定。

其二,违反"保护他人的法律"的侵权行为已然被部分民事裁判者接受并作为重要论理工具。在采用违法性为独立的侵权责任构成要件的民事判决中,不少法院对于违法性的判断,采用了"违反法定义务、违反'保护他人的法律'或者故意违背善良风俗"的三层判断标准。[1] 此外,如前文指出,在道路交通侵权纠纷中,法官已经根据当事人违反的法律是否属于"保护他人的法律"来判断过错是否存在及其比例划分,而在双方当事人均未缴纳交强险而违反了"保护对方的法律"时,法院认为"任何一方不能从自己的违法行为中获利",从而否定当事人要求侵权人在交强险范围内给予赔偿的请求。[2] 又如,在"儿童模仿《喜羊羊与灰太狼》烧伤同伴案"中,虽然法院判决并未明文使用"保护他人的法律"的表述,但就动画制片商是否需承担赔偿责任这一问题,其主张动画制片方应受到未成年人权益保护的相关法律法规制约而判决其承担一定责任。学界则指出,该案中违反"保护他人的法律"侵权责任的引用,可起到克服过错认定与因果关系界定困难之作用。[3]

违反"保护他人的法律"的侵权类型为德国侵权法上的典型,而

---

[1] 如辽宁省高级人民法院民事裁定书,(2013)辽审四民申字第1210号;江苏省如皋市人民法院民事判决书,(2015)皋开民初字第1015号;四川省凉山彝族自治州中级人民法院民事判决书,(2015)川凉中民终字第342号;黑龙江省东宁县人民法院民事判决书,(2017)黑1024民初988号;四川省成都市青羊区人民法院民事判决书,(2017)川0105民初11093号;江苏省如皋市人民法院民事判决书,(2017)苏0682民初9427号;江苏省连云港市连云区人民法院民事判决书,(2017)苏0703民初3020号;广东省深圳市宝安区人民法院民事判决书,(2018)粤0306民初4368号;四川省成都市中级人民法院民事裁定书,(2018)川01民终10240号;湖北省高级人民法院民事判决书,(2018)鄂民终898号;湖南省株洲市中级人民法院民事判决书,(2018)湘02民终694号等。
[2] 参见广东省韶关市中级人民法院民事判决书,(2014)韶中法民一终字第264号。
[3] 参见王洪、张伟:《违反保护他人法律的侵权责任研究——以绝对权和利益的区分保护为重点》,载《求索》2017年第9期。

我国的侵权法在立法上并未明确采用此种独立类型。但是,我国司法实践受该项侵权类型的影响颇深,其中原因则在于德国侵权法上的三种侵权类型可为侵权行为认定提供较为具体的方法和原则。[1]实践中以此判断当事人行为是否存在违法性便是明证。德国侵权法对我国侵权法的影响仍会持续,研究"保护他人的法律",对于进一步明确其内涵和我国法的构成要件融入,具有重要意义,同时也可以相应地为我国司法裁判的实践提供论证路径和评价标准。

三、行政规范性文件可否成为"保护他人的法律"

行政规范性文件能否成为"保护他人的法律",既需要以"保护他人的法律"的一般理论和规则为基础,又需要充分结合行政规范性文件的特殊性。考察德国侵权法,可发现"保护他人的法律"的认定需要经过两层检验。一是检验所违反的规范是否构成"法律",二是检验该项"法律"是否具有"保护他人"之目的。再者,行政规范性文件具有明显的公法属性,"保护他人的法律"的认定又必须考虑公私法区分问题。因此,在判断行政规范性文件能否构成"保护他人的法律"前,必须相应明确:"保护他人的法律"在位阶上是否有限制?该种"法律"是否可以包含公法?明确这两个问题之后,才可以相应明晰行政规范性文件是否可以成为适格之"保护他人的法律"。

(一)"保护他人的法律"是否有位阶限制

德国侵权法上,通说和判例认为,对《德国民法典》第823条第2款中"法律"之解释应当参照《〈德国民法典〉施行法》第2条的规定,即《民法典》中所称的'法律'(Gesetz)应理解为一切'法规范'(Rechtsnormen)"。[2]因此,这里所指的法律并不只是包括形式意义上的法律(狭义法律),还可将更广范围上之法律(如行政法规、章

---

[1] 参见全国人大常委会法制工作委员会民事室编:《侵权责任法:立法背景与观点全集》,法律出版社2010年版,第189、243-244页。

[2] Gesetz im Sinne des Bürgerlichen Gesetzbuchs und dieses Gesetzes ist jede Rechtsnorm.

程等)纳入。[1] 至于此处的"法律"是否包括不成文法,有学者认为《德国民法典》第823条第2款之"法律"既包括成文法亦包括不成文法;也有学者主张从立法史及条文功能考察,"保护他人的法律"应作广义上的成文法理解是毋庸置疑的。王泽鉴先生指出,对于"违反保护他人的法律"中的"法律",除狭义的法律外,尚包括习惯法、命令、规章等。[2] 陈现杰考察比较法后也认为,对应到我国的法律体系,"保护他人的法律"中的"法律"应采广义理解,既包括法律、行政法规,又包括规章、司法解释等不同效力等级的规范性文件。[3]

本书认为,作为首创"保护他人的法律"的德国侵权法之所以未限制"法律"的位阶,是因为从该项侵权责任类型的创制目的来看,其是为充分落实法律体系中对民事主体进行保护的意旨。无论任何国家,从应然的法律体系来看,"保护他人的法律"不限于狭义法律,在法律基础上进行具体化的下位法当然可能也有保护他人的立法。只有适当延伸"保护他人的法律"的位阶,才能贯彻不同位阶"法律"中的管制性规范,进而于私法(尤其是侵权法)上同时实现管制和保护目的。

(二)"保护他人的法律"是否包含公法

《德国民法典》第823条和第826条明确了因侵犯绝对权和受法律和公序良俗保护之利益之侵权责任,将民事主体的注意义务从民法扩张至民法之外,甚至延至法律之外。《德国民法典》第823条第2款对应民法之外的法律,但此处的法律是否仅限于私法?

在德国,"保护他人的法律"采广义理解,并且《德国民法施行法》已经明确"法律"(Gesetz)包含一切法律规范,自不限于私法。更为重要的是,《德国民法典》第823条第2款本身即承担连接或转

---

[1] 参见王成:《侵权之"权"的认定与民事主体利益的规范途径——兼论〈侵权责任法〉的一般条款》,载《清华法学》2011年第2期。
[2] 参见王泽鉴:《侵权行为》,北京大学出版社2009年版,第350页。
[3] 参见陈现杰:《〈侵权责任法〉一般条款中的违法性判断要件》,载《法律适用》2010年第7期。

介公私法的功能。德国通说和判例认为,《德国民法典》第823条第2款使法院可以为违反其他法律所确立之行为标准而造成损害之行为提供救济,从而连接了侵权法之外的立法价值,使侵权法的开放性得以维持。[1] 德国学者Wagner指出:"对于出现在其他法领域中的评价而言,第823条第2款是传送带之一。此规定尤其能够将数量上持续增长的公法——例如道路交通法、营业法、劳动保护法以及环境法——上的行为标准延伸至民法中,并能够对违反行为课以私法上的损害赔偿请求权。"[2] 苏永钦在谈及公私法转介问题时,尤为强调违反"保护他人的法律"的侵权责任的功能。转介条款的"管道"功能,使法官在民事裁判中可以借由转介条款的授权,将公法规范纳入裁量范围,从而于私法中贯彻和落实管制规范的政策意图。[3] 此种公私法转介观点以及公法上的保护性规范借由"保护他人的法律"介入民事司法的观点得到较多学者支持。[4] 方新军指出,正因为行政法和民法的相互渗透状态,行政法的规范作为"保护他人的法律"在民法中被转引就是当然之理。从行政法的范围来看,其包括两个部分:第一部分是传统行政法上为实现国家存立和社会管理的内容,典型者如财税法;第二部分是为了个人权利而对社会进行管

---

[1] 参见朱虎:《规制性规范、侵权法和转介条款》,载《中共浙江省委党校学报》2014年第3期。

[2] Vgl. MünchKomm/Wagner, § 823, Rn. 317. 转引自朱虎:《规制性规范、侵权法和转介条款》,载《中共浙江省委党校学报》2014年第3期。

[3] 苏永钦有公私法转介条款的定义、功能和典型,可参见系列文章和著作:《民事立法者的角色——从公私法的接轨工程谈起》《从动态法规范体系的角度看公私法的调和——以民法的转介条款和宪法的整合机制为中心》,载《民事立法与公私法的接轨》,北京大学出版社2005年版;《从动态法规范体系的角度看公私法的调和——以民法的转介条款和宪法的整合机制为中心》,载《走入新世纪的私法自治》,中国政法大学出版社2002年版等。

[4] 参见解亘:《论管制规范在侵权行为法上的意义》,载《中国法学》2009年第2期;王成:《侵权之"权"的认定与民事主体利益的规范途径——兼论〈侵权责任法〉的一般条款》,载《清华法学》2011年第2期;朱虎:《规制性规范、侵权法和转介条款》,载《中共浙江省委党校学报》2014年第3期;王洪、张伟:《违反保护他人法律的侵权责任研究——以绝对权和利益的区分保护为重点》,载《求索》2017年第9期;等等。

理,即对应公私法交叉的地方,其中既有保护公共利益的内容又有保护个人利益的内容。第二部分中,法律通过预先规定行为人行为义务而实现对他人利益的保护。其具体保护方法包括两种:一种是明确特定场合下实施某种特定行为而产生的义务,如道路交通规则和原建设部关于装修人于住宅室内装修管理的义务。另一种是明确特定主体,如医生、律师、会计师的行为义务等。[1] 实践中,《道路交通法》《未成年人保护法》《母婴保健法》《产前诊断技术管理办法》等公法规范,已经以保护性法律的身份,成为认定侵权人侵权责任的依据。

综上,"保护他人的法律"并不限于狭义法律,也不限于私法,尚包括公法。

(三)"保护他人的法律"是否包含行政规范性文件

参酌各国家及地区的规定,基本上可认为,虽然"保护他人的法律"包括公法且无位阶限制,但是其前提条件仍须是所违反之内容属于"法律规范"。如此,作为准规范之行政规范性文件可否为"保护他人的法律"?

事实上,德国在并非"法律规范"范畴的行政规制措施或行政命令是否属于"保护他人的法律"的问题上,看似仍存争议。德国侵权法上,有观点认为,原则上,行政规制措施并不能算得上是保护性法律,因为其并不具有法律的特质。而以何种标准判定行政规制措施的保护性法律特质,也存在较大分歧。但在德国的法律体系中,行政规制措施都是以法律授权为基础而制定的,因此联邦最高普通法院往往审查授权的基础是否包含保护性法律。如果是,则行政规制措施中所包含的规范性内容,将会被部分地赋予保护性法律的特质。[2] 由此看来,行政规制措施并不属于"法律规范",原则上不得

---

[1] 参见方新军:《利益保护的解释论问题——〈侵权责任法〉第6条第1款的规范漏洞及其填补方法》,载《华东政法大学学报》2013年第6期。
[2] 参见[德]马克西米安·福克斯:《侵权行为法》(第5版),齐晓琨译,法律出版社2006年版,第142页。

将其作为"保护他人的法律"。但是,因为行政规制措施均是以法律授权为基础,倘若其上位法本身包含保护性法律,则行政规制措施有被认定为保护性法律的可能。因此,德国侵权法中,由法律授权和上位法构成保护性法律,是行政规制措施成为保护性法律的前提。

以此为鉴,本书认为,行政规范性文件可以成为保护性法律,但不同类别的行政规范性文件成为"保护他人的法律"的前提不尽相同。对于行政创制性文件,因只有经法律授权而创设之文件方可成为保护性法律,我国法律体系中,法律授权并不及于行政规范性文件这一层级。因此,行政创制性文件因其创制内容无授权依据而不得成为"保护他人的法律"。对于行政解释性文件,因其是对上位法的具体化,倘若上位法构成"保护他人的法律",其相关具体化内容也可以被认定为"保护他人的法律"。对于行政指导性文件,因其既非我国法律体系组成部分,也不涉及具体权利义务,因此无成为保护性法律之可能。

行政规范性文件作为"保护他人的法律",具有一定的理论正当性。其一,行政规范性文件具有"保护他人的法律"的对世性。侵权法旨在兼顾权利与行为自由之平衡,侵权法制度本身即为一种筛选机制,将可以由他人赔偿的利益损害和另外一部分只能由自己承担的利益损害区分开来。[1] 但此种筛选机制应当公开透明且被一般公民所知悉,从而使行为人具有防备避免的可能性,因而保护性规范必须具有对世规范的特征。[2] 此种对世性,也是要求"保护他人的法律"需要具备法律规范特征的缘由。虽然行政规范性文件并非法律体系的组成部分,但其在制定程序和公布生效上具有法律规范的公开性,可在一定范围内为公众所知晓,从而解决其作为适格"保护

---

[1] 参见王成:《侵权之"权"的认定与民事主体利益的规范途径——兼论〈侵权责任法〉的一般条款》,载《清华法学》2011年第2期。
[2] 参见苏永钦:《再论一般侵权行为的类型——从体系功能的角度看修正后的违法侵权规定》,载苏永钦:《走入新世纪的私法自治》,中国政法大学出版社2002年版,第308页以下。

他人的法律"的前提条件。其二,行政规范性文件是具体化"保护他人的法律"所设定义务之重要工具。在德国,《德国民法典》第823条第2款必须足够清晰地描述一个私法主体的行为义务,对于尚未明确具体义务之抽象规范(一般化的原则),在未通过具体行政行为具体化之前不得作为保护性法律被适用,此时作为保护性规范的并非具体行政行为而是抽象性规范。[1] 因此,即便对于仅确立了原则性规定的规范,倘若可以明确其欲施加的具体义务,同样有作为保护性规范的可能。于此,具有准规范属性的行政解释性规范,因其公开性和权威性,相对具体行政行为更适宜作为明确具体义务之根据。

综上,行政规范性文件能否成为"保护他人的法律",需要区分不同种类来认定。行政创制性文件和行政解释性文件不可能成为适格的"保护他人的法律";行政解释性文件可凭借其上位规范,在上位法构成"保护他人的法律"时,由法官在个案中认定为"保护他人的法律"。

四、行政规范性文件如何成为"保护他人的法律"

从我国侵权责任法体系融入的角度考虑,本部分拟在确立"保护他人的法律"本土化可能性的基础上,结合行政规范性文件的特性,尝试明确行政规范性文件以"保护他人的法律"身份介入侵权责任认定的具体路径。

(一)公私法互相支援下的"保护他人的法律"工具化

违反"保护他人的法律"的侵权责任以《德国民法典》中侵权法一般条款的违法性构成要件为基础,构造了违反民法、违反民法之外法律、违反公序良俗的三层违法样态。此种三层结构,是德国判例和学说将违法性作为侵权责任构成要件的重要依据。[2] 但是,对于违

---

[1] 参见朱虎:《规制性规范与侵权法保护客体的界定》,载《清华法学》2013年第1期。
[2] 参见李昊:《交易安全义务论——德国侵权行为法结构变迁的一种解读》,北京大学出版社2008年版,第254页。

法性可否成为我国侵权责任法独立构成要件,学界尚有争论。[1]《民法典》侵权责任编也未使用"违法性"这样的明确表述。司法裁判中,有将违法性列为侵权责任构成要件的实践。这与我国一直以来的侵权责任立法形成了一定偏差。但此种偏差毕竟尚属少数,且其中不少是对侵权责任法构成要件的误解。[2] 因此,我们也无法在当前的立法和司法实践中,直接将"保护他人的法律"和违法性构成要件直接联系,并确定此种联系对侵权责任认定产生的影响。

在受德国民法立法及实务影响颇深的日本,对于违法性是否应作为侵权责任独立构成要件,也争论颇多且仍未达统一。在日本,违法性这一概念的提出与继受,自始便是用以解决侵权法保护权利范围过窄这一问题。日本明治民法中,其第709条是关于侵权责任认定的一般条款,该条规定:"因故意或过失侵害他人权利者,对由此产生的损害负赔偿责任。"此条将侵权责任法保护客体严格限制在"权利",与《德国民法典》第823条中之"权利"一致,即指绝对权。[3] 实践和理论由此经历了"从权利侵害到违法性"的发展。日本大正十五年(1926年)作出的"大学汤事件"判决,将第709条中所保护范围由权利扩张至权利和法律保护的利益,这也是在学说严厉

---

[1] 如王利明认为我国原《侵权责任法》未规定且排斥侵权法要件,并主张以过错吸收违法性概念。参见王利明:《我国〈侵权责任法〉采纳了违法性要件吗?》,载《中外法学》2012年第1期。杨立新主张我国侵权法虽然尚未明确违法性要件,但是可以通过解释确定违法性之构成要件地位,同时建议在现阶段立法中明确违法性以便利司法实践。参见杨立新:《侵权责任法回归债法的可能及路径——对民法典侵权责任编草案二审稿修改要点的理论分析》,载《比较法研究》2019年第2期。

[2] 实务中有不少判决引用了一项最高人民法院关于侵权责任法的司法解释,指出其第9条明确:"被侵权人依据侵权责任法第六条第一款规定主张行为人承担侵权责任,应当具备下列条件:(一)行为人的行为违反法定义务、违反保护他人的法律或者故意违背善良风俗,具有违法性;"。但实际上,最高人民法院仅于2010年6月发布一项侵权责任法司法解释"法发[2010]23号",全文仅4条。经过内容比较,法院所援引的"司法解释"很可能是中国人民大学民商事法律科学研究中心"侵权责任法司法解释研究"课题组所公布的"司法解释建议稿(草案)"。

[3] 潮见佳男『不法行為法Ⅰ』(第2版)(信山社,2009年)62頁参照。

批判下司法立场对侵权法保护范围的立场的转变。[1] 理论上,学者末川博提出了"违法性表征说",指出侵权行为是对实定法整体法律秩序的违反,违法性应作为侵权行为的客观要件,权利侵害只是违法性的表征之一。[2] 那么如何判断违法性?我妻荣和加藤一郎在此基础上提出"相关关系说",即违法性要根据被侵害的利益的种类和侵害行为的样态之间的关系来判断。具体来说,若被侵害利益本身较为重要,即便侵害行为的不法性较小,加害之违法性亦成立;若被侵害利益并非尤为重要,即便侵害行为的不法性很大,加害之违法性亦成立。[3] 一般来说,被侵害利益的种类包括物权及其他支配性财产权、人格权及其他人格利益、债权等,侵害行为的样态包括违反刑法、违反禁止性法规和取缔法规、违反公序良俗、权力滥用等。[4] 如此,侵权行为构成要件中的"权利侵害"被"违法性"所置换,而"相关关系说"在20世纪70年代之前基本为通说。但其后违法性理论受到激烈批判,包括"权利扩大说""过失一元论"等。其中,"权利扩大说"认为《日本民法典》第709条中的"权利"实际上包括法律上保护的利益。"过失一元论"则淡化"权利侵害"这一构成要件,将故意和过失作为决定性构成要件,舍弃"违法性"这一要件。[5] 在2004年日本民法经"现代语化"后,第709条被修改成:"因故意或过失侵害他人的权利或者受法律保护的利益的人,对由此产生的损害负赔偿责任。"也就是说,在一般条款上明文将权利侵害拓展到权利和受法律保护利益的侵害,从而解决了旧第709条中关于侵权法保护客体的漏洞。为解释旧第709条而生之违法性理论日益式微。但即便如此,关于违法性是否属于侵权行为独立构成要件,至今仍然未能达成统一。有趣的是,从各种学说角度分析现行《日本民法典》第709

---

[1] 円谷峻『不法行為法:事務管理・不当利得』(成文堂,2010年)59-60頁参照。
[2] 末川博『権利侵害論』(弘文堂,1971年)275頁以下参照。
[3] 加藤一郎『不法行為(増補版)』(有斐閣,1974年)106頁参照。
[4] 我妻栄『事務管理・不当利得・不法行為』(日本評論社,1937年)144頁参照。
[5] 潮見佳男『不法行為法Ⅰ』(第2版)(信山社,2009年)69-72頁参照。

条,似乎都有解释之余地,[1]呈现"条条大路通罗马"之景象。

违法性应否作为我国侵权责任的独立构成要件?而作为违法性表现之一的"保护他人的法律"的违反,又应当通过何种要件作为侵权责任认定之依据?或许短时间内,无法在立法、理论及实务上达成统一。但考察《德国民法典》中第 823、826 条对我国及日本侵权法的借鉴意义,可以发现:一方面,"保护他人的法律"可以将民法尚未能列举的利益纳入侵权法保护范围。另一方面,对"保护他人的法律"之违反,可以成为过失客观化的标准。显而易见,"保护他人的法律"即便无法通过违法性这一构成要件影响侵权责任认定,也是在侵权责任认定过程中的重要"工具"。苏永钦从公私法转介的角度探讨了违反"保护他人的法律"之侵权责任对于实现公法与侵权法间协调的功能意义,并指出侵权法需要公法支援,而公私法间亦可实现互相"工具化"。其观点对我国侵权法领域学者影响颇深,后者在论及管制性规范或保护性规范的侵权法意义时几乎均会提及苏永钦的相关著作。[2] 在《德国民法典》中的三种典型侵权行为类型中,权利、风俗和法律被放在构成要件里,不以其为保护客体,而只是对于社会上无数的财产利益受到损失的情形,以其为必要的筛选工具。[3] 而在违反"保护他人的法律"的侵权行为认定中,因"保护他人的法律"本身即包含行为标准或禁止性规定,当行为人违反时便可推定其存在过失。因此"违反保护他人的法律"又使法官对于过失的判断由自由裁量转向立法者事先客观确定。[4] 于此而言,"保

---

[1] 潮见佳男『不法行为法Ⅰ』(第 2 版)(信山社,2009 年)79-82 页参照。
[2] 参见解亘:《论管制规范在侵权行为法上的意义》,载《中国法学》2009 年第 2 期;王成:《侵权之"权"的认定与民事主体利益的规范途径——兼论〈侵权责任法〉的一般条款》,载《清华法学》2011 年第 2 期;朱虎:《规制性规范、侵权法和转介条款》,载《中共浙江省委党校学报》2014 年第 3 期;王洪、张伟:《违反保护他人法律的侵权责任研究——以绝对权和利益的区分保护为重点》,载《求索》2017 年第 9 期等。
[3] 参见苏永钦:《再论一般侵权行为的类型》,载苏永钦:《走入新世纪的私法自治》,中国政法大学出版社 2002 年版,第 300-334 页。
[4] 参见朱岩:《违反保护他人法律的过错责任》,载《法学研究》2011 年第 2 期。

护他人的法律"又可以为过失认定提供客观标准而减轻原告的举证义务[1]和法官的裁判说理成本。

因此,"保护他人的法律"对于侵权责任认定具有特殊意义,以其作为侵权法保护范围确定和过错认定的辅助工具,是在我国现有侵权责任法立法及司法实际基础上,实现其功能价值的可行思路,也为行政规范性文件在侵权责任认定中的司法融入提供了路径。

(二)行政规范性文件作为确定侵权法保护的"权益"之依据

"保护他人的法律"所保护的客体兼顾权利及权利以外之法益,但限制于保护他人的法律所欲防止者的范围之内。[2] 因此,对于"保护他人的法律"的识别和认定应成为重点。因我国并无违反保护他人的法律的独立侵权类型,在决定是否将法律保护的利益纳入侵权责任法保护范围之内,又是一个需要考量的重点。

德国侵权法一般通过条文性质、人的范围、物的范围认定某个行为是否构成违反"保护他人的法律",从而进一步决定侵权责任有无。但需注意的是,该种认定并非对法律保护利益的认定,而是对"保护他人的法律"的认定。朱虎针对保护性法律中侵权法保护客体的界定提出了构成要件,具体包括规范的形式和实质特征、目的特征和实质违反该规范,即形式上为适格法律渊源规定了较为明确的义务,包含保护个人之目的、有实际违反该规范之行为。如原国家新闻出版署报纸管理局于1988年出台的行政规范性文件《关于广播电视节目预告转载问题的通知》(现已失效),其中明确了各地报纸和以报纸形式出现的期刊关于转播电视节目的限制。其中电视节目所有权人因违反通知而生之损失是否属于侵权法保护范围?分析来看:该通知规定了明确的义务,其规范目的很显然旨在保护广播电视报的财产利益,其中赋予原告侵权责任请求权是合理有效的且不会

---

[1] 德国的侵权行为法教科书便指出,从减轻举证责任的角度上,第823条第2款的请求权比第823条第1款的请求权更加令人"舒适"。[德]马克西米利安·福克斯:《侵权行为法》(第5版),齐晓琨译,法律出版社2006年版,第141页。

[2] 参见王泽鉴:《民法学说与判例研究》(第2册),北京大学出版社2009年版,第143页。

导致出现整体法体系的内在评价矛盾,被告的行为已充分满足了该通知中所确定规范的构成要件,并且该案的原告所遭受的损失均属于该规范的保护范围,因此原告损失应属于保护范围。电视节目所有权人所遭受的损失应属于侵权法保护之客体。[1]

因为我国侵权法并未明确"违反保护性法律"之侵权责任这一独立侵权类型,所以借由"保护他人的法律"明确一项利益是否可受法律保护时,需谨慎进行利益衡量。笔者进行案例检索时发现一例案例,颇受启发。该案争议焦点在于,商业计划中的"最初构想"是否受法律保护。法官在说理部分指出:"《侵权责任法》第2条对于受《侵权责任法》保护的利益范围的确定,采取了概括规范的方式,并未确定受到保护的利益的范围和判断的标准。随着社会生活的快速发展,需要纳入法律保护的利益必然会不断出现。然而,由于民事利益的特殊性,并不能不加区分地对任何利益一概予以保护,需要考虑诸多因素予以综合判断,既要考虑到合法利益的必要保护,又要考虑到社会其他成员的行为自由与社会秩序的安定性。"同时,该案还提出了三个判断利益是否应当受保护的判断标准:第一,当事人所称利益是否具有绝对性;第二,当事人所称利益是否具有原《侵权责任法》上的可救济性;第三,行为人的行为性质和手段是否具有保护之必要,如故意以违反公序良俗的手段进行侵犯,则保护的必要性相应增加。[2] 该种判断标准,从利益的内容和性质、救济之必要、主观过错之行为的恶劣程度着眼,可见实践中法官对新型利益的法律保护的思考不可谓不深,因此,交由法官在个案中探索应是可行方案,最后由最高人民法院通过司法解释或指导案例进行类型化,以实现统一裁判标准、及时保护当受法律保护利益的目的。

由于行政规范性文件仅可作为裁判说理依据,而不得作为裁判依据,在我国无违反"保护他人的法律"之侵权责任类型基础上,尚

---

[1] 参见朱虎:《规制性规范与侵权法保护客体的界定》,载《清华法学》2013年第1期。
[2] 参见上海市第一中级人民法院民事判决书,(2014)沪一中民一(民)终字第3031号。

需要明确该种利益保护的裁判依据即请求权基础。有学者指出,在《民法典》之前,司法实践中通过原《民法通则》第106条第2款及原《侵权责任法》第6条第1款将保护性规范纳入侵权法保护客体认定过程之中。[1] 其中原因则在于,这两款中对于侵权法保护客体规定的开放性,尤其是原《侵权责任法》第6条第1款采用了"权益"这一表述。由于《民法典》侵权责任编第1165条目前仍采"权益"这一表述,今后可继续以此作为裁判依据(请求权基础)。问题是,倘若《民法典》或其他法律明确了某种利益或侵犯利益之表现形式,又应如何确定裁判依据?朱岩指出,《证券法》第69、173条对纯粹经济利益的保护,属于"保护他人的法律",应该引入侵权责任法。[2] 但方新军认为,该两条和《公司法》第189条第3款一样是一个完整的规范,没有必要通过原《侵权责任法》第6条第1款的转介。[3] 本书赞同方新军的观点。另外,《民法典》第110条明确了对个人信息的法律保护,无论此种权利内涵如何,与个人信息有关之侵权形式,均可借此条款作为主张损害赔偿的基础。

(三)行政规范性文件作为过错认定之依据

"保护他人的法律"在侵权责任认定中的另外一项功能是作为过错认定之依据。德国通说与判例认为,在客观要件上违反了保护性规范的情况即指示出加害人的过错,可以使受害人的举证责任得以减轻。[4] 从过错认定的法理基础来看,客观过错说认为,过错系注意义务的违反。过错的来源虽然多样,但共识是立法者可在制定法中直接规定侵权行为法意义上的注意义务。[5] 违反保护性法律的过失责任类型引发了过错侵权法从法官主导向立法者事先制定的

---

[1] 参见李炎:《保护性规范与侵权法保护范围的界定》,载《江苏大学学报(社会科学版)》2018年第3期。
[2] 参见朱岩:《违反保护他人法律的过错责任》,载《法学研究》2011年第2期。
[3] 参见方新军:《利益保护的解释论问题——〈侵权责任法〉第6条第1款的规范漏洞及其填补方法》,载《华东政法大学学报》2013年第6期。
[4] 参见朱虎:《规制性规范违反与过错判定》,载《中外法学》2011年第6期。
[5] 参见解亘:《论管制规范在侵权行为法上的意义》,载《中国法学》2009年第2期。

过错认定转移,[1]同时可降低法院在过错认定上的任意性,从而避免法官自由裁量权的滥用,进而提高司法裁判的可预期性和确定性。[2] 我国立法及实践中亦存在此种因违反法定注意义务而推定过错存在的情形。例如,《民法典》第1222条即明确若医疗机构违反法律、行政法规、规章以及其他有关诊疗规范的规定,即可认定过错存在。又如,行政规范性文件中对不同工程施工单位的施工资质作了明确规定,若发包方或转包方将工程转包给不具有相应资质的施工者,法院则可认定其对施工事故发生存在过错。[3]

但是,违反"保护他人的法律"的过错认定是否为过错推定?苏永钦指出,推定过失的合理性最多只及于违法本身,逾此就没有推定过失的合理性,侵害权利的行为依情节有可能全部涉及违法,也有可能只是部分触及,因此若把第一项狭义侵权行为的过失一律倒转举证责任,对行为人显然过于苛刻。[4] 朱岩在考察其他国家保护性规范的过失认定规则后,发现此种过错认定并非直接的过错推定。《美国侵权法第二次重述》第288B条规定:"在法院将制定法的规定作为行为标准时,则违法本身即过失;在法院未将制定法的规定作为行为标准时,则违法行为构成过失的证据。"[5]因此,美国的违反保护性规范的过错认定徘徊在"表面证据规则"和"过错推定"证据规则之间。奥地利也在民法典中明确了违反"保护他人的法律"的侵权类型,因其坚持行为违法论,违反保护性法律的行为便可被认定为具有违法性,但又因其在过错认定上采取主观过错说,违反保护性法

---

[1] 参见朱岩:《违反保护他人法律的过错责任》,载《法学研究》2011年第2期。
[2] 参见孙良国:《违反保护他人的法律的侵权责任及其限度——以"儿童模仿〈喜羊羊与灰太狼〉烧伤同伴案"为例》,载《法学》2014年第5期。
[3] 参见河南省郑州市中级人民法院民事判决书,(2018)豫01民终9068号;河南省新密市人民法院民事判决书,(2018)豫0183民初576号。
[4] 参见苏永钦:《再论一般侵权行为的类型》,载苏永钦:《走入新世纪的私法自治》,中国政法大学出版社2002年版,第327页。
[5] 参见朱岩:《违反保护他人法律的过错责任》,载《法学研究》2011年第2期。

律在过错认定上又仅具有参考意义而非决定意义。[1] 可以看出,即便是在明确了违反保护性规范这一独立侵权类型的国家或地区,对保护性规范的违反亦不得直接认定为过错,宜结合规范内容和案件事实具体认定,保护性规范的存在及对规范违反的事实,则可作为过错认定的强有力证据。

此外,即便"保护他人的法律"存在,也应当允许加害人为反证。在德国,因为承认保护性规范违反具有缩短过错关联的作用,仅承认加害人可反证证明其就违反保护性规范无过错而免责。如果要判定过错要件以及(或者)违法性要件的不充足,就必须论证所违反的管制法规缺乏正当性。[2] 在《美国侵权法第二次重述》中,加害人既可通过证明其对违反保护性规范无过错而免责,也可就法益侵害提出反证以证明其无过错而免责。[3] 因此,反证的范围,既包括其对规范的违反无过错,又可包括其对侵权损害的发生无过错,甚至还包括所违反的保护性规范的合法性或正当性缺乏。

第三节 行政规范性文件作为"物权法定"之"法"

一、引言:行政规范性文件能否创设物权?

《民法典》第116条规定:"物权的种类和内容,由法律规定。"该条既规定了"物权法定"原则,也体现了民法渊源在物权法领域的具体化。根据"物权法定"原则,物权的种类和内容,只能由法律规定。但是,这里的"法律"范围如何?是否包括行政规范性文件?或者说,行政规范性文件能否创设物权?该论题与我国当前的土地法律制度改革实际密切相关。行政规范性文件《农地"三权分置"意见》

---

[1] 参见朱岩:《违反保护他人法律的过错责任》,载《法学研究》2011年第2期。
[2] 参见解亘:《论管制规范在侵权行为法上的意义》,载《中国法学》2009年第2期。
[3] 参见朱虎:《规制性规范违反与过错判定》,载《中外法学》2011年第6期。

在原有农村集体土地所有权和土地承包经营权基础上新增了土地经营权。2018年修订的《农村土地承包法》吸收了土地经营权,已然接受这一新型权利。《民法典》也在物权编明确规定了土地经营权。考察土地承包经营权产生的历史及其物权化路径,可以发现,土地承包经营权同样也是先由党中央和国务院以行政规范性文件的形式提出,再由法律接受,并最终载入原《物权法》成为一项独立用益物权的。但是,在《农村土地承包法》和《民法典》规定土地经营权前后,学界对于土地经营权的权利属性产生了激烈探讨。相应形成了"债权说"[1]"物权说"[2]"物债二元说"[3]等观点。甚至在"物权说"内部,也还存在"权利用益物权说""次级用益物权说""独立用益物权说"等不同观点。可见,土地经营权的物权属性依然无法盖棺定论。

回到行政规范性文件能否创设物权的一般性问题。一项新生物权应当受"物权法定"原则规制。"物权法定"之"法"是否包含行政规范性文件?若是,则行政规范性文件自得有权创设新型物权。若否,则已有土地经营权物权化之实践恐怕需要于法治路径上再行检讨。并且,一项新生权利的生成及其物权化,自当有其特有规律和路径。具体到特定权利形态,又当如何设计其物权化的法治路线?鉴于此,本部分将以"物权法定"之"法"这一物权法中特殊民法渊源为视角,探讨行政规范性文件是否可成为"物权法定"之"法",并进一步以土地经营权这一绝佳案例为对象,探讨行政规范性文件创设物权的法治路径,以期为未来我国土地管理制度改革的私法化及物权化提供契合"物权法定"原则及法治思维的应然路径。

---

[1] 参见高圣平:《农村土地承包法修改后的承包地法权配置》,载《法学研究》2019年第5期。

[2] 参见陈小君:《土地经营权的性质及其法制实现路径》,载《政治与法律》2018年第8期等。

[3] 参见黄薇主编:《中华人民共和国民法典物权编解读》,中国法制出版社2020年版,第60页。

二、"物权法定"原则在物权法中的地位考察

一般认为,"物权法定"主义起源于罗马法,并被大陆法系国家或地区继受。[1] 比如,日本 2017 年新修之《民法》第 175 条延续先前立法规定了"物权法定"主义。《韩国民法》第 185 条[2]也明确了"物权法定"原则。《德国民法典》虽未有明文规定体现该项主义,但判例和学说均对其予以肯定。[3] 同时,物、债二分体系本身便暗含"物权法定",从而使二者界限分明且确保对物之意志支配仅得通过法律形成。[4]"物权法定"亦被德国学者称为立法政策上的一种"决断"。[5]《法国民法典》虽亦未明文规定"物权法定"原则,且解释上亦可得出民法典并未禁止民事主体通过协议创设新型物权之结论,但在法国,物权类型须登记后方可产生对世性。并且,登记机关会在登记时设定一系列标准化限制,因此实际上很难创设相较现有物权较为怪异之物权。此外,因《法国民法典》第 543 条规定"对于财产,得取得所有权,或取得单纯的用益物权,或仅取得土地供自己役使之权",故众多法国学者指出《法国民法典》实际上规定了"物权法定"原则。[6] 其他大陆法系国家或地区,同样引入或明确了"物权法定"原则:在苏格兰,官方认可的物权固定清单上仅有 8 种物权,清单之外的物权须由法院予以认可,这实际上也承认了"物权法定"原

---

[1] 参见申卫星:《物权法定与意思自治——解读我国〈物权法〉的两把钥匙》,载《法制与社会发展》2013 年第 5 期等。
[2] 《韩国民法》第 185 条规定:"物权,除依法律或习惯法外,不得任意创设。"
[3] 参见王泽鉴:《民法物权》(第 2 版),北京大学出版社 2010 年版,第 35 页。
[4] 参见[德]沃尔夫冈·维甘德:《物权类型法定原则》,迟颖译,载张双根、田士永、王洪亮主编:《中德私法研究》第 2 卷,北京大学出版社 2007 年版。
[5] 参见[德]曼弗雷德·沃尔夫:《物权法》,吴越、李大雪译,法律出版社 2004 年版,第 14 页。
[6] See Yun‐Chien Chang & Henry E. Smith, *The Numerus Clausus Principle, Property Customs, and the Emergency of New Property Forms*, 100 Iowa L. Rev. 2275 (2015).

则。[1] 西班牙虽然和苏格兰一样尚未就"物权法定"原则达成一致观点，但有一个事实不容否定，即从1840年至今，二者的法律体系中未曾增加新的物权类型，[2] 其物权体系之封闭性可见一斑。虽然南非曾经在19世纪被英美法系殖民者占领并在法律体系上深受其影响，成文法亦未明确规定"物权法定"原则，但其继承了罗马法系中的物权类型并保持了物权体系的封闭性。而对于传统物权体系之外的物权的认可，南非的立法者和司法者均非常谨慎并力求在现有的物权范畴中予以认可。[3]

对于英美法系是否存在实质上的"物权法定"原则，现有研究颇有争议且未能形成定论。[4] 一方面可能是因为成文法系和判例法系在物权规制形式上存在差异，另一方面也是因为两大法系在法律术语的使用上不尽相同，因此，无论是在立法、实务还是学说上，都无法确切地得出英美法系也存在大陆法系中所言之"物权法定"原则。"物权法定"的拉丁原文为"*Numerus Clausus*"，以该词汇为关键词检索，可发现英美法系不乏在本国法律体系中针对"*Numerus Clausus*"所作之理论研究。较为典型的，是美国法律经济分析学者托马斯·梅里尔（Thomas Merrill）与亨利·史密斯（Henry Smith）于2000年合著的关于"*Numerus Clausus*"的长文。该文指出，一国的物权并非越多越好也不是越少越好，而是有一"最优量"，以此作为"*Numerus Clausus*"合理性的依据，并指出美国法院已然接受"物权法定"主义。[5] 该文在美国物权法和法经济学领域影响颇深。有学者通过

---

[1] See Susanna Mulvihill, *Should Parties Be Able to Create Real Rights of Their Own Devising*, 3 Edinburgh Student L. Rev. 59 (2018).
[2] See Bram Akkermans, *The Principle of Numerus Clausus in European Property Law*, PhD dissertation, Maastricht University, 2008.
[3] See C. G. van der Merwe, *Numerus Clausus and the Development of New Real Rights in South Africa*, 119 S. African L. J. 802 (2002).
[4] 参见黄泷一：《英美法系的物权法定原则》，载《比较法研究》2017年第2期。
[5] See Thomas W. Merrill & Henry E. Smith, *Optimal Standardization in the Law of Property: The Numerus Clausus Principle*, 110 Yale L. J. 1(2000).

文献分析，发现自该文 2000 年问世至 2010 年，引用该文的 77 篇权威文献中仅有两篇对其持反对观点。[1] 而近年来关于讨论或涉及英美法系中"*Numerus Clausus*"一题的研究亦是常见，其中不乏肯定该项原则的文献。[2] 而分析英美法系典型国家（美国、英国、澳大利亚）近代历史上物权体系的发展和新型物权产生的轨迹，可以发现，英美法系在判例中同样重视维持物权体系的封闭性（closed system of real rights）。司法裁判一般并不会轻易认可新型物权，不少判例中的法官说理直接体现了"物权法定"的内涵和必要性。[3]

由此可见，无论是在承袭罗马法及其相关重要原则的大陆法系，还是在物权法律体系与大陆法系迥异的英美法系，"物权法定"原则历经沧桑横跨大洋而不朽，构成世界范围内一国物权法律制度的重要原则。其所彰显的"类型强制"和"类型固定"理念，或者说物权体系的"封闭性"，乃是物权法律制度的基石。而那些反对"物权法定"的"物权法定无视说"、为"物权法定"与社会现实谋求平衡之道的"习惯法包含说""习惯法物权有限承认说""物权法定缓和说"等，也均建立在"物权法定原则实际上是物权法律制度之重要原则"的基础上。再看我国物权法立法史，原《物权法》制定时，《物权法（草案）》第一次审议稿、第四稿、第五稿、第六稿均明确规定的"物权法定"原则，最终被原《物权法》第 5 条保留。原《民法总则》从草案、一

---

[1] 参见张永健：《再访物权法定与自由之争议》，载《交大法学》2014 年第 2 期。
[2] See Meredith M. Render, *Complexity in Property*, 81 Tenn. L. Rev. 79 (2013); Anna Di Robilant, *Property and Democratic Deliberation: The Numerous Clausus Principle and Democratic Experimentalism in Property Law*, 62 Am. J. Comp. L. 367 (2014); Yun-Chien Chang & Henry E. Smith, *The Numerus Clausus Principle, Property Customs, and the Emergency of New Property Forms*, 100 Iowa L. Rev. 2275 (2015); Sjef van Erp, Ownership of Data: *The Numerus Clausus of Legal Objects*, 6 Brigham-Kanner Prop. Rts. Conf. J. 235 (2017); Carla Spivack, *Trust Flexibility and the Role of Courts in Limiting Property Forms*, 43 ACTEC L. J. 333 (2018).
[3] 黄泷一《英美法系的物权法定原则》一文，对英国、美国、澳大利亚"物权法定"原则有较为深入直接的研究，其中有大量案例可佐证本段观点。参见黄泷一：《英美法系的物权法定原则》，载《比较法研究》2017 年第 2 期。

审稿未规定"物权法定"原则到二审稿、三审稿后增加并最终确定为正式文本,成为"民事权利"部分的重要原则,直至最后为《民法典》延续。诚如学者指出,"毫无疑问,现代物权法必须规定物权法定主义,这在起草物权法过程中是没有争议的"[1]。同时,"物权法定"原则决定了一项新生权利被认定为物权或被赋予对世性的实体和程序限制,也将一国之法律体系在物权领域作了进一步细分,也使民法渊源在物权领域仍有再作梳理之必要。因此,行政规范性文件意欲创设修改物权,"物权法定"原则当是第一道"过滤网"。

三、行政规范性文件是否属于"物权法定"之"法"

(一)"物权法定"之"定"是厘清"物权法定"之"法"的关键

"物权法定"之"法",一般应理解为两个部分,恰如《日本民法》之规定,即为"本法"和"其他法律"两个部分。一般认为,"本法"指"民法典","民法典"之外的狭义法律皆在"其他法律"之列。这在我国学界[2]、比较法[3]和我国立法实践[4]中,已成共识。原《物权法》虽然未明确规定规章及其以下的行政规范性文件能否调整物权关系,但其在条款中明确使用的"有关规定",已将规章和行政规范

---

[1] 杨立新:《民法分则物权编应当规定物权法定缓和原则》,载《清华法学》2017年第2期。
[2] 参见史尚宽:《物权法论》,中国政法大学出版社2000年版,第13页;崔建远:《我国物权法应选取的结构原则》,载《法制与社会发展》1995年第3期;高圣平:《物权法定主义及其当代命运》,载《社会科学研究》2008年第3期;王胜明主编:《中华人民共和国物权法解读》,中国法制出版社2007年版,第13页;等等。
[3] 如日本通说认为,物权法源除《民法》及《不动产登记法》等民事法律外,尚包括《农地法》《商法》《实用新型案法》《矿业法》等法律。田山輝明『通説物権・担保物権法』(第3版)(三省堂,2005年)26-28頁。
[4] 我国原《合同法》第286、422条则分别创设了不动产修建人的优先受偿权和行纪人的留置权;《海商法》《民用航空器法》等法律中的民事内容,均有关于船舶和民用航空器所有权、抵押权、优先权的规定。

性文件囊括在内。[1] 原《物权法》第 153 条规定:"宅基地使用权的取得、行使和转让,适用土地管理法等法律和国家有关规定。"该条将宅基地物权关系处理引致《土地管理法》和"国家有关规定",而《土地管理法》中关于宅基地之规定尚不足涵盖我国现实中全部宅基地管理和利用事项。因此,大量作为"国家有关规定"之规章和行政规范性文件在社会经济生活和司法实践中构成与宅基地利用有关之依据。[2] 土地承包经营权亦有此类情形。[3] 如此,似乎可认为行政规范性文件属于"物权法定"之"法",但进一步观察可以发现,上述明确可参照"有关规定"者,均属物权得丧变更事项,与《民法典》第 116 条所规定之物权种类和内容恐怕不能一概而论。因此,有必要对"物权法定"之规范事项即"物权法定"之"定"予以明晰。本书以为,恰如《民法典》第 116 条明示,"物权法定"所定事项,仅包括物权种类和内容。

(二)"物权法定"之"定"仅定种类和内容

从将"物权法定"成文化国家或地区的"民法"中的文本表达来看,我国《民法典》第 116 条和原《物权法》第 5 条一脉相承,规定物权的"种类"和"内容"由法律规定。《日本民法》第 175 条、《韩国民法》第 185 条均采用"物权除依法律(习惯/习惯法)外,不得创设"之表述。从词源上看。"物权法定"起源于拉丁文 *Numerus Clausus*;

---

[1] 如原《物权法》第 53 条规定:"国家机关对其直接支配的不动产和动产,享有占有、使用以及依照法律和国务院的有关规定处分的权利。"第 133 条规定:"通过招标、拍卖、公开协商等方式承包荒地等农村土地,依照农村土地承包法等法律和国务院的有关规定,其土地承包经营权可以转让、入股、抵押或者以其他方式流转。"

[2] 如在宅基地流转规制上,国务院办公厅于 2007 年 12 月颁布的《关于严格执行有关农村集体建设用地法律和政策的通知》,原国土资源部在 2008 年 7 月发布的《关于进一步加快宅基地使用权登记发证工作的通知》(已失效),2013 年原国土资源部办公厅、住房和城乡建设部办公厅《关于坚决遏制违法建设、销售"小产权房"的紧急通知》等。

[3] 参见原《物权法》第 133 条、国务院办公厅《关于治理开发农村"四荒"资源进一步加强水土保持工作的通知》(国办发〔1996〕23 号)、国务院办公厅《关于进一步做好治理开发农村"四荒"资源工作的通知》(国办发〔1999〕102 号)。

日本《独和法律用语辞典》[1]中将"*Numerus Clausus*"译为"物权法定主义"[2];《罗和字典》[3]则将"*Numerus*"译为"数目、数量","*Clausus*"译为"封闭",言即"数目封闭"。[4] 中国学者亦指出"*Numerus Clausus*"字面即"数目封闭"之意,[5]及至德国,又演化为"*Typenzwang*"和"*Typenfixierung*"两个部分。王泽鉴先生将"*Typenzwang*"理解为"类型强制",将"*Typenfixierung*"理解为"类型固定"。[6] "类型强制",指不得创设法律业已规定或承认之外之物权类型;"类型固定",即不得创设与物权法定内容相异之内容。苏格兰学者和美国学者亦采此种解释。[7] 从内涵上看,"类型强制"应与"*Numerus Clausus*"含义最为接近。托马斯·梅里尔与亨利·史密斯在其关于"*Numerus Clausus*"之文中亦将其表述为"the number is closed",[8]也是这个意思。如此,最原始之"物权法定"应仅指"类型强制",对应《民法典》第 116 条和原《物权法》第 5 条之"种类法定"。学理上,虽然有学者主张"物权法定"是指物权的设立和变动方式、[9]物权的效力和公示方式、[10]物权的取得方式[11]等只能由

---

[1] 即《德日法律用语辞典》。
[2] ベルンド・ゲッツエ『独和法律用語辞典』(成文堂,1993 年)195 頁参照。
[3] 即《罗日字典》,"罗"指"罗马语"。
[4] サルバトル・カンドウ『羅和辞典』(南雲堂,1998 年)627、134 頁参照。
[5] 参见唐晓晴:《论物权类型法定原则》,载唐晓晴:《民法基础理论与澳门民法的研究》,中山大学出版社 2008 年版,第 139 – 140 页。
[6] 参见王泽鉴:《民法物权》(第 2 版),北京大学出版社 2010 年版,第 37 页。日本《独和法律用語辞典》中也将"*Typenzwang*"翻译为"类型强制",但该书中未见"*Typenfixierung*"的翻译。
[7] C. G. van der Merwe, *Numerus Clausus and the Development of New Real Rights in South Africa*, 119 S. African L. J. 802 (2002); Yun – Chien Chang; Henry E. Smith, *The Numerus Clausus Principle, Property Customs, and the Emergency of New Property Forms*, 100 Iowa L. Rev. 2275 (2015).
[8] Thomas W. Merrill & Henry E. Smith, *Optimal Standardization in the Law of Property: The Numerus Clausus Principle*, 110 Yale L. J. 1 (2000).
[9] 参见李开国:《民法基本问题研究》,法律出版社 1997 年版,第 267 页。
[10] 参见马俊驹、陈本寒主编:《物权法》,复旦大学出版社 2007 年版,第 16 页;王利明:《物权法研究》(上卷),中国人民大学出版社 2013 年版,第 156 – 157 页。
[11] 参见刘保玉编著:《物权法》,上海人民出版社 2003 年版,第 161 页。

法律规定,但有相当数量且多为物权法领域权威者主张"物权法定"仅"定"种类和内容。[1] 德国学者沃尔夫冈·维甘德亦称"物权法定"为"物权类型法定"原则。[2]

可见,"Numerus Clausus"之本意为物权种类法定,后经德国演变为"种类"和"内容"法定两个部分。而世界范围内包括我国之立法、法理及实践将"物权法定"所"定"之事项限定在种类法定或内容法定。不同的是,我国立法条文表述异于日本、韩国立法,采"种类和内容由法律规定"而非"法定之外不得创设物权",但我们有理由相信,基于立法史上的渊源以及学说之间的相通性,上述诸国或地区条文所论之"物权法定"应为同一事项。无论是"创设物权"还是"种类和内容",其本质即对"法"之外的"新物权"之否定,这其中关键则是如何判断是否构成"新物权"。若限定在"Numerus Clausus"所言种类(类型)固定,即由种类而识别新物权,此观点必然中的。但从认识论的角度而言,类型和内容是认识事物或现象的不同维度,前者侧重宏观抽象角度把握事物之间的区别,后者则从微观具体的视角考察事物的特征,本身互为表里,共同构成定位事物之方法或过程。而就物权之识别而言,物权类型是塑造典型的结果,其可快速定位并区分物债,物权内容则在无法准确区分物债时深入权利内容考察实质。就一项物权而言,其类型和内容的关系亦互为表里,"没有内容的物权类型是虚幻的,没有类型的物权内容是盲目的,判断一项权利是否为法定的物权需要物权类型和物权内容的双重检测"。[3] 因

---

[1] 如梁慧星、陈华彬:《物权法》(第5版),法律出版社2010年版,第66页;陈华彬:《民法物权论》,中国法制出版社2010年版,第65页;崔建远:《物权:规范与学说——以中国物权法的解释论为中心》(上册),清华大学出版社2011年版,第24页;孙宪忠:《中国物权法总论》,法律出版社2014年版,第261-262页;尹田:《物权法》,北京大学出版社2013年版,第58页;高圣平:《物权法:原理·规则·案例》,清华大学出版社2007年版,第6-7页;刘家安:《物权法论》,中国政法大学出版社2009年版,第31页。转引自张志坡:《物权法定,定什么? 定到哪?》,载《比较法研究》2018年第1期。
[2] [德]沃尔夫冈·维甘德:《物权类型法定原则》,迟颖译,载张双根、田士永、王洪亮主编:《中德私法研究》(第2卷),北京大学出版社2007年版,第87页。
[3] 参见张志坡:《物权法定,定什么? 定到哪?》,载《比较法研究》2018年第1期。

此,我国《民法典》与原《物权法》所言之"物权法定",与世界范围内之原则一致,即其所定事项,包括"种类法定"和"内容法定"两方面。

(三)行政规范性文件不是"物权法定"之"法"

将行政法规、规章乃至行政规范性文件认定为"物权法定"之"法"的观点,实际上是从立法和司法实际出发倒推"物权法定"之"法"的内涵。其错误在于未能认识到"物权法定"仅"定"物权种类和内容,其根源则是混淆了"物权法源"与"物权法法源"。"物权法源",是指有权调整物权种类和内容的规范,"物权法法源"则指调整整个物权法律关系的规范,除物权种类和内容外,还包括物权的效力、物权公示、物权变动、物权保护等事项。该种区分既符合"物权法定"的科学内涵,也符合"物权法定"原则和"公示公信""平等保护""一物一权""诚实信用"等多项原则并驾齐驱之事实。主张"物权法定"之"定"包含多项内容者,显然扩大了"物权法定"的内容,忽视了其他物权法原则的存在,人为地将原本等级分明、界限清晰的物权规范体系再次打乱。

回归到"物权法定"原则的制度意义和规范意旨,其在于通过一国的最高权威立法机关以统一而强制的形式明确物权种类及内容,此种权限应当由立法机关以狭义法律的方式确定。物权种类和内容的确定,相比一般规范等级体系更为严格。也就是说,凡是狭义法律未设定新物权,下位法不得设立;凡是狭义法律所确定之物权种类及内容,下位法不得作变更。此种规范等级体系秩序对物权种类和内容的内容契合要求较为严格,即便下位法对物权种类或物权内容的规定与上位法精神、原则一致,仍然不应认可下位法的有关内容。参考世界范围内的学说、立法、实践,应当认为,我国"物权法定"之"法"仅限定为狭义法律,即由全国人大及其常委会制定和颁布的法律。因此,行政规范性文件不是"物权法定"之"法"。行政规范性文件构成物权法法源而非物权法源,其不可作为创设或规定物权内容的依据。所以,行政规范性文件若想创设新型物权,必须借助《民法典》和其他法律。

四、行政规范性文件创设权利物权化的法治路径:以土地经营权为例

行政规范性文件不是"物权法定"之"法",因此不得创设物权。但是回到农地"三权分置"这一实例,可以发现,当前的理论、立法及实践中,土地经营权有物权化趋势。尤其是《农村土地承包法》和《民法典》均明文规定了土地经营权,这是否意味着其已经成为物权?如此,是否也意味着但凡法律承认行政规范性文件所创设之权利,便可实现该项权利之物权化?若否,为落实国家改革举措实现新型权利物权化,应当如何是好?本部分将以土地经营权"物权化"为例,探求行政规范性文件创设权利物权化的法治路径。

(一)土地经营权入《农村土地承包法》并非必然物权化

《农村土地承包法》为《立法法》所言之法律,属于"物权法定"之"法",当有权创设物权。恰如在原《物权法》颁布之前,土地承包经营权便是先在《农村土地承包法》完整展开,尔后在原《物权法》中正式成为一种用益物权。本书认为,即便参酌土地承包经营权的物权化实践,不宜也不应认为土地经营权入《农村土地承包法》后,便可以被认定为一种新型独立物权。

首先,从现行民事法律体系来看,土地经营权的地位远不及土地承包经营权。土地承包经营权最早被法律化,并非在《农村土地承包法》中,而是在1986年所颁布之原《民法通则》第五章"民事权利"第一节"财产所有权和与财产所有权有关的财产权"第80条第2款。[1] 因此,以土地承包经营权的名称为线索,土地承包经营权物权化路径是"原《民法通则》(1986年)→《农村土地承包法》(2002年)→原《物权法》(2007年)"。在《民法典》中,"总则编"之第五章

---

[1] 原《民法通则》第80条第2款规定:"公民、集体依法对集体所有的或者国家所有由集体使用的土地的承包经营权,受法律保护。承包双方的权利和义务,依照法律由承包合同规定。"

"民事权利"并未提及土地经营权,同时在第二章"自然人"第55条明确"农村集体经济组织的成员,依法取得农村土地承包经营权,从事家庭承包经营的,为农村承包经营户",亦未提及土地经营权并仍采土地承包经营权表述,且将权利主体限制为农村集体经济组织成员。是故,从权利地位来看,土地经营权与土地承包经营权不可同日而语,亦不能类推土地承包经营权之立法史而主张土地经营权必为物权。

其次,即便在土地承包经营权法律化后,其物债权属并非毫无争议。有学者指出,从现实中的农村土地承包经营关系的具体内容上看,土地承包经营权实际上仍然具有明显的债权性质;[1]还有学者主张,因联产承包合同这一债权关系产生的农地使用权应属于债权;[2]更有甚者,主张土地承包经营权其实相当于"永佃权"。[3] 即便2002年《农村土地承包法》颁布后针对土地承包经营权之物债属性仍有争议,[4]倘若不是原《物权法》明确将土地承包经营权列为物权,恐怕其物债属性之争议至今未休。因此,虽然《农村土地承包法》认可土地经营权并对其设立、变更、终止和行使等事项作了明确规定,但非新设物权或对已有物权内容作出调整。尤须注意的是,全国人大常委会《关于修改〈中华人民共和国农村土地承包法〉的决定》中指明,2018年《农村土地承包法》第二章第五节"土地经营权"系由原"土地承包经营权的流转"一节更名而来,此做法正中持土地经营权"权能说"者下怀。因此,土地经营权物权属性,并非已盖棺定论。

最后,入"物权法定"之"法",是一项权利物权化的必要非充分

---

[1] 参见陈甦:《土地承包经营权物权化与农地使用权制度的确立》,载《中国法学》1996年第3期。
[2] 中国社会科学院法学研究所物权法研究课题组:《制定中国物权法的基本思路》,载《法学研究》1995年第3期。
[3] 参见崔建远:《房地产法与权益冲突及协调》,载《中国法学》1994年第3期。
[4] 参见缪宁、罗时贵:《农村土地承包经营权权属性质之探讨》,载《农业考古》2006年第6期。

条件。《农村土地承包法》属于"物权法定"之"法",但"物权法定"的逻辑在于仅可由法律创设物权,而不是说法律所创设或认可的一切权利均为物权。其一,债权性法律如原《合同法》尚规定了不动产修建人的优先受偿权和行纪人的留置权,原《合同法》中其他权利明显并非物权。其二,"物权法定"之"定",指物权种类和内容,具有物权优先性之《海商法》中的船舶留置权和抵押权,本质上仍为留置权和抵押权,只是此种物权乃由法律直接规定,于种类和内容上并未超脱留置权和抵押权范畴,因而仍有谓《海商法》并未创设新型物权之余地。其三,《农村土地承包法》本身具有浓厚的公法色彩,其所定内容并非全部为土地承包经营权或土地经营权私权,其中包括部分行政管理事项。若主张《农村土地承包法》规定的权利可以不经私法改造直接纳入物权体系,恐怕也不适宜。

因此,土地经营权入《农村土地承包法》,仅说明其已经法律化,正式成为我国农地权利体系的组成部分,但仍不能主张土地经营权已经物权化。

(二)土地经营权入《民法典》物权编是其物权化直接但非法治路径

土地经营权欲成为一项独立物权,从"物权法定"之"法"范畴来看,其物权化最直接路径便是在原《物权法》修订时新增土地经营权有关内容并纳入《民法典》物权编,此路径与多数主张土地经营权物权属性学者相同。[1] 因物权编乃是规定我国物权有关事项之专门篇章,土地经营权入物权编,可使其物权属性得到法律认可,一举解决其物债权属争议。但以法治思维检视,仍存以下不足:

第一,一项由国家政策创设之权利在未经实践检验完善之前,断然载入民事基本法律并物权化,难谓妥当之举。国家政策具有临时

---

[1] 参见陈小君:《我国涉农民事权利入民法典物权编之思考》,载《广东社会科学》2018年第1期;谭启平:《"三权分置"的中国民法典确认与表达》,载《北方法学》2018年第5期;耿卓:《承包地"三权分置"政策入法的路径与方案——以〈农村土地承包法〉的修改为中心》,载《当代法学》2018年第6期;等等。

性、短暂性、易被废止之特征,且与法律相比不具有普遍强制性。[1]国家政策之特性本身即为部分学者反对其成为民法法源之重要依据。[2] 国家政策之灵活性,在于其可根据改革试验情况及时进行调整,而"政策先行""成熟一个制定一个"的改革与法治辩证观亦决定政策法律化是一个需要检验并持续互动的良性过程。加之,现有关于国家政策与民法关系之研究表明,国家政策介入民事之途径多样,非必须入《民法典》。因此,在农地"三权分置"仍在探索完善阶段时,不宜立即将土地经营权物权化。

第二,我国地广而差异颇多,土地经营权诸项公因式短期难以提取。土地经营权物权化,需要明确其权利内容,土地经营权入《民法典》物权编,亦需明确其权利内容、对世范围、公示方式、消灭途径等。农地"三权分置"方案尚属探索完善阶段,不宜交由法学家通过逻辑推演和利益衡量仓促入法。再者,因物权法难以或不宜统一而将相关事项交由习惯调整乃是物权法立法规律。[3] 因而,土地经营权物权化仍有诸多事项需要斟酌厘定。

第三,土地经营权物权化应参照土地承包经营权物权化历史而不急于求成。考察土地承包经营权发展史,可以发现其从国家政策至物权化,历经数十年。1978年小岗村诞生全国第一份土地承包合同,其后关于其合法性之讨论不断,至1980年9月印发《关于进一步加强和完善农业生产责任制的几个问题的通知》肯定包产到户是社会主义。1982年1月1日,我国历史上第一个"中央一号文件"正式出台并明确指出:包产到户、包干到户或大包干,都是社会主义集体经济的生产责任制,是社会主义农业经济的组成部分,从而真正给包

---

[1] 参见彭中礼:《论国家政策的矛盾及其规制》,载《法学》2018年第5期。
[2] 参见齐恩平:《国家政策的民法法源论》,载《天津师范大学学报(社会科学版)》2018年第2期。
[3] 如我国原《物权法》第85、116条将相邻关系和法定孳息交由习惯调整;《日本民法》第277条规定永小作权(永佃权)的规定与习惯不一致时遵从习惯,第294条规定不具有共有性质的入会权除依各地习惯外准用本章规定。

产到户吃了"定心丸"。其后,与包产到户有关的中央一号文件接连出台。1993年3月29日,第八届全国人民代表大会第一次会议通过的《宪法修正案》,将农村联产承包制正式写入宪法,标志着以土地承包为核心的家庭联产承包责任制最终确立。[1] 而土地承包经营权,历经原《民法通则》《农村土地承包法》终由原《物权法》明确规定为用益物权。自1978年至2007年,前后共计30年,其间关于包产到户、合宪性、土地承包经营权权属及立法路径之争议和抉择,乃是一项新生权利由确立到物权化之历史演变。权利物权化,应有共通规律。从2014中央一号文件提出要"落实集体所有权、稳定农户承包权、放活土地经营权"至今,相较土地承包经营权,土地经营权之物权化难谓时机成熟且仍有待决事项。

第四,物权体系的封闭性和稳定性决定土地经营权一旦物权化将难有调整余地。考察各国民法典立法史,可发现"物权"分编所列物权种类鲜有调整,上文所述西班牙自1840年至今尚未增加新的物权类型更是少有。而已载入法典之物权,虽然已无实用,但由于物权体系之稳定性或言惰性,很难从法典中除名。比如,《日本民法典》规定了为对他人土地进行耕种利用之用益物权"永小作权(永佃权)",虽然社会中现已几无用处,[2] 但经历多次修订,该项权利依然在"物权"分编赫然在列。如果仅因《民法典》规定了土地经营权,就认定此种权利属于物权,将使后续农地"三权分置"政策受其物权属性掣肘,也会为土地经营权的登记、流转、抵押等规则设计设限。最重要的是,其还会开创"一旦被列入民法典物权编便代表物权化"的先河,不利于未来的学说发展和立法工作。

实际上,虽然《民法典》第339、340、341、342条规定了关于土地

---

[1] 参见李德迎、王今诚:《1978年小岗村与农村土地承包始末》,载《团结报》2018年12月20日,第5版。
[2] 事实上,日本社会中永小作权已经不复存在。近江幸治:『民法講義Ⅱ』(成文堂,2013年)276頁、田山輝明『通説物権・担保物権法』(第3版)(三省堂,2005年)225頁参照。

经营权的有关内容，但是对于土地经营权的物权属性，学界依然未能达成统一。围绕土地承包经营权和土地承包权之间的权利关系，存在债权一元论、物债二分论、物权一元论等论争。丁关良认为，土地经营权实际上是一种"农用地租赁权"的债权；[1]高海则认为，应当以土地经营权的权利期间为标准分为物权和债权两种，即流转期限在5年以上的土地经营权是一种物权，而流转期限在5年以下的土地经营权则属于一种债权。[2]之所以如此，原则即在于土地经营权在《民法典》物权编中基于前述种种原因，采取了保守表述，即未能明确土地经营权系一种独立物权，而是从功用角度描述其得丧变更有关事项。此种立法例，也为原先秉持"权能说"的学者提供了解释空间，即土地经营权属于土地承包经营权的权能。再者，与土地承包经营权不同，其经历了从无到有的过程，在物权法中获得独立的表述本身即意味着其属于一种独立物权。但土地经营权依靠土地承包经营权进行表述，难以确定地称其为独立物权。可见，《民法典》立法者并未确定无疑地肯认土地经营权的物权属性，土地经营权入《民法典》，也未解决其权属争议。

（三）习惯法是除狭义法律外权利物权化的替代路径

因"物权法定"之"法"限于狭义之法律，学界素有观点批判严格的"物权法定"主义。虽然"物权法定"主义尤为重要，但是由于狭义法律本身之种种缺陷，且人类智慧有限，立法者在立法时无法预见未来社会发展的需要从而制定出无所不包的物权制度。因此，若严格地遵循"物权法定"主义便必然会使法定物权制度与社会实际生活脱节。[3]为解决这一难题，日本先后形成"物权法定无视说""习惯法包含说""习惯法物权有限承认说"等学说。"物权法定无视说"以

---

[1] 参见丁关良：《土地经营权法律制度存在的疑难问题和解构设想》，载《法治研究》2021年第5期。
[2] 参见高海：《〈民法典〉中两类土地经营权解释论》，载《中国农村观察》2022年第1期。
[3] 参见申卫星：《物权法定与意思自治——解读我国〈物权法〉的两把钥匙》，载《法制与社会发展》2013年第5期。

日本学者末弘严太郎和石田文次郎为代表，其主张因社会要求而产生之习惯法不可能阻止且反生害处，因此可无视《日本民法》第 175 条之规定。[1] "习惯法包含说"，以我妻荣和有泉亨为代表，其主张依《法例》[2] 第 2 条[3] 规定，《日本民法》第 175 条所指之"法律"应作包含习惯法解释。[4] "习惯法物权有限承认说"，以日本学者舟桥谆一、[5] 铃木禄弥[6] 为代表，其主张"物权法定"之"法"虽然不包含习惯法，但根据《法例》第 2 条规定，在特定情形下应当认可习惯法所创设之物权。我国学者也提出了"物权法定缓和说"，但在具体观点主张上略有不同：有的学者主张通过扩大"物权法定"之"法"范围至行政法规和司法解释。[7] 有的学者认为，可以直接在物权编中规定"法律为规定的，符合物权法的权利，视为物权"。[8] 也有观点指出，可以由最高人民法院通过个案判决[9] 或指导性案例[10] 的形式认可新型物权。

不难发现，除"物权法定缓和说"外，面向严格"物权法定"主义弊端提出的诸项学说共通之处是，均主张可通过习惯法创设物权。这些主张中，或认为应放开"物权法定"而任由习惯创设，或认为"物权法定"之"法"应包括习惯法，或认为习惯法上之物权在特定情形

---

[1] 近江幸治『民法講義Ⅱ』(成文堂,2013 年)9 頁参照。
[2] 《法例》颁布于明治三十一年(1898 年)，其主要内容较接近于我国的《涉外民事法律关系适用法》，后被于 2007 年生效的《关于法律适用的通则法》取代。
[3] "不违反公共秩序及善良风俗的习惯，限于依法令规定被认许者或有关法令中无规定的事项者，与法律有同一效力"。现为《关于法律适用的通则法》第 3 条。
[4] 我妻栄『新訂物権法』(岩波書店,1983 年)26 頁参照。
[5] 舟橋諄一『物権法』(有斐閣,1960 年)18 頁参照。
[6] 鈴木禄弥『物権法講義(四訂版)』(創文社,1994 年)273 頁参照。
[7] 参见申卫星：《物权法定与意思自治——解读我国〈物权法〉的两把钥匙》，载《法制与社会发展》2013 年第 5 期；张志坡：《物权法定缓和的可能性及其边界》，载《比较法研究》2017 年第 1 期。
[8] 参见杨立新：《民法分则物权编应当规定物权法定缓和原则》，载《清华法学》2017 年第 2 期。
[9] 参见张志坡：《物权法定缓和的可能性及其边界》，载《比较法研究》2017 年第 1 期。
[10] 参见詹诗渊：《论物权法定原则之缓和——整合多种范式下的统一解决进路》，载《湖北社会科学》2018 年第 10 期。

下可被法律认可。反思我国学者结合我国国情提出的"物权法定缓和说",扩大"物权法定"之"法"有违"物权法定"原则之本意且在《民法典》已定"物权法定"文本后不具可操作性。在"物权"分编中规定"符合物权法的权利,视为物权",一来重复立法,二来"视为物权"更难界定。主张通过最高人民法院认可新型物权者相较之下颇具操作性,更为重要的是其主张通过法院认可之权利为习惯上物权。[1] 这也和其他学说不谋而合。事实上,除狭义法律外,通过习惯创设物权,也是其他国家的普遍实践。《韩国民法》第185条认可了法律和习惯(法)的物权法源地位。《日本民法施行法》第35条规定民法施行前习惯上认可但民法及其他法律尚未规定的物权性权利具有物权效力,日本学界通说认为,该条乃习惯法上物权之认可。[2] 日本司法史上,矿泉采酌权、水利权、温泉权、汤口权、墓地使用权等大量习惯法上之权利即通过此种路径予以认可为物权。[3] 我国司法史上同样有通过司法解释认可典权之实践。因此,习惯法当为物权法源之一,可以并且应当成为权利物权化之另一路径。

(四)司法机关认可是通过习惯法物权化的实质和途径

首先,作为物权法源的是"习惯法"而非"习惯"。从一般法律渊源的角度来看,德国学者魏德士指出,通说认为,习惯法以法律共同体中的长期实践("习惯")为前提且此种习惯必须以法律共同体的普遍的法律确信为基础。[4] 美国学者博登海默主张,习惯法这一术语被用来意指那些已成为具有法律性质的规则或安排的习惯,尽管

---

[1] 参见张志坡:《物权法定缓和的可能性及其边界》,载《比较法研究》2017年第1期;詹诗渊:《论物权法定原则之缓和——整合多种范式下的统一解决进路》,载《湖北社会科学》2018年第10期。
[2] 田山輝明『通説物権・担保物権法』(第3版)(三省堂,2005年)24頁参照。
[3] 能見善九=加藤新太郎『論点体系判例民法』(第2版)(第一法規株式会社,2013年)28-30頁参照。
[4] 参见[德]伯恩·魏德士:《法理学》,丁晓春、吴越译,法律出版社2013年版,第103页。

它们尚未得到立法机关或司法机关的正式颁布。[1] 日本学者田中成明亦明确,习惯法是以社会实践的惯行为基础的,具有法律效力的典型不成文法。[2] 可见,习惯与习惯法截然不同,而具有法律效力者为习惯法而非习惯。王泽鉴指出,"习惯是指具备惯行之事实及法的确信,即具有法律上效力的习惯法"。[3] 具体到"物权法定"上之"法"与习惯法之关系,《韩国民法》第185条明确采"习惯法"。而在日本,学者们论及《日本民法》第175条及《民法施行法》第35条所设定之物权法源时,亦使用"惯习法"或"惯习法上的物权"等表述。并且,还有学者如田中成明主张,具有法律效力者为习惯法而非习惯。因此,作为"物权法定"中"法"者为习惯法,而非习惯。

其次,习惯上物权之认可,既是从习惯到习惯法,也是从非物权到物权的过程。习惯和权利具有天然的统一性。一项权利只有在多次或反复出现时才能通过直观的抽象作用抽取各物之共同特征而形成。[4] 以习惯方式存在之权利,一旦因为当事人在交往中产生纠纷而被诉诸法院并被法院所推(裁)定或虽然未经推(裁)定但被社会接受就成为新型权利,从而向正式制度拓展其空间,并借助正当的诉讼程序,在立法之外或被肯定和正式化,或即使没被肯定和正式化也被社会所接受。[5] 魏德士指出,在司法国家构建的法律制度中,习惯法只能以法院适用的方式体现出来并为人们所认识。[6] 奥斯丁认为,在立法机关或法官赋予某一习惯惯例以法律效力以前,它应被认为是一种实在的道德规则。博登海默更进一步主张,此时习惯是否具有实效往往是不确定的,并指出采矿权便是通过联邦最高法院

---

[1] 参见[美]E.博登海默:《法理学:法律哲学与法律方法》,中国政法大学出版社2017年版,第401页。
[2] 田中成明『法学入門』(有斐閣,2006年)21頁参照。
[3] 王泽鉴:《民法物权》,台北,2010年自版发行,第45页。
[4] 参见吴从周:《论法学上"类型"思维》,载杨日然纪念论文集编辑委员会:《法理学论集》,台北,月旦出版社1997年版。
[5] 参见谢晖:《论新型权利生成的习惯基础》,载《法商研究》2015年第1期。
[6] 参见[德]伯恩·魏德士:《法理学》,丁晓春、吴越译,法律出版社2013年版,第103页。

认可习惯之强制力。[1] 同样,一项习惯上之权利,除了被认可为习惯法上之存在,还应被明确认可为物权,方能完成其物权化之过程。

最后,司法机关是习惯上权利物权化的能动主体。从一般法理出发,从"习惯"到"习惯法"需要依赖司法机关进行确认,诸国实践中习惯法上权利物权化同样是由司法机关进行的。《法国民法典》遗漏永久租赁权(emphyteusis)后由法院认可并最终被《农业法》吸收。[2] 新型物权让与担保权通过判例在德国和日本得到认可。[3] 韩国地上权(superficies)同样是先通过法院认可为物权,再由《韩国民法》吸收。[4] 更不用言日本司法机关认可之大量习惯上之温泉权、墓地权、流水权等。因此,除立法机关外,决定一国之法律体系接受物权者,还当包括司法机关。

(五)土地经营权物权化的法治路径设想

农地"三权分置"政策诸多事项有待进一步完善,土地经营权被社会共同体充分接纳并丰满有关权利内容亦需时日。因此,土地经营权物权化应遵循从一般权利到物权的共通规律,经过国家、社会、司法机关共同努力,最终完成物权化进程。

首先,要在实施乡村振兴战略背景下持续推进和完善农地"三权分置"政策。需要明确的是,农地"三权分置"政策仍需在改革实践中不断完善。从2014年的中央一号文件到2016年的《农地"三权分置"意见》到2017年党的十九大报告,可以看出党和国家在农地"三权分置"上经历了从"科学界定'三权'内涵、权利边及相互关系,逐步建立高效的'三权'运行机制"[5]到"完善农村承包地'三权分

---

[1] 参见[美]E.博登海默:《法理学:法律哲学与法律方法》,中国政法大学出版社2017年版,第492-493、495页。
[2] See Bram Akkermans, The Principle of Numerus Clausus in European Property Law 473 (Antwerp-Oxford: Intersentia, 2008), p.133.
[3] 平井一雄『民法Ⅱ物権』(青林書院,2002年)9頁参照。
[4] Marie Seong-Hak Kim, *In the Name of Custom, Culture, and the Constitution: Korean Customary Law in Flux*, 48 TEX. INTL L. J. 383 (2013).
[5] 参见2014年中央一号文件。

置'制度"[1],再到"巩固和完善农村基本经营制度,深化农村土地制度改革,完善承包地'三权'分置制度"[2]的过程。"探索""巩固""完善"仍然是现阶段农地改革的总基调。虽然农地"三权分置"的制度绩效越来越明显,但我们仍需持续探索并保持足够的历史耐心。[3] 因此,与其急于明确土地经营权的权利属性,不如以小心求证的态度在实践过程中以党和国家的政策目标持续推进农地"三权分置"改革。

其次,要在完善农地"三权分置"政策过程中朝土地经营权物权化顺势而为。现有研究对农地"三权分置"政策的目的基本达成共识,法理内涵和制度意蕴虽百家争鸣,但从放活土地经营权、理顺农地权利体系、发挥土地融资功能、推动农业规模化经营等角度主张土地经营权物权化的正当性[4]的观点在一定程度上表明土地经营权物权化与农地"三权分置"改革的政策目标高度契合。同时,即便是主张土地经营权是债权者,仍然认为应赋予土地经营权一定的支配和排他效力,从而方便该权利的流转。[5] 可以明确的是,对土地经营权进行物权化塑造或者说赋予其一定对世效力是学界共识且是此次改革应有之义。因此,在今后农地"三权分置"政策完善过程中,应着眼于土地经营权得丧变更的完整塑造,在设立方式、权利期限、登记规则、流转规则和秩序规制、担保物权设置和实现、权利救济等方面,积极参照物权规则以勾勒出完整的物权化的土地经营权。

---

[1] 参见《农地"三权分置"意见》。
[2] 参见党的十九大报告。
[3] 参见张红宇:《农地改革:从"两权分离"到"三权分置"》,载《中国经济报告》2018年第12期。
[4] 参见蔡立东:《土地承包权、土地经营权的性质阐释》,载《交大法学》2018年第4期;陈小君:《土地经营权的性质及其法制实现路径》,载《政治与法律》2018年第8期;杨红朝:《"三权分置"下承包土地经营权抵押融资的制度供给》,载《江苏农业科学》2018年第20期;等等。
[5] 参见温世扬、吴昊:《集体土地"三权分置"的法律意蕴与制度供给》,载《华东政法大学学报》2017年第3期;高圣平:《论农村土地权利结构的重构——以〈农村土地承包法〉的修改为中心》,载《法学》2018年第2期。

最后,待时机成熟,由最高人民法院通过司法解释先行肯认土地经营权之物权属性。在层级上,考察他国实践,日本通过习惯法创设物权的方式,也主要是由最高司法审判机关决定习惯上权利物权化事项。我国也有学者指出,应当由最高人民法院来认可习惯法上的新型物权。[1] 因此,为统一司法,土地经营权物权化一事应交由最高人民法院定夺。在形式上,虽其他国家或地区均为个案判决,但因我国已有司法解释这一可统一裁判之成熟制度,理当成为首选。另有主张通过指导性案例认可习惯上物权者,[2]本书认为,相较指导性案例,司法解释在严格程度和正式性上更佳。在时机选择上,前文所述反对严格"物权法定"主义者均认同,应从是否与现行物权体系兼容、是否有成熟公示途径考察。总之,若经过实践,待支持土地经营权物权化的观点形成主流而其基本规则已然建立,可适时承认。在文本表达上,为保证物权化的明确性,防止解释上的争议,应当直接指出土地经营权是一项独立用益物权。若表述上不能明确指出土地经营权的用益物权属性,很可能会出现"虽然土地经营权入民法典物权编但对其物权属性仍然存在争议"的情形。

(六)结论:行政规范性文件创设权利物权化的法治路径

行政规范性文件所创设权利若欲物权化,必须被"物权法定"之"法"即狭义法律认可。但即便被写入法律,一项权利亦并非必然物权化。因此,行政规范性文件创设权利物权化的法治路径有二。

第一,在《民法典》物权编中明确列为物权。这是一项权利物权化的最佳路径,但物权化过程尤需谨慎。首先,要对该项权利的物权化属性达成确信。此种确信,既需在理论上达成共识,又应在实践中形成物权之信念。其次,要形成明确的物权内容和完善的配套制度。

---

[1] 参见张志坡:《物权法定缓和的可能性及其边界》,载《比较法研究》2017年第1期;詹诗渊:《论物权法定原则之缓和——整合多种范式下的统一解决进路》,载《湖北社会科学》2018年第10期。
[2] 参见詹诗渊:《论物权法定原则之缓和——整合多种范式下的统一解决进路》,载《湖北社会科学》2018年第10期。

物权的种类与物权的内容互为表里，物权内容彰显物权种类。一项新型物权必须内容足够明确，同时在公示制度、效力、救济路径等方面较为完善并与其他物权和权利协调。以土地经营权为例，其物权属性并未达成共识，且其配套制度仍在探讨完善之中，因而暂不宜因《民法典》规定了土地经营权就立即承认其物权属性。

第二，通过司法机关认可为物权。习惯法上物权之认可，是世界范围内除狭义法律外，实现权利物权化之替代路径，而司法机关的认可则是其物权化之本质。通过司法机关认可习惯法上之物权之所以是新型权利物权化之最佳路径，原因在于：其一，习惯和权利具有天然的统一性，从某种意义上，若新型权利连习惯法都不承认，更无将其物权化之必要，而习惯上之权利本身便通过实践固定其内容及配套制度，因此物权化后更易被社会接受。其二，就《民法典》文本的稳定性而言，新型权利入《民法典》可遇而不可求，且一旦某项权利被社会淘汰，将其从《民法典》中删除并非易事。《日本民法典》中"小作权"虽与社会脱节但依然在列，便是明证。其三，通过司法机关认可习惯法上之物权，相比《民法典》修订或颁布法律解释更为便宜，且可及时满足社会经济发展之需要。结合我国实际，通过司法机关认可习惯法上之物权，宜由最高人民法院通过司法解释的形式，于时机成熟之际直接明确某项权利为物权。

综上，以司法机关通过司法解释形式认可习惯法上之物权，是行政规范性文件创设权利物权化之法治路径。

第四节 本章小结

从行政规范性文件的规范属性以及功能定位出发，结合对行政规范性文件的有效规制目的，理应限制行政规范性文件对私法领域尤其是民事主体权利、义务的干涉。本章以强制性规定、"保护他人的法律"、"物权法定"之"法"为例，探讨了行政规范性文件对法律行为、事实行为、私有财产的规制可能及限度。

首先,行政规范性文件对法律行为的规制。行政规范性文件若欲对合同效力产生影响,仅得依赖《民法典》第153条所确定之两类路径,即违反强制性规定和违反公序良俗。虽然我国强制性规定位阶设置过高,可通过裁判说理依据分配实现低位阶强制性规定的司法适用,但行政规范性文件仍不可仿效地方性法规、规章,作为说理依据、以强制性规定身份否认合同效力。原因在于,强制性规定仅得在法律体系内部设置,故作为准规范之行政规范性文件无权成为强制性规定。且从合法性审查来看,行政创制性文件、行政解释性文件、行政指导性文件不得设置强制性规定内容,否则会因无法律授权或违反上位法而无效。行政规范性文件可依《民法典》第153条第2款的规定,以违反公序良俗为由,否定合同效力。缘由在于:一是行政规范性文件的确可包含公序良俗事项;二是在强制性规定与公序良俗"一元论"的趋势下,效力性强制性规定类型化和公序良俗类型化上的内容重合,使无权设置强制性规定但同时包含公序良俗的行政规范性文件,仍可借公序良俗对合同效力产生影响;三是以公序良俗之违反代替强制性规定之违反而否定合同效力,于司法实践中既可克服我国现有合同效力认定标准之弊病,亦可为行政规范性文件否定合同效力提供正当性基础。具体操作上,行政规范性文件为说理依据,借由裁判依据——《民法典》第153条第2款否定合同效力。并且,法官需就公序良俗之违反承担论证义务。公序良俗类型化当是未来研究及司法实践总结的重点。此外,在"经审查认定为合法有效"的操作上,公序良俗的表征可为行政规范性文件否定合同效力提供正当性支持。法官可适当放宽对行政规范性文件的审查,只要其不明显违反宪法或上位法,即可以违反公序良俗为由否定相关合同效力。

其次,行政规范性文件对事实行为的规制。虽然《侵权责任法》及《民法典》侵权责任编并未列违反"保护他人的法律"这一独立侵权类型,目前侵权责任编修订亦未增加,但在我国侵权法体系及司法实践下,研究违反"保护他人法律"的侵权类型,仍具有重大意义。从比较法考察来看,在首先规定违反"保护他人的法律"这一独立侵权责任类型的德国,对"保护他人的法律"并未设定位阶限制,且尚包括公法。以此为启示,虽然行政规范性文件为准规范,行政创制性和行政指导性文件难以成为"保护他人的法律",但倘若行政解释性文件之上位规范构成"保护他人的法律",其亦可借由裁判说理,成为"保护他人的法律"。公私法相互支援的背景下的"保护他人的法律"工具化,为违反"保护他人的法律"侵权类型的本土化提供了理论基础和可能路径,也为行政规范性文件作为"保护他人的法律"介入侵权责任认定提供了思路。作为"保护他人的法律"的行政规范性文件,可以成为认定侵权法保护的"权益"的依据和过错认定的依据。作为确定侵权法保护的"权益"的依据,需要就个案从行政规范性文件保护利益的内容和性质、救济之必要、主观过错之行为之恶劣程度等方面考察,同时有赖于最高人民法院的类型化统一裁判标准。侵权责任编中的一般条款和《民法典》中其他关于权利客体的条款,均可作为"权益"认定时的裁判依据。作为认定过错存在的依据,行政规范性文件是过错客观化的体现和结果,但是此种过错认定并非过错推定,仍然需要结合案件和行政规范性文件内容具体认定过错之存在。同时,此种过错认定允许加害人就其对规范之违反、对侵权损害之发生进行反证,甚至还可质疑其所违反的保护性规范的合法性或正当性缺乏。

最后,是行政规范性文件对私有财产(物权)的规制。从20世纪80年代至今,土地承包经营权以及土地经营权的物权化,表明行政规范性文件有创设物权的现实需求及成功实践。行政规范性文件创设物权或者其所创设权利物权化必须契合特定法治思维及法治路径,其首要便是行政规范性文件构成"物权法定"之"法",次之则是行政规范性文件所创设之权利被"物权法定"之"法"承认为物权。虽然《民法典》明确可以适用行政规范性文件调整物权法律关系,实践中亦是如此,但"物权法定"仅"定"物权种类和内容,主张法律之外之规范可以构成"物权法定"之"法"的观点混淆了"物权法源"与"物权法法源"。行政规范性文件属于物权法法源,但其并不能成为物权法源。以土地经营权的"物权化"为例,即便土地经营权入《民法典》物权编,亦不能认定其必然物权化。而虽然土地经营权入《民法典》物权编是其物权化之最直接路径,但并非法治路径。遵循新型权利物权化的一般法理和进路,可在现有改革中积极进行物权化塑造,待时机成熟,以最高人民法院司法解释形式正式将土地经营权物权化,亦可起到同等效果。鉴于此,行政规范性文件虽然属于物权法法源,但其不为物权法源,即其不属于"物权法定"之"法"。行政规范性文件创设权利物权化,最优路径是入《民法典》物权编,而通过司法机关认可习惯法上之物权,也是一条合理的替代路径,并且也更符合一项新型权利物权化的法治进路。

除了对合同效力、侵权责任认定、物权生成的影响,行政规范性文件还有更多路径介入更为丰富的民事法律关系。在未来,司法机关如何划定行政规范性文件介入民事司法的范围与路径,并在民事司法活动中主动限制行政机关和行政权力的关注,依然值得继续探讨。此外,随着我国民事法律体系日臻完善,私法尤其是民事基本法律对民事裁判说理的"主权意识"将日益觉醒,如何协调民事裁判说理中公私法规范间的矛盾必将成为经由"立法论"转为"解释论"后民法学界的关注焦点。《民法典》第 10 条中广义"法律"的展开,包括但不限于违反强制性规定之民事行为效力、违反保护性规范之侵权责任、"物权法定"原则下的物权规范体系构建等命题。是故,本书所论述行政规范性文件之民事司法适用问题,仅为"民法渊源论"百中之一。

参 考 文 献

一、中文著作

1. 陈林林:《裁判的进路与方法——司法论证理论导论》,中国政法大学出版社 2007 年版。
2. 崔建远主编:《合同法》(第 6 版),法律出版社 2016 年版。
3. 韩世远:《合同法总论》(第 4 版),法律出版社 2018 年版。
4. 何海波:《实质法治——寻求行政判决的合法性》,法律出版社 2020 年版。
5. 胡晓军:《行政命令研究——从行政行为形态的视角》,法律出版社 2017 年版。
6. 黄茂荣:《法学方法论与现代民法》,中国政法大学出版社 2001 年版。
7. 黄薇主编:《中华人民共和国民法典物权编解读》,中国法制出版社 2020 年版。
8. 江国华编著:《中国行政法(总论)》,武汉大学出版社 2012 年版。
9. 姜明安主编:《行政法与行政诉讼法》(第 8 版),北京大学出版社、高等教育出版社 2024 年版。
10. 姜明安主编:《行政执法研究》,北京大学出版社 2004 年版。
11. 李永军主编:《中国民法典总则编草案建议稿及理由》,中国政法大学出版社 2016 年版。
12. 梁慧星:《裁判的方法》(第 2 版),法律出版社 2012 年版。
13. 梁慧星:《民法总论》(第 6 版),法律出版社 2021 年版。
14. 龙卫球:《民法总论》(第 2 版),中国法制出版社 2002 年版。
15. 马怀德主编:《行政法与行政诉讼法》(第 5 版),中国法制出版社 2015 年版。

16. 马俊驹、陈本寒主编:《物权法》,复旦大学出版社2007年版。
17. 马俊驹、余延满:《民法原论》(第4版),法律出版社2010年版。
18. 彭中礼:《法律渊源论》,方志出版社2014年版。
19. 齐恩平:《私权自治的政策之维》,法律出版社2022年版。
20. 申卫星:《民法学》,北京大学出版社2013年版。
21. 石一峰:《强制性规定识别方法研究》,法律出版社2020年版。
22. 苏永钦:《民事立法与公私法的接轨》,北京大学出版社2005年版。
23. 苏永钦:《私法自治中的经济理性》,中国人民大学出版社2004年版。
24. 苏永钦:《寻找新民法》,北京大学出版社2012年版。
25. 孙宪忠:《中国物权法总论》(第3版),法律出版社2014年版。
26. 王利明:《民法总则新论》,法律出版社2023年版。
27. 王利明:《物权法研究》(上卷)(第3版),中国人民大学出版社2013年版。
28. 王泽鉴:《民法概要》(第2版),北京大学出版社2011年版。
29. 王泽鉴:《民法物权》(第2版),北京大学出版社2010年版。
30. 王泽鉴:《民法学说与判例研究》(第2册),北京大学出版社2009年版。
31. 谢怀栻:《外国民商法精要》(第3版),法律出版社2014年版。
32. 谢在全:《民法物权论》(上册)(第5版),中国政法大学出版社2011年版。
33. 杨代雄:《民法总论》,北京大学出版社2022年版。
34. 杨凯:《审判过程的艺术》,法律出版社2016年版。
35. 杨与龄编著:《民法概要》,中国政法大学出版社2013年版。
36. 叶必丰主编:《行政法与行政诉讼法》(第3版),中国人民大学出版社2011年版。
37. 尹田:《物权法》,北京大学出版社2013年版。
38. 应松年主编:《行政行为法:中国行政法制建设的理论与实践》,人民出版社1993年版。
39. 詹森林、冯震宇等:《民法概要》,台北,五南出版社2013年版。
40. 章剑生:《现代行政法总论》,法律出版社2014年版。
41. 章志远:《行政法学总论》(第2版),北京大学出版社2022年版。
42. 周佑勇:《行政法原论》(第3版),北京大学出版社2018年版。

43. 朱庆育:《民法总论》(第 2 版),北京大学出版社 2016 年版。

二、中文论文

1. 曹志勋:《对民事判决书结构与说理的重塑》,载《中国法学》2015 年第 4 期。
2. 常鹏翱:《多元的物权法源及其适用规律》,载《法学研究》2014 年第 4 期。
3. 陈金钊:《"法治改革观"及其意义——十八大以来法治思维的重大变化》,载《法学评论》2014 年第 6 期。
4. 陈现杰:《〈侵权责任法〉一般条款中的违法性判断要件》,载《法律适用》2010 年第 7 期。
5. 陈小君:《土地经营权的性质及其法制实现路径》,载《政治与法律》2018 年第 8 期。
6. 陈小君:《我国涉农民事权利入民法典物权编之思考》,载《广东社会科学》2018 年第 1 期。
7. 陈运生:《行政规范性文件的司法审查标准——基于 538 份裁判文书的实证分析》,载《浙江社会科学》2018 年第 2 期。
8. 程琥:《新〈行政诉讼法〉中规范性文件附带审查制度研究》,载《法律适用》2015 年第 7 期。
9. 方新军:《利益保护的解释论问题——〈侵权责任法〉第 6 条第 1 款的规范漏洞及其填补方法》,载《华东政法大学学报》2013 年第 6 期。
10. 方新军:《民法典编纂技术中的规范运用问题》,载《人民法治》2017 年第 10 期。
11. 方新军:《内在体系外显与民法典体系融贯性的实现 对〈民法总则〉基本原则规定的评论》,载《中外法学》2017 年第 3 期。
12. 方新军:《权益区分保护的合理性证明——〈侵权责任法〉第 6 条第一款的解释论前提》,载《清华法学》2013 年第 1 期。
13. 方新军:《融贯民法典外在体系和内在体系的编纂技术》,载《法制与社会发展》2019 年第 2 期。
14. 高海:《农村宅基地上房屋买卖司法实证研究》,载《法律科学(西北政法大学学报)》2017 年第 4 期。
15. 高秦伟:《美国行政法上的非立法性规则及其启示》,载《法商研究》2011

年第 2 期。

16. 高若敏:《谈行政规章以下行政规范性文件的效力》,载《法学研究》1993 年第 3 期。

17. 高圣平:《农村土地承包法修改后的承包地法权配置》,载《法学研究》2019 年第 5 期。

18. 耿卓:《承包地"三权分置"政策入法的路径与方案——以〈农村土地承包法〉的修改为中心》,载《当代法学》2018 年第 6 期。

19. 关保英:《疫情应对中行政规范性文件审查研究》,载《东方法学》2020 年第 6 期。

20. 郭百顺:《抽象行政行为司法审查之实然状况与应然构造——兼论对行政规范性文件的司法监控》,载《行政法学研究》2012 年第 3 期。

21. 黄忠:《合同自由与公共政策——〈第二次合同法重述〉对违反公共政策合同效力论的展开》,载《环球法律评论》2010 年第 2 期。

22. 黄忠:《违法合同的效力判定路径之辨识》,载《法学家》2010 年第 5 期。

23. 胡仕浩、刘树德:《新时代裁判文书释法说理的制度构建与规范诠释(上)——〈关于加强和规范裁判文书释法说理的指导意见〉的理解与适用》,载《法律适用(司法案例)》2018 年第 16 期。

24. 黄金荣:《"规范性文件"的法律界定及其效力》,载《法学》2014 年第 7 期。

25. 黄宇骁:《也论法律的法规创造力原则》,载《中外法学》2017 年第 5 期。

26. 霍振宇:《规范性文件一并审查行政案件的调查研究——以新行政诉讼法实施后北京法院审理的案件为样本》,载《法律适用(司法案例)》2018 年第 20 期。

27. 孔繁华:《行政规范性文件法律监督机制探究》,载《法学杂志》2011 年第 7 期。

28. 雷磊:《从"看得见的正义"到"说得出的正义"——基于最高人民法院〈关于加强和规范裁判文书释法说理的指导意见〉的解读与反思》,载《法学》2019 年第 1 期。

29. 李成:《行政规范性文件附带审查进路的司法建构》,载《法学家》2018 年第 2 期。

30. 李承亮:《侵权行为违法性的判断标准》,载《法学评论》2011 年第 2 期。

31. 李富莹:《加强行政规范性文件监督的几点建议》,载《行政法学研究》

2015 年第 5 期。

32. 李克杰:《地方"立法性文件"的识别标准与防范机制》,载《政治与法律》2015 年第 5 期。

33. 李敏:《〈瑞士民法典〉"著名的"第一条——基于法思想、方法论和司法实务的研究》,载《比较法研究》2015 年第 4 期。

34. 李幸祥:《区域合作中的行政规范性文件协作制定机制研究——以长三角生态绿色一体化发展示范区为例》,载《行政法学研究》2021 年第 5 期。

35. 李岩:《公序良俗原则的司法乱象与本相——兼论公序良俗原则适用的类型化》,载《法学》2015 年第 11 期。

36. 李炎:《保护性规范与侵权法保护范围的界定》,载《江苏大学学报(社会科学版)》2018 年第 3 期。

37. 梁神宝:《违反强制性法规的合同效力——基于瑞士法的考察》,载《华东政法大学学报》2017 年第 1 期。

38. 刘贵祥:《关于金融民商事审判工作中的理念、机制和法律适用问题》,载《法律适用》2023 年第 1 期。

39. 刘权:《论行政规范性文件的事前合法性审查》,载《江苏社会科学》2014 年第 2 期。

40. 刘凯湘、夏小雄:《论违反强制性规范的合同效力——历史考察与原因分析》,载《中国法学》2011 年第 1 期。

41. 刘颖:《论民法中的国家政策——以〈民法通则〉第 6 条为中心》,载《华东政法大学学报》2014 年第 6 期。

42. 柳砚涛:《我国行政规范性文件设定权之检讨——以当下制度设计文本为分析对象》,载《政治与法律》2014 年第 4 期。

43. 马得华:《论"不予适用":一种消极的司法审查——以〈行政诉讼法〉第 63 条和 64 条为中心的考察》,载《环球法律评论》2016 年第 4 期。

44. 彭中礼:《论国家政策的矛盾及其规制》,载《法学》2018 年第 5 期。

45. 齐恩平:《国家政策的民法法源论》,载《天津师范大学学报(社会科学版)》2018 年第 2 期。

46. 秦小建:《立法赋权、决策控制与地方治理的法治转型》,载《法学》2017 年第 6 期。

47. 申卫星:《物权法定与意思自治——解读我国〈物权法〉的两把钥匙》,载

《法制与社会发展》2013 年第 5 期。

48. 沈开举、任佳艺:《行政规范性文件附带司法审查的实现机制研究——美国经验与中国探索》,载《湖北社会科学》2018 年第 9 期。
49. 沈岿:《解析行政规则对司法的约束力 以行政诉讼为论域》,载《中外法学》2006 年第 2 期。
50. 石一峰:《效力性强制性规定的类型化分析》,载《武汉大学学报(哲学社会科学版)》2018 年第 2 期。
51. 孙良国:《违反保护他人的法律的侵权责任及其限度——以"儿童模仿〈喜羊羊与灰太狼〉烧伤同伴案"为例》,载《法学》2014 年第 5 期。
52. 孙鹏:《论违反强制性规定行为之效力——兼析〈中华人民共和国合同法〉第 52 条第 5 项的理解与适用》,载《法商研究》2006 年第 5 期。
53. 谭启平:《"三权分置"的中国民法典确认与表达》,载《北方法学》2018 年第 5 期。
54. 汪洋:《私法多元法源的观念、历史与中国实践 〈民法总则〉第 10 条的理论构造及司法适用》,载《中外法学》2018 年第 1 期。
55. 王成:《侵权之"权"的认定与民事主体利益的规范途径——兼论〈侵权责任法〉的一般条款》,载《清华法学》2011 年第 2 期。
56. 王春业:《从全国首案看行政规范性文件附带审查制度完善》,载《行政法学研究》2018 年第 2 期。
57. 王东伟:《法治理念下规范性文件的法院审查研究》,载《时代法学》2015 年第 3 期。
58. 王贵松:《论法律的法规创造力》,载《中国法学》2017 年第 1 期。
59. 王洪、张伟:《违反保护他人法律的侵权责任研究——以绝对权和利益的区分保护为重点》,载《求索》2017 年第 9 期。
60. 王锴:《破解规范性文件备案审查的难题探究》,载《中国法治》2023 年第 5 期。
61. 王利明:《裁判方法的基本问题》,载《中国法学教育研究》2013 年第 2 期。
62. 王利明:《论民法典时代的法律解释》,载《荆楚法学》2021 年第 1 期。
63. 王利明:《论无效合同的判断标准》,载《法律适用》2012 年第 7 期。
64. 王利明:《我国〈侵权责任法〉采纳了违法性要件吗?》,载《中外法学》2012 年第 1 期。

65. 王留一:《论行政立法与行政规范性文件的区分标准》,载《政治与法律》2018年第6期。
66. 王留一:《美国非立法性规则与立法性规则的区分标准及其启示》,载《河北法学》2018年第3期。
67. 王庆廷:《行政诉讼中其他规范性文件的异化及其矫正》,载《上海政法学院学报(法治论丛)》2011年第2期。
68. 温辉:《政府规范性文件备案审查制度研究》,载《法学杂志》2015年第1期。
69. 谢鸿飞:《论法律行为生效的"适法规范"——公法对法律行为效力的影响及其限度》,载《中国社会科学》2007年第6期。
70. 解亘:《论管制规范在侵权行为法上的意义》,载《中国法学》2009年第2期。
71. 许中缘:《论违反公法规定对法律行为效力的影响——再评〈中华人民共和国合同法〉第52条第5项》,载《法商研究》2011年第1期。
72. 杨凯:《论民事诉讼文书样式实例评注研究的引领功用》,载《中国法学》2018年第2期。
73. 杨立新:《民法分则物权编应当规定物权法定缓和原则》,载《清华法学》2017年第2期。
74. 杨立新:《侵权责任法回归债法的可能及路径——对民法典侵权责任编草案二审稿修改要点的理论分析》,载《比较法研究》2019年第2期。
75. 杨士林:《试论行政诉讼中规范性文件合法性审查的限度》,载《法学论坛》2015年第5期。
76. 姚辉:《民法典的实质理性》,载《中国政法大学学报》2013年第1期。
77. 叶一舟:《意义的悬置与复归——建构历史包容的法律体系理论》,载《政法论坛》2019年第1期。
78. 于洋:《规范性文件附带审查制度的实效困境及化解路径》,载《环球法律评论》2024年第1期。
79. 余德厚、程立武:《法官如何"找法":法律发现的失范与规制》,载《法律适用》2016年第3期。
80. 余军、张文:《行政规范性文件司法审查权的实效性考察》,载《法学研究》2016年第2期。

81. 余凌云:《论行政诉讼法的修改》,载《清华法学》2014 年第 3 期。
82. 俞祺:《规范性文件的权威性与司法审查的不同层次》,载《行政法学研究》2016 年第 6 期。
83. 俞祺:《上位法规定不明确之规范性文件的效力判断——基于 66 个典型判例的研究》,载《华东政法大学学报》2016 年第 2 期。
84. 袁勇:《行政规范性文件效力的废除困境及其化解》,载《行政法学研究》2021 年第 5 期。
85. 詹诗渊:《论物权法定原则之缓和——整合多种范式下的统一解决进路》,载《湖北社会科学》2018 年第 10 期。
86. 张红:《论国家政策作为民法法源》,载《中国社会科学》2015 年第 12 期。
87. 张红:《违反强制性规定的侵权责任构成》,载《法学评论》2024 年第 1 期。
88. 张浪:《行政规范性文件的司法审查问题研究——基于〈行政诉讼法〉修订的有关思考》,载《南京师大学报(社会科学版)》2015 年第 3 期。
89. 张婷:《行政诉讼附带审查的宪法命题及其展开》,载《法学论坛》2018 年第 3 期。
90. 张志坡:《物权法定缓和的可能性及其边界》,载《比较法研究》2017 年第 1 期。
91. 张志坡:《物权法定,定什么?定到哪?》,载《比较法研究》2018 年第 1 期。
92. 章剑生:《论行政诉讼中规范性文件的合法性审查》,载《福建行政学院学报》2016 年第 3 期。
93. 赵玉增、王海霞:《法律发现:法官"找法"的路径分析》,载《法律方法》2015 年第 2 期。
94. 朱广新:《法律行为无效事由的立法完善》,载《政法论丛》2016 年第 3 期。
95. 朱虎:《规制性规范、侵权法和转介条款》,载《中共浙江省委党校学报》2014 年第 3 期。
96. 朱虎:《规制性规范违反与过错判定》,载《中外法学》2011 年第 6 期。
97. 朱虎:《规制性规范与侵权法保护客体的界定》,载《清华法学》2013 年第 1 期。
98. 朱芒:《论行政规定的性质——从行政规范体系角度的定位》,载《中国法学》2003 年第 1 期。
99. 朱庆育:《〈合同法〉第 52 条第 5 项评注》,载《法学家》2016 年第 3 期。

100. 朱岩:《违反保护他人法律的过错责任》,载《法学研究》2011年第2期。

三、中文译著

1. [奥]凯尔森:《法与国家的一般理论》,沈宗灵译,商务印书馆2013年版。
2. [德]伯恩·魏德士:《法理学》,丁晓春、吴越译,法律出版社2013年版。
3. [德]古斯塔夫·拉德布鲁赫:《法哲学》,王朴译,法律出版社2013年版。
4. [德]卡尔·恩吉施:《法律思维导论》,郑永流译,法律出版社2004年版。
5. [德]卡尔·拉伦茨:《德国民法通论》,王晓晔等译,法律出版社2003年版。
6. [德]卡尔·拉伦茨:《法学方法论》,陈爱娥译,商务印书馆2003年版。
7. [德]克劳斯-威廉·卡纳里斯:《法学中的体系思维与体系概念:以德国私法为例》(第2版),陈大创译,北京大学出版社2024年版。
8. [德]马克西米利安·福克斯:《侵权行为法》(第5版),齐晓琨译,法律出版社2006年版。
9. [德]萨维尼:《当代罗马法体系Ⅰ》,朱虎译,中国法制出版社2010年版。
10. [德]托马斯·M.J.默勒斯:《法学方法论》(第4版),杜志浩译,北京大学出版社2022年版。
11. [德]沃尔夫冈·维甘德:《物权类型法定原则》,迟颖译,载张双根、田士永、王洪亮主编:《中德私法研究》(第2卷),北京大学出版社2007年版。
12. [法]让·马克·索维:《法国行政法官对规范性行政行为的合法性审查》,张莉译,载《比较法研究》2011年第2期。
13. [美]E.博登海默:《法理学:法律哲学与法律方法》,邓正来译,中国政法大学出版社2017年版。
14. [日]美浓部达吉:《公法与私法》,黄冯明译,中国政法大学出版社2003年版。
15. [英]卡罗尔·哈洛、[英]理查德·罗林斯:《法律与行政》(上卷),杨伟东等译,商务印书馆2004年版。

四、外文文献

1. 潮見佳男『不法行為法Ⅰ』(第2版)(信山社,2009年)。
2. 大村敦志『民法読解:総則編』(有斐閣,2009年)。
3. 大村敦志『新基本民法:総則編』(有斐閣,2017年)。

4. 大浜啓吉『行政法握論』(第3版)(岩波書店,2012年)。
5. 高橋信隆『行政法講義』(信山社,2006年)。
6. 加藤雅信『新民法大系Ⅰ:民法総則』(有斐閣,2002年)。
7. 近江幸治『民法講義Ⅰ』(第7版)(成文堂,2018年)。
8. 近江幸治『民法講義Ⅱ』(成文堂,2013年)。
9. 末川博『権利侵害論』(弘文堂,1971年)。
10. 平野裕之『民法Ⅰ民法総則』(新世社,2017年)。
11. 山本敬三『公序良俗論の再構成』(有斐閣,2000年)。
12. 四宮和夫=能見善九『民法総則』(第8版)(弘文堂,2018年)。
13. 田山輝明『通説物権・担保物権法』(第3版)(三省堂,2005年)。
14. 我妻栄『新訂物権法』(岩波書店,1983年)。
15. 我妻栄=良永和隆『民法』(第10版)(勁草書房,2018年)。
16. 我妻栄『事務管理・不当利得・不法行為』(日本評論社,1937年)。
17. 岩本章吾『行政法講義』(第2版)(成文堂,2017年)。
18. 円谷峻『不法行為法:事務管理・不当利得』(成文堂,2010年)。
19. 斎藤修『現代民法総論』(信山社,2013年)。
20. 中村哲也『民法理論研究』(信山社,2016年)。
21. C. G. van der Merwe, *Numerus Clausus and the Development of New Real Rights in South Africa*, 119 S. African L. J. 802 (2002).
22. Carla Spivack, *Trust Flexibility and the Role of Courts in Limiting Property Forms*, 43 ACTEC L. J. 333 (2018).
23. Marie Seong-Hak Kim, *In the Name of Custom, Culture, and the Constitution: Korean Customary Law in Flux*, 48 TEX. INTL L. J. 383 (2013).
24. Susanna Mulvihill, *Should Parties Be Able to Create Real Rights of Their Own Devising*, 3 Edinburgh Student L. Rev. 59 (2018).
25. Thomas W. Merrill & Henry E. Smith, *Optimal Standardization in the Law of Property: The Numerus Clausus Principle*, 110 Yale L. J. 1 (2000).
26. Yun-Chien Chang & Henry E. Smith, *The Numerus Clausus Principle, Property Customs, and the Emergency of New Property Forms*, 100 Iowa L. Rev. 2275 (2015).